NOUVE

OU

MÉTHODE PRATIQUE POUR

SIMULTANÉMENT

LA LECTURE MUSICALE, LES

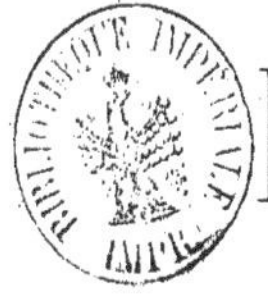

ET LA COMPOSI

OUVRAGE

Dans lequel l'Auteur espère être parvenu à

L'ÉTUDE DE L'HARMONIE

par le soin qu'il met à intéresser l'élève, en le faisant comp
même de son enseignement,

PAR

BERNARDIN RA

ELÈVE DU CONSERVATOIRE DE MUSIQUE D

1re PARTIE.

CHEZ LES ÉDITEURS DE MUSIQU

et chez l'AUTEUR, 26, rue Neuve-Bossuet, près la rue des

Impie et Papie Viallet et Cie, Rue Cadet, 18, à Pa

1860

A Monsieur François Bazin,

Chevalier de la Légion d'Honneur.

Professeur d'Harmonie et de Composition
au Conservatoire Impérial de Musique de Paris,
Directeur de l'Enseignement du Chant,
dans les Ecoles Communales de la Ville de Paris.

Hommage respectueux de reconnaissance,
son élève,
Bernardin Rahn.

PRÉFACE.

§ 1. IMPORTANCE DE LA MUSIQUE.

Tout le monde reconnait aujourd'hui l'importance de la musique, au double point de vue des jouissances qu'elle procure et de l'influence qu'elle exerce sur l'adoucissement des mœurs.

Attrait des réunions, elle s'associe à toutes les solennités, donne de l'éclat aux fêtes et semble, pour ainsi dire, être le messager qui peut le mieux porter, jusqu'au trône de Dieu, nos prières et nos adorations.

La musique n'est pas seulement le trait d'union des sociétés d'élite; tous les hommes, quelle que soit leur condition, en subissent les effets, et l'ouvrier même, en chantant, paraît s'alléger les fatigues de son travail. A son audition, on se sent vivement impressionné, le visage accuse les sensations éprouvées, et c'est alors que chacun voudrait pouvoir parler cette admirable et universelle langue des sons, comme on parle la facile et vulgaire langue des mots. Aussi bon nombre d'esprits sérieux voudraient-ils voir les personnes qui se sont occupées de musique, l'oublier moins vite, voudraient-ils voir son étude se propager davantage.

§ 2. PROPAGATION DE LA MUSIQUE.

ÉTUDES PLUS COMPLÈTES POUR QU'ELLES S'EFFACENT MOINS VITE. — ÉTUDES PLUS ATTRAYANTES POUR QU'ON LES ABORDE PLUS VOLONTIERS, QU'ON LES DÉSERTE MOINS PROMPTEMENT.

Or, il nous semble que pour que la science musicale se conserve mieux, se généralise davantage, il faut, avant tout, chercher à la rendre plus complète, surtout plus attrayante.

Nous disons plus complète.

En effet, qu'en apprennent aujourd'hui la jeunesse, les amateurs?

Seulement à exécuter plus ou moins bien les œuvres des maîtres. Là, sauf de rares exceptions, s'arrête tout leur savoir musical.

A part les artistes distingués, en général, la jeunesse et les amateurs récitent couramment la musique, à peu près comme un enfant récite couramment une fable; et de même que l'enfant serait hors d'état de raconter en prose ce qu'il dit en vers, de même aussi nos musiciens seraient incapables d'apporter la moindre modification à la musique qu'ils exécutent.

D'où vient donc leur impuissance? C'est que les règles de la composition musicale leur sont tout-à-fait lettre close, et que tout en pouvant comprendre admirablement la musique, sous le rapport du sentiment, ils ne la comprennent cependant pas sous celui de la science.

Or, n'est-il pas extrêmement regrettable qu'après plusieurs années d'un travail pénible, la jeunesse ne possède de l'art musical que des connaissances ébauchées, presque stériles?

Oui, presque stériles, car ne s'effacent-elles pas bientôt de l'esprit, précisément par ce double motif qu'elles ne sont que superficielles et dépourvues d'intérêt?

Il est donc triste d'avoir à constater, combien peu sont en rapport, et la peine prise et les résultats obtenus.

En second lieu, nous disons que, pour que l'étude de la musique se propage davantage, il faut chercher à la rendre plus attrayante, afin qu'un plus grand nombre l'aborde et que moins la désertent.

Pourquoi tant de gens abandonnent-ils l'étude de la musique, surtout celle de l'harmonie?

C'est que, selon nous, les ouvrages consultés par eux ne leur donnent pas assez tôt ce qu'ils y cherchent; c'est que ces ouvrages ne nous semblent pas se trouver assez en rapport avec leurs tendances, et, par suite, ne les captivent pas suffisamment. Nous allons essayer de le montrer, en disant un mot des méthodes actuelles d'harmonie.

§ 3. UN MOT SUR LES MÉTHODES ACTUELLES D'HARMONIE.

Les personnes qui ont voulu apprendre l'harmonie, ont cru qu'en s'aidant des livres de nos meilleurs maîtres, livres d'ailleurs si justement renommés sur la matière, elles pourraient s'initier à cette science de la même manière qu'elles avaient acquis d'autres connaissances. — Mais grande a été leur déception! Pourquoi? C'est que les livres qu'elles ont étudiés, bien que d'un mérite sans doute incontestable aux yeux des hommes compétents; bien qu'ayant rendu de grands services, puisque par eux se sont formés des artistes instruits, même des célébrités, ces livres, disons-nous, conçus comme ils le sont, ont l'inconvénient grave, il faut bien le dire, de n'être compris que par le petit nombre. Alors, presque toutes effrayées par ce qu'elles ont appelé les longueurs, l'obscurité et l'aridité des méthodes actuelles, se sont découragées, et ont abandonné l'étude d'une science qui leur aurait procuré dans la suite tant et de si douces satisfactions.

Pourquoi donc ces livres leur ont-ils paru tels?

Il y aurait beaucoup à controverser sur cette question, et ce n'est guère ici le lieu.

Bornons-nous à dire que, dans ces livres :

La longue nomenclature **d'intervalles, d'accords** et de **renversements d'accords ;**

La longue et pénible étude du **chiffrage des accords;**

Cette longue série d'exercices monotones de **notes non rhythmées,** etc.

C'est-à-dire, tout ce long voyage dans un pays inconnu, sur une route où l'on marche si longtemps sans trop comprendre comment elle conduira au but, sans pouvoir y cueillir quelques fruits;

Qu'en un mot :

Cette accumulation de théories, avant qu'il soit permis de faire un seul accompagnement, quelque simple qu'il soit, tout cela, disons-nous, nous paraît être la cause des reproches adressés aux méthodes actuelles d'harmonie.

Une route différente nous a semblé nécessaire.

§ 4. ESPRIT GÉNÉRAL DANS LEQUEL NOTRE MÉTHODE EST CONÇUE.

Que faire donc, pour que la musique s'oublie moins promptement? Comment procéder pour en faciliter l'étude en lui donnant plus d'attrait?

Voilà ce qui, en ce moment même, préoccupe des hommes spéciaux de la science. — Voilà aussi ce que nous espérons avoir trouvé, en résolvant le problème suivant :

Assimiler les études musicales aux études littéraires, c'est-à-dire, enseigner la musique en faisant acquérir aux élèves une suite de connaissances graduées et distinctes, absolument analogues à celles qu'on acquiert lorsqu'on fait des études littéraires.

Ainsi,

Par les études littéraires, nous apprenons :

1° A lire, à écrire et à parler correctement ;

2° A mettre l'orthographe, à analyser les mots ainsi que la structure des phrases ;

3° A écrire avec plus ou moins de lucidité nos propres pensées, à improviser une conversation plus ou moins intéressante, et à rendre compte du fond d'un sujet, sans en répéter la lettre ;

4° Enfin, à faire d'un sujet littéraire quelconque, une amplification dans un style plus ou moins élégant, selon que la nature nous a favorisés.

Donc, selon nous, par les études musicales, nous ne devrions pas nous borner à acquérir l'art d'exécuter, mais nous devrions encore apprendre :

1° A écrire la musique ;

2° A analyser les accords, la mélodie et la structure des phrases ;

3° A écrire nos propres pensées musicales, à les orner d'un accompagnement, à préluder ou à improviser. A nous sortir d'embarras, en substituant à un passage qui échappe à notre mémoire, soit d'autres notes, soit d'autres accords, lesquels ne changeant pas l'idée principale, pourraient suffisamment remplacer le passage oublié;

4° Enfin, à faire d'une mélodie de quelques mesures, tout un morceau, comme nous faisons d'un sujet littéraire une amplification, une dissertation.

Toutes ces choses, il est vrai, ont constamment semblé, sinon inabordables, au moins d'une grande difficulté.

Mais on le verra, leur étude peut-être simplifiée et rendue très-saisissable.

Qu'on remarque, d'ailleurs, que beaucoup de gens obéissent instinctivement aux lois de la science musicale. En effet, ne rencontrons-nous pas souvent des personnes qui n'ayant jamais appris la musique, ou ne possédant de cet art que des notions fort élémentaires, chantent ou jouent d'un instrument avec correction, et même composent des morceaux, où, sans qu'elles s'en doutent, les règles voulues se trouvent observées? — Ces règles sont donc dans la nature. Or, ce qui est dans la nature doit pouvoir mieux encore se prêter à une exposition simple et facile.

Voilà l'idée dominante qui a présidé à l'élaboration de notre travail.

Rédiger donc un traité d'harmonie ou plutôt une méthode de composition musicale, dans ces conditions et selon le programme que nous nous sommes proposé de suivre, était sans doute une lourde tâche, une tâche toute hérissée de difficultés. N'importe. Notre amour de l'art nous a soutenu assez pour nous empêcher de reculer devant la hardiesse de l'entreprise. Nous nous sommes mis à l'œuvre, et après dix ans de recherches, nous sommes parvenu à découvrir et à coordonner une suite de procédés nouveaux d'une telle simplicité, que de jeunes enfants même peuvent les saisir aussitôt.

Quelques détails :

D'abord, on conçoit que nous n'ayons rien voulu changer à la notation usuelle, et que, tout en présentant des moyens nouveaux, nous nous soyons appliqué à ne jamais nous écarter des préceptes les plus purs de l'art.

En premier lieu, nous avons considéré comme un puissant auxiliaire le concours des yeux ; nous avons donc désiré en tirer tout le parti possible, et le piano est venu merveilleusement seconder ce désir.

Car, outre que cet instrument met à notre disposition, et dans un ordre méthodique, tous les sons employés dans la musique, — les touches en relief et symétriquement disposées de son clavier, rendent en quelque sorte palpables les démonstrations théoriques, ainsi que la vérification des préceptes.

Nous croyons que si l'élève voit **seulement** sur la portée la constitution des gammes et des accords, il lui faudra beaucoup plus de peines et plus de temps pour la bien comprendre, et se l'approprier d'une manière durable.

En second lieu, nous avons voulu que notre méthode répondît aux tendances de celui qui étudie, et nous le savons, l'homme est ainsi fait : il est impatient de toucher le but, de voir promptement un résultat, ; si donc, vous imposez à un écolier la moitié d'un volume de préceptes, il lit, se lasse : après, dit-il; après, répète-t-il encore; il se demande sans cesse ce qu'il fera de tout ce bagage. Si, au contraire, vous ne lui donnez de la théorie que par petites doses, il la digérera plus volontiers, et moins fatigué, il sera plus apte à comprendre le parti qu'il peut tirer de vos préceptes. En somme, nous croyons que pour enseigner avec fruit, il est indispensable d'intéresser, et qu'un des plus puissants moyens d'intérêt, c'est de faire marcher simultanément la pratique et la théorie.

Or, cette nécessité d'intéresser, en procédant de la sorte, nous a inspiré l'idée de faire composer des mélodies par l'élève, et cela, dès le début de ses études. Conséquemment, aussitôt qu'il sait un premier accord, nous lui indiquons comment il peut en former un chant et l'accompagner. Ce premier et prompt résultat le satisfait, l'excite et fait naître ou développe chez lui le goût de la musique ainsi que le désir d'étudier encore, afin de donner plus d'importance, plus de variété à ses premiers essais, à ses très-simples mais véritables petits morceaux, qui, sous sa plume, naissent comme par enchantement.

Cela entendu, nous sentons le besoin, de nous expliquer tout de suite sur cette manière de produire mécaniquement de la musique.

On verra, en lisant notre ouvrage que, pendant longtemps, l'élève compose des airs d'où l'inspiration est exclue, puisque ces airs se font uniquement au moyen d'une théorie.

A cet égard, nous tenons fort à prémunir le lecteur de l'idée que composer mathématiquement soit le but principal de notre méthode. Qu'il ne croie donc pas, qu'enthousiasmé par ce qu'a d'intéressant et d'instructif tout à la fois cette manière d'écrire, nous ayons voulu attacher à la musique obtenue **ainsi** une valeur qu'elle n'a pas.

Mais, disons que l'emploi de ce procédé de composition n'a de l'importance **que comme moyen** ; moyen d'inculquer peu à peu à l'élève, et d'une façon en quelque sorte détournée, la plupart des secrets de la science, secrets qui, au temps de nos études, nous ont semblé tout d'abord si difficiles à pénétrer. C'est un moyen commode, et si l'on veut bien nous passer le mot, l'employer, c'est **dorer la pilule**.

Certes, la musique que font de cette manière nos élèves, n'est pas la vraie musique; elle leur plait néanmoins, et cela, à peu près comme plaisent ces touffes de fleurs artificielles dont nous ornons nos appartements. Sans doute, la nature est préférable, mais ne nous semble-t-il pas déjà goûter la réalité, lorsque nous tenons l'apparence?

Quand, par notre système d'enseignement, nous serons parvenus à apprendre ce qu'il nous importe de savoir, nous abandonnerons les procédés mécaniques; ils feront place à l'inspiration; celle-ci, étayée de la science acquise, commandera en maître, et fera de la vraie musique, en donnant aux compositions la vie, la grâce, la délicatesse, et l'onction que **seule** elle peut communiquer à une œuvre musicale.

Cette digression faite, revenons à nos procédés.

Quel est, en définitive, le plus vif désir de ceux qui veulent savoir l'harmonie?

C'est, sans doute, d'apprendre les choses que nous avons énumérées plus haut, mais c'est principalement de se mettre en état de placer sous leurs propres inspirations mélodiques un accompagnement correct et convenable. Comme ils voudraient l'écrire avec autant de facilité qu'ils ont écrit leur chant! et qu'ils seraient heureux de pouvoir juger tout de suite de leur œuvre ainsi parée de son accompagnement!

En effet, la principale difficulté que rencontre une personne inexpérimentée qui cherche à faire un accompagnement, c'est de discerner dans sa mélodie les notes qui doivent se trouver dans les accords accompagnateurs, d'avec celles qui peuvent n'y pas être comprises.

En d'autres termes, de savoir distinguer ce qu'on appelle les **notes réelles** d'avec les **notes de passage**, **d'appogiatures, etc.**

Or, notre manière de faire composer, tout en les initiant à la théorie des accords, est essentiellement propre à leur apprendre à faire cette distinction.

Après cette difficulté surmontée, vient, pour clore la série de nos principaux procédés, une règle d'une importance telle, qu'à la rigueur, avec son seul secours et la connaissance déjà acquise des accords, on pourrait immédiatement écrire l'accompagnement d'un chant donné.

Nous craindrions de dépasser les limites d'une préface, si, à cet exposé sommaire, nous ajoutions ce qui nous resterait à dire des autres innovations importantes que nous avons faites, et qui ont pour objet des règles simples et précises concernant les **modulations**, **l'analyse musicale**, et enfin **l'accompagnement d'une gamme chromatique ascendante et descendante**, lorsque chacune des notes doit recevoir un accord spécial.

§ 5. LE DERNIER MOT DE CETTE PRÉFACE.

Tel est l'esprit général dans lequel notre livre est conçu. Tels sont nos plus essentiels préceptes.

Leur nouveauté nous donnerait sans doute à craindre qu'on les trouvât hardis, incertains, peut-être même entachés d'hérésie, si nous ne pouvions affirmer par avance que nous les tenons des Mozart, des Beethoven, des Rossini, etc., et qu'ils ne sont qu'une conséquence des faits constatés par nous dans ces grands maîtres, au moyen d'une sérieuse analyse de leurs œuvres.

Dans tous les cas, nous serons toujours prêts à fournir les éclaircissements, les explications qui tendraient à justifier cette assertion, ainsi que tous autres renseignements relatifs à notre méthode, et à la manière de l'étudier et de la faire pratiquer.

Nous ne pouvons nous dissimuler, d'ailleurs, qu'elle ne contienne bien des imperfections, et nous ue voulons pas nous en exagérer sa portée actuelle. Mais ce que nous espérons, c'est d'avoir posé la première pierre d'un nouvel enseignement musical, auquel les années et le bon vouloir des maîtres viendront apporter toutes les améliorations dont il est susceptible. Ne faut-il pas du temps et des peines pour faire sortir, sans taches, le métal, de l'impur minerai?

Ajoutons que nous serons heureux d'écouter les avis qu'on voudra bien nous donner ayant pour objet l'amélioration de notre œuvre, soit qu'il s'agisse de la correction de fautes inévitables dans un premier travail, soit qu'il y ait à modifier quelques règles ou à combler quelques lacunes.

Enfin, nous terminerons en exprimant ce vœu :

Puisse notre livre avoir quelque utilité!

Puisse-t-il être la première étape d'une route nouvelle pour l'enseignement de la musique!

Car alors, cet art divin, qui, selon nous, est si propre à satisfaire l'homme, à parler à son intelligence et à toucher son cœur, cet art divin, disons-nous, se propagera davantage, et prendra dès-lors une importance en rapport avec les services qu'il est appelé à rendre.

NOTA.

Les chiffres arabes, entre deux parenthèses, renvoient aux paragraphes marqués de ces chiffres, (168) par exemple, signifie : voyez le paragraphe en tête duquel se trouve le chiffre 168, ou le 168me numéro de ce livre.

AVERTISSEMENT

OU

INSTRUCTION POUR L'ÉTUDE DE LA PREMIÈRE PARTIE DE NOTRE MÉTHODE.

En écrivant notre livre, nous nous sommes appliqué à mettre à même la mère de famille tant soit peu musicienne, de diriger, à l'aide de notre ouvrage, l'intéressante étude de la composition musicale. Dans ce but, nous consignons ici les indications qui lui sont le plus utiles de connaître, pour enseigner, comme nous le faisons nous-même, la première partie de cette méthode, aux personnes qui savent peu ou point de musique.

Assis devant un clavier de piano, nous apprenons à l'élève les deux premières leçons de ce livre, (en plusieurs séances), afin de le familiariser tout de suite à la formation de la gamme ainsi qu'à celle des accords. Puis nous lui donnons, dans la 3me leçon, les notions les plus indispensables de l'écriture musicale ; et, lui mettant sous les yeux les tableaux synoptiques des pages 11, 23 et 25, nous les lui expliquons, tenant surtout à ce qu'il ait une idée nette de la correspondance des sons représentés sur le papier avec ceux du piano.

Cela entendu, nous prenons dans les 4me, 5me et 6me leçons, (sauf à revenir sur ces leçons) les choses dont nous avons absolument besoin, pour arriver le plus tôt possible à la 7me leçon, c'est-à-dire, à celle qui traite de la composition musicale.

Dans nos cours, dans nos leçons particulières, dès la 2me ou la 3me séance, nous abordons cet intéressant sujet, et c'est alors que l'attention de nos élèves redouble. Ils font avec ardeur les devoirs que nous leur indiquons sur cette matière, c'est-à-dire, des compositions de petites mélodies qui, ainsi que nous l'avons dit dans notre préface, les captivent au plus haut point.

Pendant quelque temps, ces compositions se font *seulement* avec les 1er et 5me accords de 3 sons de la gamme majeure de Do (page 66, Ex. P, Q, R, S, T et U), puis avec les 1er 4me et 5me accords de 3 sons de la même gamme.

Lorsque nos élèves sont suffisamment familiarisés à ces sortes d'exercices avec les accords dont nous venons de parler, ils font des devoirs analogues au moyen des mêmes accords, pris d'abord dans la gamme majeure de Sol, puis dans celle de Fa (page 8, Ex. J et K).

Enfin, nous traitons ce genre de travail en employant successivement les gammes majeures qui ont 2, 3, 4, etc. dièses, puis celles qui ont 2, 3, 4, etc. bémols (page 50), et nous les y arrêtons aussi longtemps qu'il est besoin pour qu'ils le sachent faire convenablement.

Après qu'ils ont ainsi composé, en employant les trois principaux accords des gammes majeures, nous abordons les gammes mineures, et nous recommençons, avec les 1er 4me et 5me accords de ces gammes, des exercices absolument analogues à ceux que nous avons faits au moyen des gammes majeures.

Puis, continuant ainsi de leur faire composer des mélodies dans toutes les gammes, — à chaque séance, nous mêlons à ces exercices de composition, quelques démonstrations puisées dans les leçons de ce livre, qui n'ont été étudiées primitivement que par fragments.

Il est clair que nous poursuivons de la sorte jusqu'à ce que les matières de ces leçons soient épuisées.

Nous terminerons ce court exposé en appelant l'attention du lecteur sur l'importance qu'il convient d'attacher à la *parfaite connaissance* des gammes.

En effet, les gammes sont la clef de voûte de tout édifice musical, même de nos simples exercices de composition. Il est donc indispensable que les élèves les sachent d'une manière absolument irréprochable, c'est-à-dire, qu'ils puissent indiquer, sans hésitation, les 7 notes qui constituent une gamme quelconque, et, par suite, former avec rapidité les accords appartenant à cette gamme.

Cette nécessité d'être rompu à l'entière connaissance des gammes se fait toujours sentir, mais plus particulièrement encore lorsqu'on rencontre des morceaux où se trouvent fréquemment des modulations, c'est-à-dire, des changements de gammes.

Or, ces changements ne peuvent être chaque fois indiqués par une armure nouvelle (page 58, § 163).

Il suit de là, que le lecteur ne peut distinguer les gammes dans lesquelles le morceau passe, qu'aux dièses ou bémols accidentels (page 58, § 164).

Donc, pour qu'il soit à même de faire promptement cette distinction, il est de toute nécessité qu'il possède à fond, sans hésiter, la connaissance des sept notes qui constituent une gamme quelconque.

Que d'ailleurs, il se pénètre bien de ces vérités :

Voulez-vous composer de la musique, il vous faut une ou plusieurs gammes.

Voulez-vous accompagner un chant, il vous faut les accords d'une ou de plusieurs gammes.

Voulez-vous préluder ou improviser, il vous faut une ou plusieurs gammes.

Voulez-vous savoir à quelles gammes appartiennent les notes de la musique que vous exécutez, sachez bien vos gammes.

En un mot ;

Ne point savoir les gammes, c'est ne pas savoir la musique, et mieux encore :

Point de gammes, — point de musique.

PREMIÈRE LEÇON.

GAMME.

Sons musicaux. — Intervalle de demi-ton. — Intervalle de ton. — Gamme majeure. — Dièse. — Bémol.

Clavier du piano. — Sons. — Sons graves ou bas; sons aigus ou hauts.

1. Le clavier d'un piano de sept octaves peut être considéré comme nous fournissant la série complète des sons employés dans la musique moderne, depuis le son le plus *grave* ou le plus *bas*, qui est donné par la première touche à gauche, jusqu'au son le plus *aigu* ou le plus *haut*, qui est donné par la dernière touche à droite.

Le clavier se compose de 85 touches. Les unes blanches, au nombre de 50, élargies à leur extrémité antérieure, remplissent à elles seules, à cette extrémité, toute la longueur du clavier. Les autres, noires, au nombre de 35 seulement, toujours comprises, une à une, entre deux touches blanches, saillantes au-dessus de ces dernières, et moins longues qu'elles, s'arrêtent à peu près aux deux tiers de la largeur du clavier, dispositions particulières qui n'ont d'autre but que de faciliter le jeu de l'instrument.

Chacune de ces 85 touches, blanches et noires indistinctement, fournit un son particulier ; nous avons donc à notre disposition 85 sons différents, dont les combinaisons constituent toutes les compositions musicales.

Échelle ascendante ou descendante de sons offrant entre eux des intervalles égaux.

2. Si en appuyant successivement sur chacune des touches blanches et noires, dans l'ordre où elles se présentent, depuis la première à gauche jusqu'à la dernière à droite, on fait résonner l'un après l'autre chacun des sons que peut fournir le clavier, on reconnaît que ces sons vont successivement en s'élevant, et toujours d'une même quantité, du grave à l'aigu. Ils forment donc une série ou une échelle *ascendante*, non interrompue, de sons de plus en plus aigus, offrant toujours entre eux la même différence de *hauteur*, ou, suivant l'expression consacrée, le même *intervalle*.

Il est évident qu'en partant de la première touche à droite, pour revenir à la dernière touche à gauche, on obtiendrait une série ou une échelle *descendante* de sons de plus en plus graves, offrant encore tous entre eux des intervalles égaux.

Demi-ton. — Ton.

3. L'intervalle constant que présentent entre eux deux sons consécutifs de la série des 85 sons qui constituent notre échelle musicale complète, est ce qu'on appelle un *demi-ton*. Ainsi, en prenant les touches pour les sons qu'elles fournissent, et c'est ce que nous ferons très-souvent pour abréger et simplifier le langage, il y a toujours un demi-ton entre deux touches blanches consécutives qui ne comprennent point entre elles de touche noire (ex. A,) aussi bien qu'entre une touche blanche et la touche noire voisine (ex. B) ou encore entre une touche noire et la touche blanche voisine, (ex. C).

Deux demi-tons successifs devant nécessairement former *un ton*, deux sons qui comprennent entre eux deux demi-tons présenteront un intervalle d'un ton. Ainsi, il est évident qu'il y a toujours un ton entre deux touches blanches séparées par une noire (ex. D) aussi bien qu'entre deux touches noires séparées par une blanche, (ex. E) ou bien encore, entre une touche blanche et une touche noire, (ex. F) ou une touche noire et une touche blanche (ex. G.) séparées par une blanche.

Disposition relative des touches noires et blanches du piano. — Octaves; similitude des diverses octaves.

4. La moindre attention portée sur l'ensemble du clavier, suffit pour faire reconnaître dans la disposition relative des touches noires et des touches blanches un certain arrangement particulier qui va se reproduisant successivement sept fois dans toute l'étendue du clavier.

Les touches blanches ne sont pas toutes séparées l'une de l'autre par une touche noire; de distance en distance on trouve deux touches blanches consécutives sans touche noire intermédiaire.

Si, partant de la première touche blanche à gauche, nous embrassons dans un même coup d'œil, en remontant vers la droite, l'ensemble formé par les huit premières touches blanches, nous n'y trouvons intercalées que cinq touches noires. Ces touches noires sont d'ailleurs disposées de manière à former deux petits groupes distincts, l'un de deux touches noires, comprises entre les trois premières touches blanches ; l'autre de trois touches noires, réparties entre les quatre touches blanches suivantes; de sorte qu'il n'existe de touche noire ni entre la troisième et la quatrième touche blanche, ni entre la septième et la huitième touche blanche.

Or, si nous reprenons maintenant la huitième touche blanche pour point de départ d'une nouvelle série de huit touches blanches, en remontant vers la droite jusqu'à la quinzième touche blanche, nous retrouverons identiquement le même arrangement, les mêmes dispositions que nous venons d'analyser. Et en reprenant toujours la dernière touche blanche de la série précédente pour point de départ de la série suivante, nous voyons ce même arrangement se reproduire successivement, comme nous l'avons dit, sept fois de suite dans l'étendue du clavier. A chacune de ces séries de huit touches blanches, dont la dernière est en même temps la première de la série suivante, on donne le nom d'*octave*, et de là la dénomination de piano à 7 octaves.

L'étude de tous les sons du clavier peut se réduire à celle des sons compris dans une octave.

5. De l'identité que nous venons de constater dans l'arrangement des touches des diverses octaves, il résulte que les intervalles que peuvent offrir entre eux les sons compris dans une octave sont identiquement les mêmes et se succèdent identiquement dans le même ordre, pour les sons correspondants d'une autre octave. Or, les effets produits par des sons entendus soit successivement, soit simultanément, dépendant des intervalles que ces sons offrent entre eux et non de la hauteur absolue de chaque son, il s'ensuit que les effets produits par des sons pris dans une octave seront les mêmes que ceux qui seront produits par les sons correspondants d'une autre octave. Bien plus, les sons qui occupent les mêmes positions relatives et se correspondent dans deux octaves différentes ont entre eux un rapport si simple qu'ils peuvent, pour ainsi dire, être pris les uns pour les autres et se remplacer mutuellement : aussi leur a-t-on donné les mêmes noms, et tout ce que nous dirons des uns devra être attribué identiquement aux autres.

L'étude de tous les sons de notre clavier se réduit alors à celle des sons compris dans une octave.

Noms des sons fournis par les touches blanches.

6. Prenons donc une octave quelconque, par exemple la quatrième, celle qui s'étend de la vingt-deuxième à la vingt-neuvième touche blanche.

On donne aux sons fournis par les huit touches blanches, dans l'ordre ou elles se succèdent en montant de gauche à droite les noms suivants :

UT ou DO, RÉ, MI, FA, SOL, LA, SI, UT ou DO.

Ces noms seront les mêmes pour une octave quelconque ; c'est pour cela que le huitième son de notre octave, qui doit devenir le premier de l'octave suivante, reprend le nom du premier UT ou DO. Le nom UT est plus anciennement connu ; les Italiens y ont substitué la syllabe DO, dont la prononciation est plus douce, et qui est aujourd'hui généralement adoptée.

FIGURE D'UN CLAVIER DE PIANO DE 7 OCTAVES.

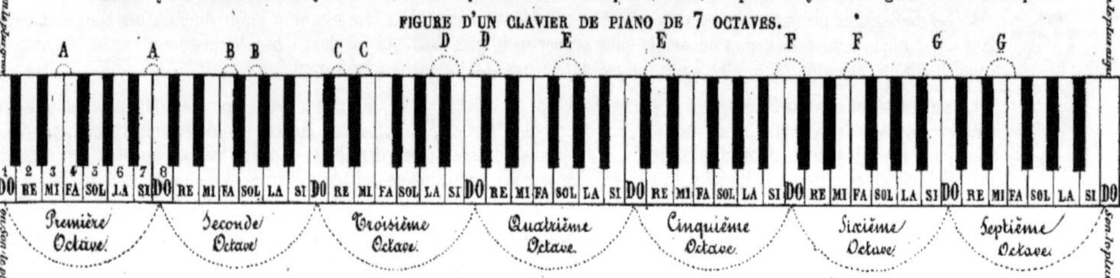

Nous ne nous occupons pas en ce moment des sons fournis par les touches noires. Nous verrons tout à l'heure leur rôle, leur emploi et les noms qu'ils reçoivent.

Gamme. Analyse de la gamme.

7. A l'inspection seule de la disposition des huit touches blanches de notre octave, on reconnaît qu'il existe, entre les sons que nous venons de nommer, la série d'intervalles suivante :

Du 1er DO à RÉ un ton (Voir la gamme ci-dessous sur le clavier, ex. H).
De RÉ à MI un ton
De MI à FA un demi-ton
De FA à SOL un ton
De SOL à LA un ton
De LA à SI un ton
De SI à DO un demi-ton

C'est-à-dire que l'on trouve d'abord deux tons et un demi-ton, puis à la suite, trois tons et un demi-ton, et il en sera de même pour toutes les octaves.

C'est cette succession d'intervalles musicaux qui constitue ce qu'on appelle la Gamme.

LA GAMME.

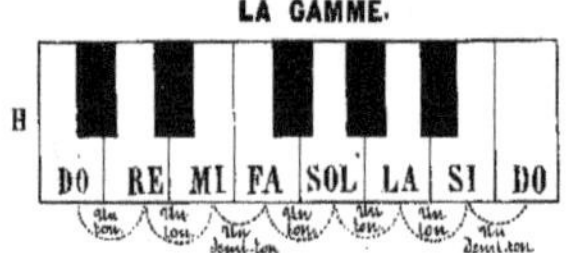

Gamme majeure ; gamme mineure.

8. Pour obtenir la gamme, il nous suffit de faire résonner successivement les huit touches blanches de notre octave et nous serons frappés de l'effet agréable produit par cette série de sons. Nous y reconnaissons une véritable mélodie, que notre oreille retrouve d'ailleurs complétement la même quelle que soit l'octave que nous prenions, bien que les sons en soient tous ou plus graves ou plus aigus. Cette mélodie si simple est la base de toute la musique.

Toutefois, il y a encore une autre échelle de huit sons, dont les intervalles successifs sont un peu différents, à laquelle on a donné le nom de *gamme mineure*, tandis qu'on réserve le nom de *gamme majeure* à celle dont nous venons de donner la composition. La gamme mineure n'est au reste qu'une modification de la gamme majeure, amenée par les besoins de l'art musical. C'est aussi une mélodie simple, mais d'un mode différent, où la musique puise plus spécialement les chants, les mélodies d'un caractère grave, sérieux ou triste. Nous en ferons plus tard l'étude comparativement avec celle de la gamme majeure.

Reproduction de la gamme majeure en prenant pour point de départ le Sol.

9. La gamme majeure étant constituée, non par la valeur absolue des sons qu'elle renferme, mais bien par la nature et la succession des intervalles que les sons doivent offrir entre eux, il est évident que nous la reproduirons toujours la même. en prenant pour point de départ un son quelconque, pourvu que ce son et les sept autres que nous lui associerons nous offrent encore les mêmes intervalles dans le même ordre.

Prenons, par exemple, pour point de départ de la gamme majeure, la cinquième touche blanche à droite, en montant, à partir du DO, ou le *Sol*. Il nous faut successivement deux tons et un demi-ton, puis trois tons et un demi-ton. Nous trouvons en prenant les touches blanches successives :

De SOL à LA un ton (Voir la gamme ci-dessous sur le clavier, ex. I).
De LA à SI un ton
De SI à DO un demi-ton
De DO à RÉ un ton
De RÉ à MI un ton

Jusque-là tous ces intervalles sont bien exactement ceux qui constituent la gamme majeure, et cela était facile à prévoir.

Mais il nous faut ensuite un ton. Or de MI à FA il n'y a qu'un demi-ton, et notre série se trouve en défaut.

Le son donné par la touche noire qui suit immédiatement à droite et en montant la touche blanche Fa, est plus élevé que ce Fa d'un demi-ton. Si donc nous substituons à la touche blanche Fa cette touche noire, le son qu'elle donnera rentrera parfaitement dans notre série, la régularisera, et la touche blanche suivante, ou le *Sol*, n'offrant d'ailleurs qu'un intervalle d'un demi-ton, la complétera.

Substitution d'une touche noire à une touche blanche.

10. Ainsi voilà une nouvelle série de huit sons reproduisant encore la gamme. Parmi ces sons, sept sont fournis par des touches blanches ; un seul, le septième, est fourni par une touche noire dont le son a dû être substitué à celui de la touche blanche qui donne le Fa et qui disparaît de la série.

Fa dièse, Fa naturel.

Ce son, appelé par la succession nécessaire des intervalles qui doivent constituer la gamme, à se substituer au Fa, recevra le même nom Fa ; mais pour le distinguer du son fourni par la touche blanche Fa, qu'il semble, en le remplaçant, hausser d'un demi-ton, on l'appelle *Fa dièse*, et l'on donne par opposition le nom de *Fa naturel* au son qu'il remplace.

Au lieu du mot *dièse* on a adopté dans l'écriture musicale, pour exprimer la même idée, le signe ♯. Ainsi, la série des sons qui forment la gamme majeure, en prenant le Sol pour point de départ, est la suivante :

SOL, LA, SI, DO, RÉ, MI, FA♯, SOL.

LA GAMME.

I

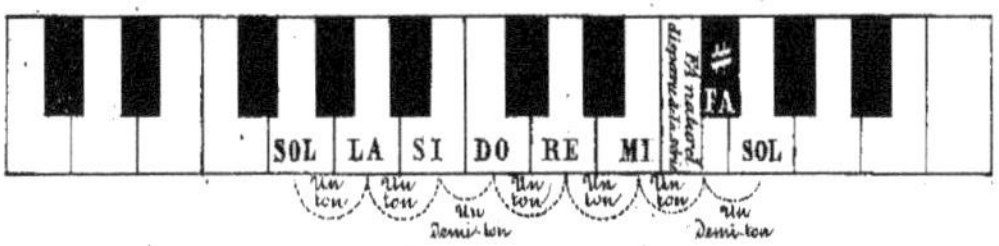

SOL LA SI DO RE MI FA SOL

Un ton, Un ton, Un demi-ton, Un ton, Un ton, Un ton, Un demi-ton

Si nous faisons résonner ces sons successivement notre oreille reconnaît parfaitement la même mélodie que celle qui est donnée par la série des huit touches blanches successives qui commence par un Do.

Reproduction de la gamme majeure en prenant pour point de départ le Fa.

11. Cherchons un nouveau point de départ pour la gamme, en prenant, à partir du Do, (ex H) non plus la cinquième touche blanche à droite en montant, mais seulement la quatrième, le Fa.

Nous trouvons :

De FA à SOL un ton (Voir la gamme ci-dessous sur le clavier, ex. J.)

De SOL à LA un ton

puis de La à Si il y a encore un ton, tandis qu'il ne faudrait qu'un demi-ton. La touche Si donnerait donc un son trop haut d'un demi-ton. Or, si nous la remplaçons par la touche noire précédente, ou voisine à gauche en descendant, dont le son est plus bas d'un demi-ton, nous retrouverons l'intervalle voulu ; puis de cette touche noire au Do suivant, il y aura un ton, ce qui est nécessaire ; enfin comme nous aurons :

De DO à RÉ un ton

De RÉ à MI un ton

De MI à FA un demi-ton.

la gamme sera complète.

Nouvelle substitution d'une touche noire à une touche blanche. — Si bémol, Si naturel.

12. Nous obtenons donc une troisième série de huit sons reproduisant encore la gamme majeure. Parmi ces sons, sept sont fournis, comme dans le cas précédent, par des touches blanches ; un seul, le quatrième, est fourni par une touche noire dont le son a dû être substitué à celui de la touche blanche qui donne le Si et qui disparaît de la série.

Ce son, appelé, par la succession nécessaire des intervalles qui doivent constituer la gamme, à se substituer au Si, recevra le même nom Si ; mais pour le distinguer du son fourni par la touche blanche Si, qu'il semble, en le remplaçant, non plus, comme dans le cas précédent, hausser, mais bien au contraire baisser d'un demi-ton, on l'appelle *Si bémol*, et l'on donne par opposition le nom de *Si naturel* au son qu'il remplace.

Au lieu du mot *bémol*, on a adopté dans l'écriture musicale, pour exprimer la même idée, le signe ♭. Ainsi la série des sons qui forment la gamme majeure en prenant le Fa pour point de départ, est la suivante :

FA, SOL, LA, SI ♭, DO, RÉ, MI, FA.

LA GAMME.

J

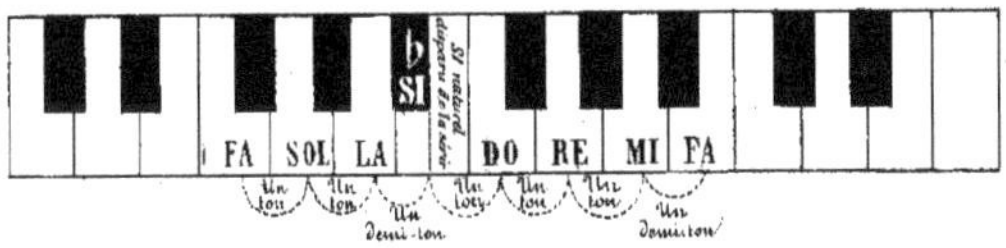

FA SOL LA SI DO RE MI FA

Un ton, Un ton, Un demi-ton, Un ton, Un ton, Un ton, Un demi-ton

Si nous faisons résonner ces sons successivement, notre oreille reconnaîtra parfaitement la mélodie que donne la série de huit touches blanches successives commençant par un Do, ou encore la série que nous avons trouvée en prenant pour point de départ le Sol.

Touches noires appelées tantôt dièses tantôt bémols.

13. En prenant soit parmi les touches blanches, soit parmi les touches noires, d'autres points de départ que ceux que nous venons de choisir, on serait amené, pour conserver toujours les intervalles successifs de la gamme, à remplacer non plus une seule, mais plusieurs touches blanches par des touches noires.

Chaque touche noire peut être appelée à remplacer tantôt la touche blanche qui la précède à gauche, en en haussant le son d'un demi-ton, tantôt celle qui la suit à droite, en en baissant le son d'un demi-ton. Le son qu'elle fournit reçoit dans les deux cas le nom du son de la touche remplacée, auquel dans le premier cas on ajoute le mot dièse (♯), et dans le deuxième cas, le mot bémol (♭). Ainsi, par exemple, le son de la touche noire qui suit le Fa et qui précède le Sol, sera tantôt un Fa♯ et tantôt un Sol♭. De même, la touche noire qui précède le Si et qui suit le La, sera tantôt un Si♭, tantôt un La♯. Et ainsi pour chaque touche noire, dont le son ne recevra jamais qu'un nom emprunté à celui d'une des touches blanches voisines, et sera, quoique toujours le même, ou le dièse de la précédente ou le bémol de la suivante, selon les circonstances.

Définition générale des dièses et des bémols.

14. D'une manière générale, on appelle *dièse* d'un son, un son plus élevé que celui-ci d'un demi-ton et qu'on lui substitue pour conserver les intervalles déterminés de la gamme. On appelle *bémol* d'un son, un son plus bas que celui-ci d'un demi-ton et qu'on lui substitue pour conserver les intervalles déterminés de la gamme.

Touches blanches pouvant devenir des dièses ou des bémols.

15. Dans l'échelle musicale complète fournie par les 85 touches blanches et noires de notre clavier, tous les sons offrant toujours de l'un à l'autre un intervalle d'un demi-ton, nous pouvons dire que chaque touche blanche a son *dièse* à sa droite, (ex. L) et son *bémol* à sa gauche, (ex. K). Ces dièses et ces bémols seront évidemment donnés par des touches noires pour chaque touche blanche comprise entre deux touches noires. Mais pour deux touches blanches consécutives qui ne comprennent pas entre elles de touche noire, comme le *Mi* et le *Fa*, aussi bien que le *Si* et le *Do*, il est évident que si le *Mi* et le *Si* trouvent leurs *bémols* dans les touches noires qui les précèdent; chacune ne pourra avoir pour *dièse* que la touche blanche qui la suit; que si le *Fa* et le *Do* trouvent leurs dièses dans les touches noires qui les suivent, chacune ne pourra avoir pour *bémol* que la touche blanche qui la précède. Ainsi, le *Fa* sera le dièse du *Mi*, le *Do* sera le dièse du *Si*; le *Mi* sera le bémol du *Fa*, le *Si* sera le bémol du *Do*. C'est à-dire que si l'on est conduit à substituer au *Mi* un son plus élevé d'un demi-ton, on se servira du *Fa* qui prendra alors le nom de Mi♯, et le *Do*, en se substituant au *Si* dans des circonstances semblables, prendra le nom de Si♯, de la même manière le *Mi* pourra être substitué au *Fa* et prendra le nom de Fa♭, et le *Si* pourra être substitué au *Do* et prendra le nom de *Do*♭

K

Sons bémolisés.....	♭RE	♭MI	♭FA	♭SOL	♭LA	♭SI	♭DO	
Sons naturels.....	DO	RE	MI	FA	SOL	LA	SI	DO

L

Sons diésés.....	♯DO	♯RE	♯MI	♯FA	♯SOL	♯LA	♯SI	
Sons naturels....	DO	RE	MI	FA	SOL	LA	SI	DO

Sons naturels.

16. On voit alors que non-seulement les sons des touches noires empruntent leur nom aux sons des touches blanches, mais que le son d'une touche blanche peut même changer de nom et recevoir un nom d'emprunt; c'est pour cela qu'on appelle, par opposition, *sons naturels*, les sons fournis par les touches blanches, lorsque ces sons conservent les noms qui leur ont été donnés primitivement dans la série où ils constituent à eux seuls la gamme majeure, afin de les distinguer de ceux qui leur sont substitués accidentellement et reçoivent à titre d'emprunt le nom de celui qu'ils remplacent.

La gamme peut être transposée sur douze points de départ différents.

17. Avec le secours des *dièses* et des *bémols*, tels que nous venons de les définir, on peut reproduire la gamme majeure en prenant pour point de départ un son quelconque, ou en d'autres termes *transposer* la mélodie qui constitue la gamme sur un point de départ quelconque pris dans notre échelle musicale, fût-ce même une touche noire.

Chacune de nos octaves, avec les 8 touches blanches et les 5 touches noires, ne comprend réellement que 12 sons différents, dont chacun puisse fournir un point de départ différent, puisque le dernier son doit être considéré comme la reproduction du premier, et reproduirait, en effet, la même série que celui-ci. Nous aurons donc 12 séries différentes reproduisant, toutes, la gamme majeure, et nous ne pouvons en avoir que 12.

M

	DO	♯DO	RE	♯RE	MI	FA	♯FA	SOL	♯SOL	LA	♯LA	SI	DO
Douze points de départ différents	1	2	3	4	5	6	7	8	9	10	11	12	1
	DO	♭RE	RE	♭MI	MI	FA	♭SOL	SOL	♭LA	LA	♭SI	SI	DO

Désignation que prend la gamme suivant son point de départ.

18. Bien que ces diverses séries constituent bien réellement la même gamme, néanmoins, afin de pouvoir les distinguer les unes des autres à cause de leur point de départ différent, on est convenu de les désigner chacune en particulier par le nom du son pris pour point de départ. Ainsi celle qui commence par *Do*, est dite *gamme majeure de Do*; celle qui commence *Sol* est dite *gamme majeure de Sol*; celle qui commence par *Fa* est dite *gamme majeure de Fa*, etc. Au lieu de ces expressions, qui sont les seules vraies, on a généralement adopté les expressions vicieuses suivantes :

Gamme de *Do majeur*, gamme de *Sol majeur*, gamme de *Fa majeur*, etc., etc.

Or ces expressions présentent une idée fausse. Ce ne sont pas le Do, le Sol, le Fa, etc., qui sont majeurs, mais la gamme. Il n'y a pas un Do majeur et un Do mineur, un Sol majeur et un Sol mineur, etc.; mais il y a une *gamme majeure* de *Do*, et une *gamme mineure* de *Do*, une *gamme majeure* de *Sol*, et une *gamme mineure* de *Sol*.

L'étude des diverses gammes majeures et mineures, leur mode de formation, la manière dont elles dérivent les unes des autres, seront plus tard l'objet d'une attention toute spéciale. Nous nous contenterons pour le moment des notions que nous venons de donner.

DEUXIÈME LEÇON

ACCORDS.

Simultanéité des sons. — Intervalles de seconde, de tierce, de quarte, de quinte, etc. Intervalles simples. — Intervalles composés. — Accords. — Accord de trois sons. — Accord majeur. Accord mineur. — Accord diminué. — Accord augmenté.

Sons simples. — Sons composés ou multiples.

19. Une série de sons se succédant un à un et entendus l'un après l'autre, constituent ce qu'on appelle une *mélodie*, un *chant*, un *air*. Ces sons, pour produire un effet agréable, pour former un sens musical, ne peuvent pas être pris au hasard. Il faut qu'ils soient liés entre eux par une certaine suite d'intervalles déterminés, et l'on comprend qu'il doive exister à cet égard des règles générales, précises. Or, la première condition essentielle, c'est que toutes les combinaisons mélodiques soient puisées dans la gamme, que nous avons désignée, en effet, comme la source constante de toute mélodie.

Mais si l'oreille apprécie facilement les intervalles des sons lorsqu'elle les entend successivement, elle apprécie plus nettement encore ces intervalles, elle en est plus vivement encore impressionnée, lorsque les sons résonnant ensemble la frappent simultanément.

Aussi la musique trouve-t-elle de précieuses ressources dans les effets produits par les sons, pour ainsi dire *composés* ou *multiples*, qui résultent de la simultanéité de plusieurs sons *simples* résonnant ensemble. Ces effets dépendent nécessairement des intervalles que présenteront entre eux les sons simples que l'on associera ; et c'est encore dans la gamme que doivent être puisés les éléments et les règles de ces nouvelles combinaisons.

Les sons successifs que nous présente la gamme peuvent être combinés deux à deux, trois à trois, etc. Occupons-nous d'abord des combinaisons de ces sons deux à deux.

Les deux sons que l'on fera résonner simultanément peuvent être pris à des distances l'un de l'autre plus ou moins grandes, dans l'échelle de la gamme.

Seconde. — Intervalle de seconde.

20. Le son composé résultant de la simultanéité de deux sons consécutifs de la gamme, en quelque point de cette échelle qu'on les prenne, porte le nom de *seconde*. Ainsi dans la gamme majeure de Do, si l'on frappe à la fois deux touches blanches consécutives quelconques, on obtient une *seconde*.

Secondes majeures. Secondes mineures.

21. Il est bien évident que le mot intervalle n'est pas pris ici dans le sens que nous lui avons donné jusqu'ici. Il n'exprime plus, en effet, un nombre toujours le même de tons et de demi-tons, car l'intervalle de seconde sera tantôt d'un demi-ton, tantôt d'un ton. Ainsi, en montant successivement du Do au Si, on peut obtenir 7 secondes (au delà, d'après les principes que nous avons posés, elles se reproduiraient les mêmes et dans le même ordre, quoique formées par des sons plus aigus). Or, parmi ces 7 secondes (ex. A), 5, (Do Ré) (Ré Mi) (Fa Sol) (Sol La) (La Si) offrent chacune l'intervalle d'un ton, tandis que les 2 autres, (Mi Fa) (Si Do) présentent chacune un intervalle d'un demi-ton seulement. Ce seront toujours des secondes ; on dira toujours qu'il y a entre les deux sons qui les composent, un intervalle de seconde ; mais pour les distinguer, on donnera à celles qui comprennent un ton, le nom de *secondes majeures*, et à celles (la 3e et la 7e) qui comprennent un demi-ton, le nom de *secondes mineures*.

Elles se succèdent toujours dans le même ordre, quel que soit le point de départ de la gamme.

22. Quel que soit le son qui forme le point de départ de la gamme, la *seconde* sera formée par la simultanéité de deux sons consécutifs de cette gamme, et le son le plus élevé des deux sera dit la *seconde*, ou un *intervalle de seconde* de l'autre.

Nous aurons, du reste, toujours le même nombre de secondes majeures et de secondes mineures se succédant dans le même ordre, en montant la série des sons de la gamme.

Toutefois la seconde ne sera pas toujours, comme dans la gamme majeure de Do, donnée par deux touches blanches consécutives, puisque, dans les gammes qui ont un autre point de départ, des touches noires viennent remplacer les touches blanches voisines, qui doivent être regardées comme supprimées de la série.

Ainsi, dans la gamme majeure de Sol (ex. B) la seconde de Mi est Fa♯, et non Fa, qui a disparu de la série. De même dans la gamme majeure de Fa (ex. C) la seconde de La est Si♭ et non Si, qui a disparu de la série.

Dans tous les cas, dans chaque gamme, la seconde est toujours formée par deux sons consécutifs de la gamme.

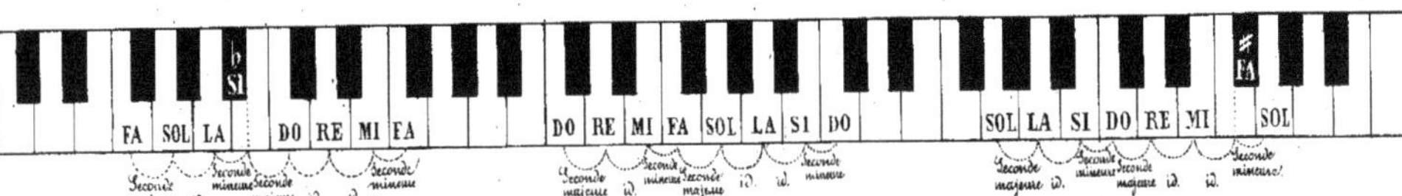

Tierce. Intervalle de tierce.

23. Le son composé résultant de la simultanéité des deux sons extrêmes d'une série de trois sons consécutifs de la gamme, en quelque point de cette échelle qu'on prenne ces trois sons, porte le nom de *tierce*. Ainsi dans la gamme majeure de Do, si l'on frappe à la fois deux touches blanches non consécutives, mais qui n'en comprennent qu'une seule entre elles, on obtient une *tierce*. On aura 7 tierces différentes en montant du Do au Si, et au delà elles se reproduiraient dans le même ordre, et toujours les mêmes, quoique formées par des sons plus aigus.

On dit encore que des deux sons dont l'ensemble forme une *tierce*, le plus élevé est la *tierce* ou à un intervalle de tierce de l'autre.

Tierces majeures. Tierces mineures.

24. Cet intervalle n'est pas toujours identique sous le rapport du nombre des tons et des demi-tons qu'il peut renfermer.

Ainsi parmi les 7 tierces successives que fournit la gamme majeure de Do (ex. D), 3, (Do, Mi) (Fa, La) (Sol, Si) comprennent chacune un intervalle de deux tons, 4, (Ré, Fa) (Mi, Sol) (La, Do) (Si, Ré) ne comprennent chacune qu'un intervalle de un ton et un demi-ton, ou un demi-ton et un ton. Ce sont bien toujours des tierces, il y a bien toujours entre les deux sons qui les composent un intervalle de tierce; mais pour les distinguer on donne le nom de *tierces majeures* à celles qui comprennent un intervalle de deux tons, et celui de *tierces mineures* à celles qui ne comprennent qu'un intervalle de un ton et un demi-ton. En les prenant donc dans l'ordre successif des sons de la gamme, la 1re est majeure, la 2e et la 3e sont mineures, la 4e et la 5e sont majeures, la 6e et la 7e sont mineures.

Elles se succèdent toujours dans le même ordre, quel que soit le point de départ de la gamme.

25. Quel que soit le point de départ de la gamme, la tierce sera toujours formée par les deux sons extrêmes d'une série de trois sons consécutifs de la gamme dont il s'agit, c'est-à-dire par deux sons de cette gamme ne comprenant entre eux qu'un seul son de la même gamme, quelle que soit d'ailleurs la nature des touches, blanches ou noires, qui fournissent ces sons.

Ainsi, par exemple, dans la gamme majeure de sol (ex. E) la tierce de Ré est Fa♯, et non pas Fa, comme dans la gamme majeure de Do. Dans la gamme de Fa (ex. F) la tierce de Sol est Si♭ et non pas Si.

Nous aurons toujours pour chaque gamme 7 tierces, dont 3 majeures et 4 mineures, se succédant dans l'ordre que nous trouvons dans la gamme majeure de Do, c'est-à-dire une tierce majeure, deux tierces mineures, deux tierces majeures, deux tierces mineures.

F. D E

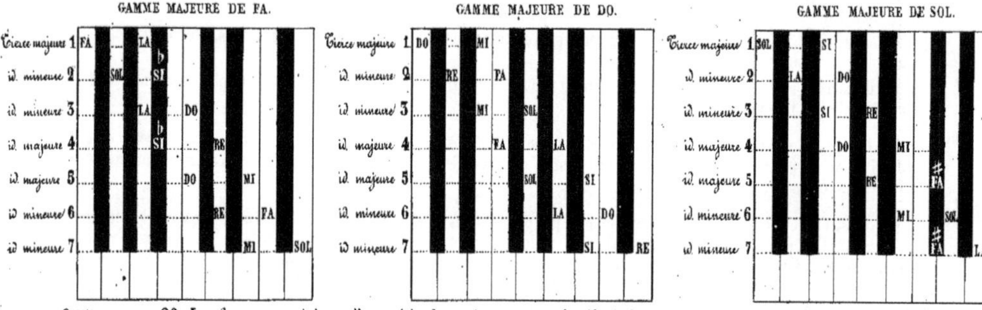

Quarte. Intervalle de quarte.

26. Les deux sons extrêmes d'une série de quatre sons consécutifs de la gamme, en quelque point de cette échelle qu'on prenne les quatre sons, forment un son composé qui porte le nom de *quarte*, et le son le plus élevé des deux est dit la *quarte*, ou à un *intervalle de quarte* de l'autre. Quel que soit le point de départ de la gamme, une *quarte* sera toujours constituée par deux sons de la gamme dont il s'agit, ne comprenant entre eux que deux sons appartenant réellement à cette gamme.

Quinte, sixte, septième.

27. Sans avoir besoin de répéter les mêmes détails pour les autres intervalles, il nous suffira pour compléter la série des combinaisons de deux sons, de dire que les deux sons extrêmes d'une série de cinq sons consécutifs de la gamme forment une *quinte*, que les deux sons extrêmes d'une série de six sons consécutifs de la gamme forment une *sixte*, que les deux sons extrêmes d'une série de sept sons consécutifs de la gamme forment une *septième*.

Octave. Intervalle d'octave.

28. Enfin les deux sons extrêmes d'une série de huit sons consécutifs qui constituent la gamme, de quelque point de la gamme qu'on fasse partir cette série, portent le nom d'*octave* que nous avons déjà donné à chacune des séries successives de huit touches blanches de notre clavier. Chacun des deux sons est dit l'*octave*, ou à l'*octave* de l'autre.

Il est évident que l'intervalle d'octave sera toujours donné par deux sons portant identiquement le même nom. Tous les intervalles d'octave sont égaux entre eux, et comprennent toujours, comme la gamme majeure, cinq tons et deux demi-tons.

Neuvième, dixième, onzième, douzième, etc.

29. En continuant de la même manière, au delà de l'octave, on donne le nom de *neuvième*, de *dixième*, de *onzième*, de *douzième*, etc., aux sons composés résultant de la simultanéité des deux sons extrêmes d'une série de neuf, dix, onze, douze, etc., sons successifs de la gamme, quel que soit le point de départ de la gamme et quel que soit le point de cette gamme d'où l'on fasse partir la série.

Intervalles simples. Intervalles composés.

30. Or, d'après le principe adopté que deux sons à l'octave l'un de l'autre peuvent être substitués l'un à l'autre, il est facile de voir que la neuvième correspond à la seconde. En effet, en substituant soit au son le plus élevé de la neuvième l'octave inférieure de ce son, soit au son le plus bas l'octave supérieure de ce son, ce qui revient à enlever 7 sons à la série, on retrouve une seconde.

De la même manière on verrait que la dixième correspond à la tierce, la onzième à la quarte, la douzième à la quinte, etc.

On pourra donc ainsi substituer aux intervalles qui dépassent l'octave, et qu'on appelle *intervalles composés*, des intervalles qui restent compris dans les limites de l'octave, et qu'on appelle *intervalles simples*. En rapprochant ainsi les sons, on aura l'avantage d'en rendre les intervalles plus faciles à apprécier.

Pour trouver l'intervalle simple qui correspond à un intervalle composé, il suffira, quelle que soit l'étendue de l'intervalle composé, de descendre, d'octave en octave, le son le plus élevé, en le rapprochant du son le plus bas, ou de monter d'octave en octave le son le plus bas, en le rapprochant du son le plus élevé. On trouverait ainsi que la vingt et unième correspond à la septième, la dix-neuvième à la quinte, le dix-septième à la tierce, etc.

Les divers intervalles sont plus ou moins agréables à l'oreille.

31. Tous les sons composés ou intervalles que nous venons d'étudier, ne produisent pas un effet également agréable à l'oreille. Ils présentent même de grandes différences à cet égard, ce dont on peut facilement s'assurer en faisant résonner successivement une seconde et une tierce.

La seconde, loin de flatter agréablement l'oreille, est dure et désagréable, surtout si elle est mineure, et alors elle est presque insupportable.

La tierce, au contraire, est douce et agréable : c'est le plus harmonieux, le plus agréable de tous les intervalles ; aussi forme-t-elle l'élément essentiel des sons composés destinés à flatter agréablement l'oreille, et auxquels on donne le nom d'*accords*. Après la tierce viennent, sous ce rapport, la sixte, l'octave et la quinte.

ACCORDS.

Accords.

32. Si, dans la série des sons successifs d'une gamme, nous prenons en montant une suite de sons de cette gamme se succédant l'un à l'autre par intervalles de tierce, c'est-à-dire une suite de sons telle que chacun d'eux soit toujours la tierce de celui qui le précède, l'ensemble de ces sons formera un *accord*. Un accord est donc composé d'un ensemble de tierces, pour ainsi dire superposées.

Pour construire un accord, il suffit de prendre un son quelconque d'une gamme, quel que soit d'ailleurs le point de départ de cette gamme, et de lui associer les sons de cette même gamme qui viennent à la suite, en montant de deux en deux. On pourra avoir ainsi des accords de trois, de quatre, de cinq, de six sons, suivant le nombre de tierces auquel on s'arrêtera.

Une fois le premier son ou le plus bas adopté, il est évident que tous les autres sons de l'accord s'en suivront nécessairement et seront parfaitement déterminés. Aussi dit-on que l'accord est construit sur le premier son, sur le son le plus bas, qui prend par ce motif le nom de son *fondamental* de l'accord. Prenons, par exemple, pour son fondamental la 5ᵉ note de la gamme majeure de Do.

G

GAMME MAJEURE DE DO.

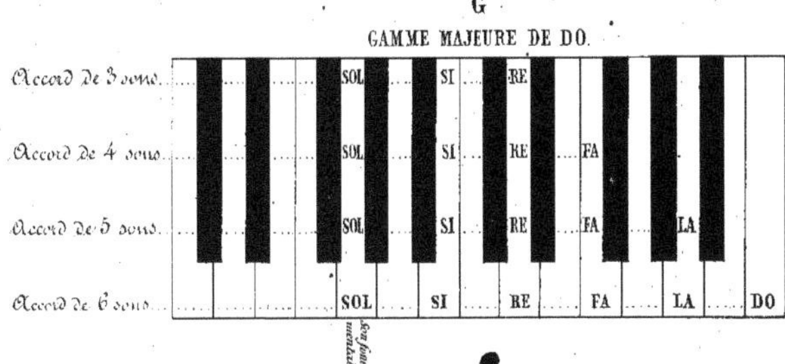

Nous ne nous occupons pour le moment que de l'accord de trois sons.

ACCORDS DE TROIS SONS.

Accord de 3 sons. — Composition de cet accord. — Désignation de chacun des 3 sons de l'accord.

33. L'accord le plus simple et le plus généralement employé est celui de trois sons.

Cet accord, (Do, Mi, Sol) par exemple, composé de deux tierces successives, embrasse dans la gamme une série de cinq sons, dont ont fait résonner seulement le 1ᵉʳ, le 3ᵉ et le 5, c'est-à-dire les deux extrêmes, et celui qui occupe le milieu de la série.

Le premier, ou le plus bas de ces trois sons (Do) est le son fondamental de l'accord, celui sur lequel l'accord est construit; le second (Mi) est la tierce du premier (Do, Mi); le troisième (Sol) est la tierce du second (Mi, Sol); mais, en même temps, il est la quinte du premier (Do, Sol).

De sorte qu'un accord de trois sons se compose à la fois de deux tierces successives superposées et d'une tierce et d'une quinte du son le plus bas (ex. H.) Pour conserver le souvenir de ces rapports d'intervalles, qui constituent la nature essentielle de l'accord de trois sons, tout en conservant au son le plus bas, comme nous l'avons dit, le nom de *fondamental*, on donne au second le nom de *tierce*, et au troisième le nom de *quinte*. On donne aussi quelquefois à l'accord lui-même le nom d'*accord de quinte*.

H

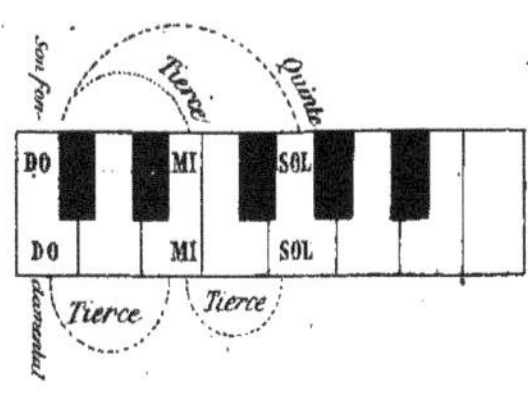

Chaque gamme fournit 7 accords de 3 sons. — On les désigne par le rang qu'ils occupent.

34. On peut prendre, pour son fondamental d'un accord de trois sons, chacun des sons d'une même gamme, dans l'ordre où cette gamme les présente, c'est-à-dire qu'on peut, sur chacun des sons d'une gamme, construire successivement un accord de trois sons, et on obtient alors sept accords différents. Chacun de ces accords sera classé et désigné par le rang qu'occupe dans la gamme, relativement au son pris pour point de départ de cette gamme, le son sur lequel l'accord est construit.

Ainsi, dans la gamme majeure de Do, ex. I ci-dessous.

(DO, MI, SOL) est le 1er accord, ou l'accord 1.
(FA, LA, DO) est le 4me accord, ou l'accord 4.
(SOL, SI, RÉ) est le 5me accord, ou l'accord 5.

Dans la gamme majeure de Sol, ex. J,

(SOL, SI, RÉ) sera l'accord 1.
(DO, MI, SOL) sera l'accord 4.
(RÉ, FA ♯, LA) sera l'accord 5.

Dans la gamme majeure de Fa, ex. K,

(FA, LA, DO) sera l'accord 1.
(SI ♭, RÉ, FA) sera l'accord 4.
(DO, MI, SOL) sera l'accord 5.

Accords majeurs — Accords mineurs, — Accords diminués. — Accords augmentés.

35. Comme les tierces des différents sons de la gamme ne sont pas égales entre elles, puisque les unes, composées de deux tons, sont majeures, tandis que d'autres, composées d'un ton et d'un demi-ton, sont mineures, il s'ensuivra que les sept accords successifs que fournira la gamme présenteront aussi entre eux des différences.

Il ne peut, du reste, se présenter que quatre cas :

1° Que des deux tierces qui composent l'accord, la 1re soit majeure et la 2me mineure; on dit alors que l'accord est *majeur;*

2° Que la 1re tierce soit mineure et la 2me majeure, et l'accord prend le nom de *mineur;*

3° Que les deux tierces soient mineures, et l'accord sera dit un *accord diminué;*

4° Que les deux tierces soient majeures, et l'accord sera dit un *accord augmenté.*

Succession constante des accords que fournit la gamme, quel que soit son point de départ.

36. Prenons, par exemple, la gamme majeure de Do, et analysons les divers accords successifs, (ex. I.).

Dans le 1er (DO, MI, SOL) la 1re tierce (DO, MI) est majeure, la 2me (MI, SOL) est mineure; le 1er accord est donc majeur.
Dans le 2me (RÉ, FA, LA) — (RÉ, FA) est mineure, — (FA, LA) est majeure; le 2me accord est mineur.
Dans le 3me (MI, SOL, SI) — (MI, SOL) est mineure. — (SOL, SI) est majeure; le 3me accord est mineur.
Dans le 4me (FA, LA, DO) — (FA, LA) est majeure, — (LA, DO) est mineure; le 4me accord est majeur,
Dans le 5me (SOL, SI, RÉ) — (SOL, SI) est majeure, — (SI, RÉ) est mineure; le 5me accord est majeur.
Dans le 6me (LA, DO, MI) — (LA, DO) est mineure, — (DO, MI) est majeure; le 6me accord est mineur.
Enfin, dans le 7me (SI, RÉ, FA) — (SI, RÉ) est mineure, — (RÉ, FA) est mineure; le 7me accord est diminué.

Quel que soit le point de départ de la gamme, les rapports des intervalles successifs restant toujours les mêmes, on trouvera toujours la même succession d'accord, ce que l'on peut s'exercer à vérifier sur les gammes majeures de Sol, (ex. J,) et de Fa, (ex. K.)

Par conséquent, dans toute gamme majeure, les 7 accords seront toujours, le 1er majeur, le 2me et le 3me mineurs, le 4me et le 5me majeurs, le 6me mineur et le 7me diminué.

Nous ne trouvons pas ici d'exemples d'un accord ayant ses deux tierces majeures (ou d'un accord augmenté). Cet accord ne se rencontre, en effet, que dans la gamme mineure, comme nous le verrons plus tard.

K

GAMME MAJEURE DE FA.

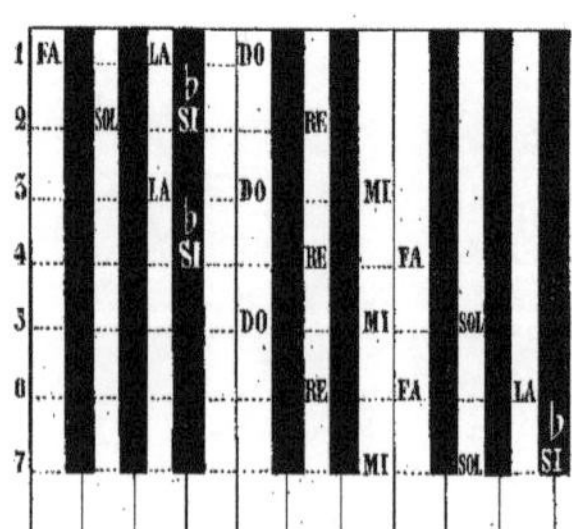

I

GAMME MAJEURE DE DO.

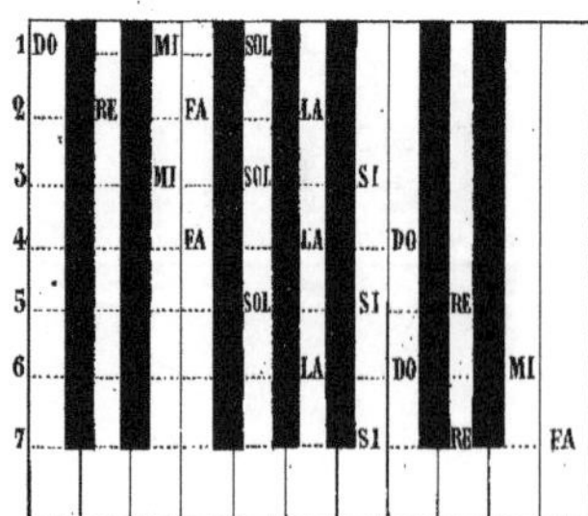

J

GAMME MAJEURE DE SOL

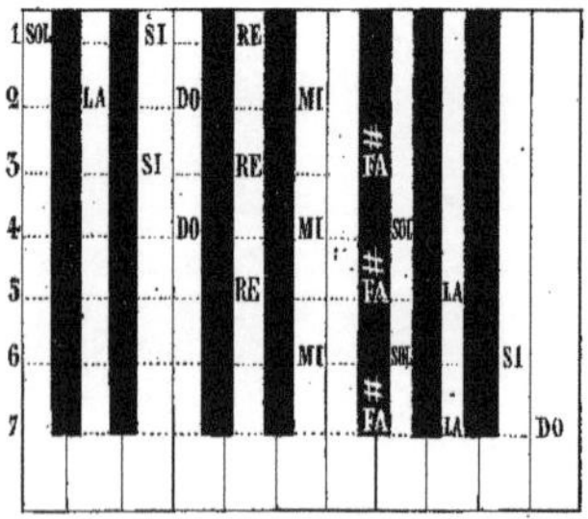

TROISIÈME LEÇON.

ÉCRITURE MUSICALE.

Bases fondamentales de l'écriture de la musique au moyen d'une échelle verticale de lignes parallèles. — Notes. — Portée. — Portée de onze lignes, ou clavier général des voix. — Clefs; leur but, leur usage. — Appropriation d'une portée de cinq lignes à l'écriture de la musique de chaque catégorie de voix, d'un instrument quelconque, et particulièrement du piano. — Lignes supplémentaires. — Signe 8va ~~~~~— Transposition par un changement de clef.

Échelle horizontale formée par les touches blanches du clavier du piano.

37. Les notions précédentes sur les sons simples et sur les sons composés pourraient nous permettre d'aborder immédiatement les règles des combinaisons musicales des sons; cependant il nous reste encore à acquérir d'autres notions préliminaires indispensables.

Jusqu'ici les sons n'ont été représentés, pour nous, que par les touches du clavier du piano. Avant d'aller plus loin, il est nécessaire que nous nous familiarisions avec les signes et notations adoptés pour représenter aux yeux, sur le papier, les sons et leurs combinaisons; en un mot, il nous faut connaître l'*écriture musicale.*

Dans le clavier du piano, les sons naturels fournis par les touches blanches vont successivement en s'élevant, depuis le premier à gauche jusqu'au dernier à droite. Leur série complète constitue donc, comme nous l'avons dit, une sorte d'échelle ascendante dont chaque touche serait un échelon et qui serait, pour ainsi dire, couchée horizontalement, de manière à avoir son pied à gauche et son sommet à droite.

Ces sons, quoique tous différents les uns des autres, sont tous représentés aux yeux par un même signe, une touche blanche; mais ce qui caractérise chacun d'eux et permet de les reconnaître les uns des autres, c'est la position relative que chaque touche occupe dans la série et la distance où elle se trouve de l'extrémité inférieure de l'échelle, à gauche.

Il suffit de redresser cette échelle verticalement, et d'y échelonner les sons.

38. Or pour représenter cette série de sons sur le papier, en leur conservant les divers rapports de hauteur, de gravité ou d'acuité, qui existent entre eux, il suffit d'imiter, en quelque sorte, la disposition que nous offre le clavier lui-même.

Traçons une échelle verticale formée de lignes horizontales également espacées, tableau 1; adoptons, pour représenter les sons, un signe quelconque, un point par exemple, ou un petit cercle, et plaçons ce signe sur les divers échelons, ou sur les lignes de notre échelle verticale, en allant de bas en haut. Ce signe représentera un son plus ou moins aigu, suivant qu'il occupera une ligne plus ou moins élevée à partir de la ligne inférieure, comme chaque touche blanche donne un son plus ou moins aigu, suivant qu'elle s'éloigne plus ou moins, vers la droite, de la première touche blanche à gauche. Seulement, notre échelle écrite se dressera verticalement de bas en haut, tandis que l'échelle des touches du clavier s'étend horizontalement de gauche à droite. Nous n'aurons fait réellement que relever cette dernière sur son pied à gauche pour l'appuyer sur le papier.

En profitant des interlignes, 25 lignes comprendront tous les sons naturels.

39. Pour ménager l'espace et arriver à placer un plus grand nombre de sons dans une même étendue de notre échelle écrite, nous conviendrons de prendre pour position des sons, non-seulement les échelons ou les lignes elles-mêmes, mais aussi les intervalles des échelons ou les interlignes. De sorte qu'avec 25 lignes, qui présentent entre elles 24 interlignes, et en prenant pour point de départ le dessous de la 1re ligne, en bas, qui peut être assimilé à un interligne, nous échelonnons les 50 sons donnés, par les 50 touches blanches de notre clavier. Il faudra les y considérer comme disposés identiquement de la même manière que dans le clavier, c'est-à-dire comme s'ils s'y succédaient de bas en haut, de même qu'ils se succèdent de gauche à droite dans le clavier, dans l'ordre successif de la gamme majeure et des diverses octaves du piano.

Les intervalles des sons seront faciles à reconnaître.

40. D'une ligne à l'interligne qu'elle limite, ou d'un interligne à la ligne qui le limite, il y aura toujours, pour les sons qui y sont figurés, un intervalle de seconde. D'une ligne à la ligne voisine, ou d'un interligne à l'interligne voisin, il y aura une tierce. D'une ligne au second interligne, ou d'un interligne à la seconde ligne, il y aura une quarte. D'une ligne à la troisième ligne, ou d'un interligne au troisième interligne, il y aura une quinte, et ainsi de suite.....

Enfin d'une ligne au 4e interligne ou d'un interligne à la 4e ligne, il y aura une octave,

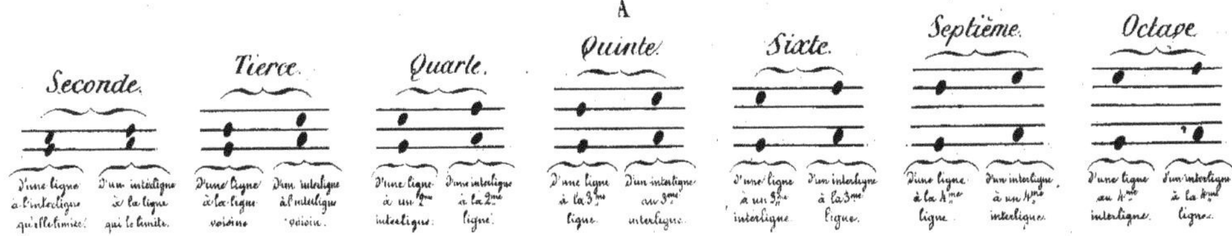

Écriture des dièses et des bémols.

41. Non-seulement nous arriverons ainsi à représenter fidèlement tous les sons naturels fournis par les touches blanches, mais aussi les sons fournis par les touches noires elles-mêmes. On sait que chacun de ces sons est destiné à remplacer le son fourni par l'une des touches blanches voisines, qu'ils en conservent le nom, auquel on ajoute seulement la désignation de *dièse* ou de *bémol*, suivant que la touche dont le son est remplacé se trouve à gauche ou à droite de la touche noire employée. Il suffira donc d'écrire réellement le son naturel remplacé dans la position qu'il devrait occuper, et d'ajouter au signe qui représente ce son, l'un ou l'autre, suivant le cas, des deux signes que nous avons déjà adoptés pour l'indication d'un dièse (♯) ou d'un bémol (♭). Ce signe additionnel se placera toujours à gauche du premier, (ex. B).

Disposition des sons, suivant qu'ils doivent être entendus successivement ou simultanément.

42. Lorsque les sons devront être entendus simultanément, comme dans les accords, il suffira, en les plaçant dans notre échelle à la hauteur qui convient à chacun d'eux, de les écrire exactement les uns au-dessous des autres, dans une même colonne verticale, (ex. C). Si, au contraire, ils ne doivent être entendus que successivement, comme dans une mélodie, il faudra, en conservant toujours à chacun la hauteur qu'il doit occuper, les espacer successivement dans le sens horizontal, en allant de gauche à droite, (ex. D). Tous les signes placés sur une même ligne horizontale, ou dans un même interligne, représenteront toujours le même son, sauf les modifications indiquées par les dièses et les bémols, (ex. E). La musique s'écrira et se lira de gauche à droite, comme l'écriture ordinaire.

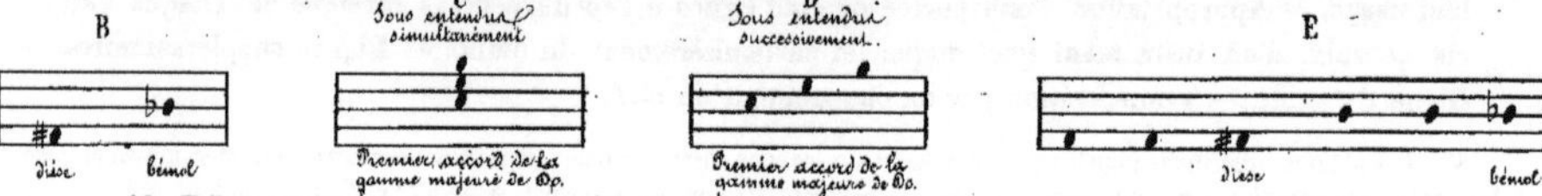

Notes. — Portée.

43. Telles sont les bases fondamentales de l'écriture musicale. On donne au signe représentatif d'un son écrit sur une ligne, ou dans un interligne, le nom de *note*. Désormais, comme la note doit rappeler à la pensée le son qu'elle représente et se confondre dans notre esprit avec ce son lui-même, nous emploierons indifféremment les mots de note ou de son, comme exprimant la même idée. On appelle d'ailleurs *portée* l'échelle des lignes horizontales dont l'ensemble sert à fixer la position de chaque note. Les lignes de la portée doivent toujours être comptées en montant, à partir de celle qui en bas forme le pied de l'échelle et sera appelée la première, jusqu'à celle qui en haut forme le sommet de l'échelle et sera la dernière.

Nécessité de points de repère, ou clefs.

44. Il est bien évident que l'usage de cette énorme portée de 25 lignes, nécessaire pour écrire toutes les notes du clavier de notre piano, ou tous les sons employés dans la musique moderne, doit présenter des difficultés insurmontables. Comment, en effet, y reconnaître, dans une lecture courante, à l'inspection seule de chaque note, et l'octave à laquelle elle appartient, et le rang qu'elle occupe dans cette octave, ce qui est cependant indispensable pour avoir une connaissance exacte de cette note? S'il n'est rien de plus facile sur le clavier lui-même, et si le moindre exercice suffit pour qu'on arrive à ne pas hésiter un seul instant pour l'une quelconque des touches, c'est que la disposition particulière des touches noires y figure nettement les diverses octaves, et même, dans chaque octave, offre des points de repère qui désignent promptement à l'œil chacun des sons particuliers qu'elle renferme. Si toutes les touches eussent été blanches et de même forme, toutes ces facilités eussent disparu.

Or, c'est justement ce qui nous arrive dans notre immense portée de 25 lignes. Toutes ces lignes et les interlignes se confondant sous notre œil, nous ne pourrions y reconnaître une note qu'à la condition de compter péniblement le nombre de lignes et d'interlignes qui la séparent du point de départ au bas de l'échelle, calcul qui demanderait beaucoup de temps et ne se ferait presque jamais sans erreur. Nous comprenons donc immédiatement la nécessité, dans cette échelle, de points de repères qui, en nous évitant tout ce calcul, nous permettent de reconnaître promptement et l'octave à laquelle appartient une note, et le rang de cette note dans cette octave. Tel est le but de ce qu'on appelle en musique des *clefs*.

Une portée de 25 lignes est loin d'être nécessaire.

45. Mais il est bien rare que dans un même morceau de musique écrite, même pour le piano, on emploie toute l'étendue des notes du piano. Le plus souvent, au contraire, cette musique ne comprendra qu'une certaine portion limitée du clavier, et alors une portée de 25 lignes sera loin d'être nécessaire.

D'un autre part, les divers instruments de musique sont bien loin de comprendre la série des notes du piano; ils n'en comprennent le plus souvent qu'une portion très-limitée, et l'écriture de leur musique n'exigera qu'une portée d'un nombre de lignes d'autant plus restreint.

Nouvelle nécessité de clefs pour les portées partielles.

46. Or, dans ces portées partielles, qui ne peuvent être en définitive que des portions détachées de telle ou telle région de la portée de 25 lignes, on n'aura pas en présence tout l'ensemble de l'échelle musicale complète. Il y aura donc, à plus forte raison, nécessité d'un signe, d'un point de repère, d'une clef en un mot, qui, tout en facilitant la lecture des notes, indique à quelle région de l'échelle totale de sons appartient la série dont il s'agit.

Étendue de la voix humaine. — Sa division en trois catégories.

47. La voix humaine, qui est l'instrument le plus parfait, a dû certainement être le premier des instruments de musique et celui pour lequel ont été établies les règles de l'écriture musicale. Or, la voix humaine, depuis les notes les plus graves de l'homme jusqu'aux notes les plus aiguës de l'enfant, ne s'étend, sauf de rares excéptions, que du *Fa* de la 2e octave de notre piano, au *Sol* de la 5e octave. Elle ne renferme donc que 23 notes, qu'une portée de 11 lignes pourra suffire à comprendre toutes.

Anciennement cette échelle ne descendait même pas jusqu'au *Fa*. La note la plus basse correspondait seulement au *La* de notre 2e octave. L'étendue de la voix humaine ne comprenait donc que 21 notes, dont l'ensemble se partageait en trois séries de 7 notes chacune.

La 1re pour les *sons graves, la voix d'homme.*

La 2e pour les *sons moyens* ou *du médium*, les *sons aigus de la voix d'homme* et les *sons graves de la voix de femme.*

La 3e pour les *sons aigus, la voix de femme ou d'enfant.*

Ancienne désignation des notes par des lettres de l'alphabet.

48. Les 7 sons de chacune de ces séries étaient représentés par les 7 premières lettres de l'alphabet. Ceux de la 1re série, ou les sons *graves*, par les lettres majuscules; ceux de la 2e, ou les sons du *médium*, par les lettres minuscules; ceux de la 3e ou les sons *aigus*, par les doubles lettres minuscules.

F

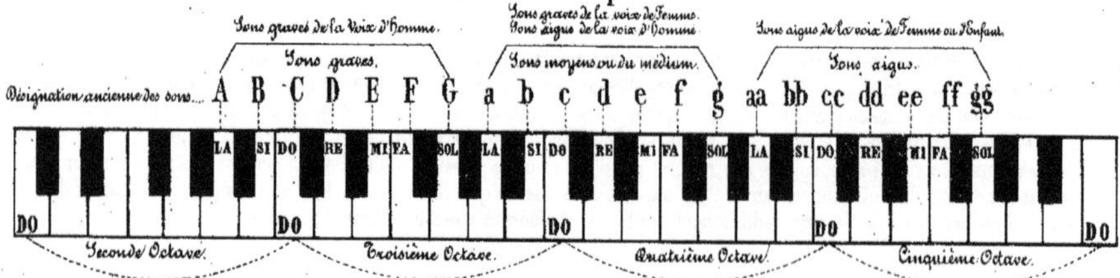

Alors chaque son étant exprimé par un signe particulier, son degré de gravité ou d'acuité se trouvait exprimé par la nature même de ce signe. La forme majuscule, minuscule ou double minuscule de la lettre, indiquait la série à laquelle appartenait le son; le rang de la lettre dans l'ordre alphabétique, marquait le rang qu'occupait le son dans cette série.

Tableau 1

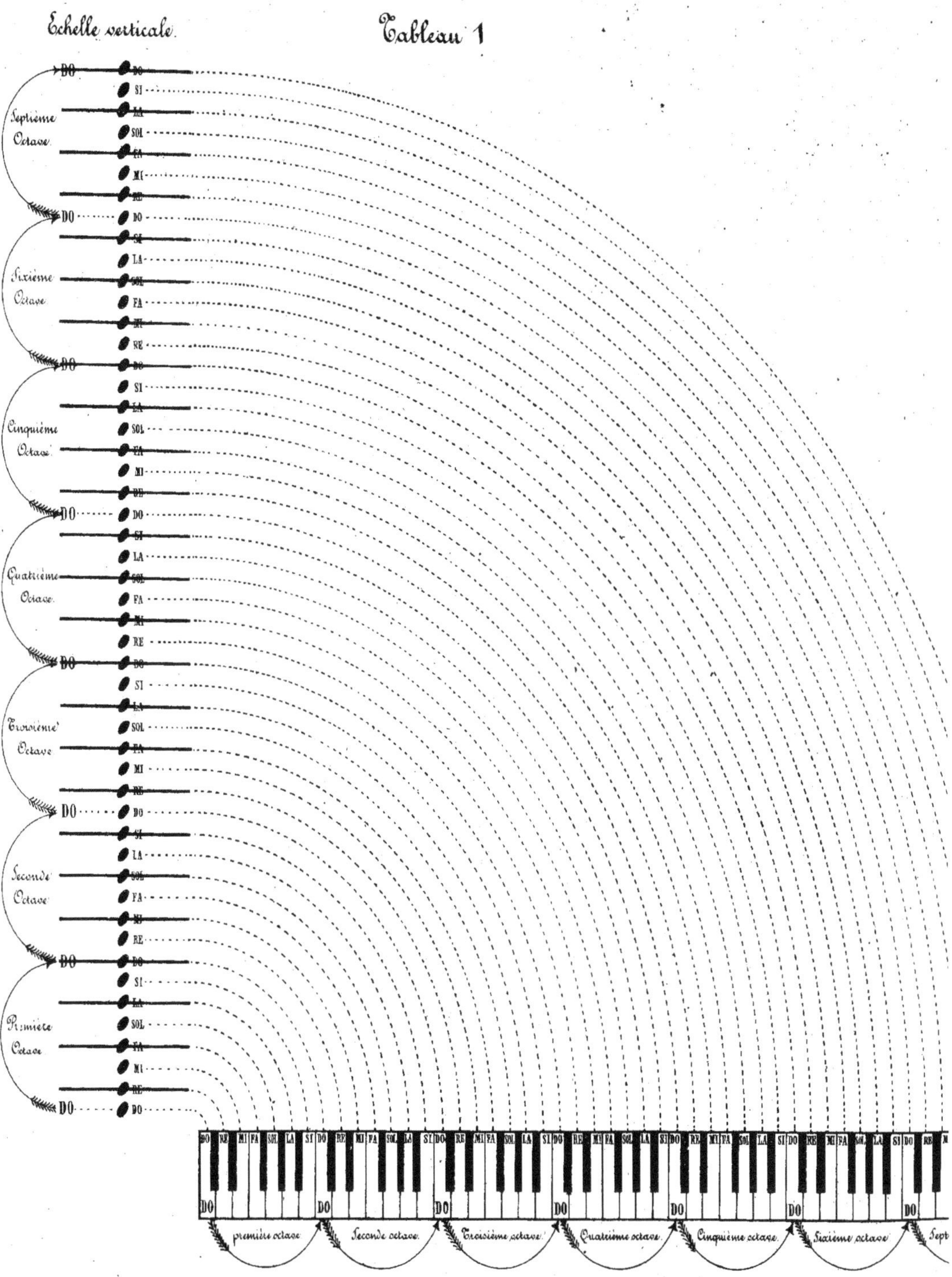
Echelle verticale.
DO
SI
LA
SOL
FA
MI
RE
DO
Septième Octave.
Sixième Octave.
Cinquième Octave.
Quatrième Octave.
Troisième Octave.
Seconde Octave.
Première Octave.
premiere octave.
Seconde octave.
Troisième octave.
Quatrième octave.
Cinquième octave.
Sixième octave.

Origine des noms adoptés aujourd'hui pour les notes.

49. Ce n'est que successivement que cette écriture musicale fut réformée. On imagina de remplacer les lettres par des points placés sur et entre des lignes horizontales parallèles, formant une échelle verticale que l'on désigna sous le nom de portée. Mais en supprimant l'emploi des lettres, on dut chercher des noms qui pussent servir à désigner les sons. Guido, moine bénédictin, né dans la petite ville d'Arezzo, en Italie, en 995, forma ces noms des premières syllabes de chacun des vers suivants d'un hymme à saint Jean-Baptiste.

UT queant laxis
REsonare fibris
MIra gestorum
FAmuli tuorum
SOLve polluti
LAbii reatum....

De là l'origine des noms adoptés aujourd'hui : Ut, Ré, Mi, Fa, Sol, La.

Origine du mot gamme.

50. Mais on négligea de donner un nom au son qui suit le *La* et on conserva pour ce son la lettre B, qui servait à le désigner. De plus, on ajouta à la série des sons graves, un son plus grave que le *La*, qui commençait cette série. Ce son, qui n'est autre que le *Sol* de notre 2me octave, étant à l'octave basse du *Sol* suivant, compléta, pour l'échelle des sons de la voix humaine, un ensemble régulier de trois octaves. On ne donna pas toutefois à ce point de départ le nom de Sol : on le représenta encore par une lettre, et sans doute afin de rappeler le G employé primitivement pour désigner le son *Sol* dont celui-ci est l'octave, on choisit le G grec, ou *gamma*, ainsi figuré Γ, et on appela le nouveau son *gamma*. De là le nom de *gamme* donné aujourd'hui à l'échelle de huit sons que nous avons étudiée comme servant de base à toute notre musique moderne, et qui fut alors attribuée à l'ensemble des vingt-deux sons de l'échelle musicale de la voix humaine, telle qu'elle a été constituée.

Cette échelle s'est encore accrue depuis d'une note grave, le *Fa*, au-dessous du gamma, ce qui porta définitivement son étendue à 23 notes.

Portée de 11 lignes — Clavier général des voix.

51. Pour écrire ces 23 notes d'après le système que nous venons d'indiquer, il suffit, comme nous l'avons dit en commençant, d'une portée de 11 lignes, qu'on appelle la *grande portée* ou le *clavier général des voix*. L'exemple G ci-dessous fait comprendre la manière dont les notes y sont disposées, et montre d'ailleurs, en regard les unes des autres, les désignations anciennes, et celles qui sont adoptées aujourd'hui.

G

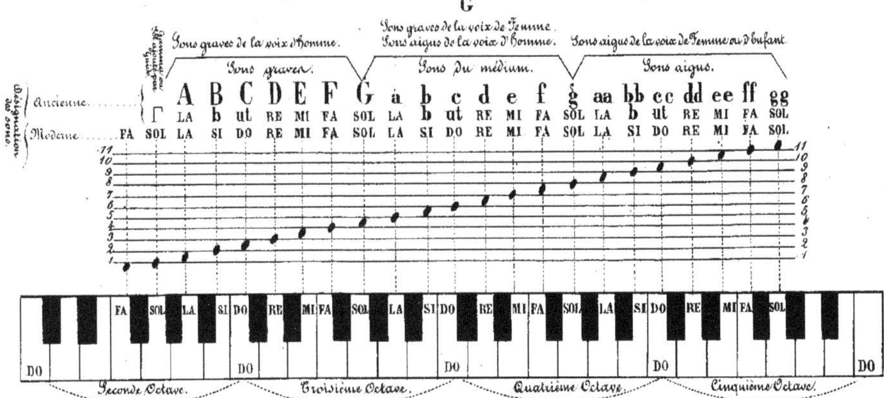

Invention, origine, forme et position des 3 clefs.

52. Mais cette portée elle-même, quoique bien moins étendue que celle que nous avons figurée en principe pour le clavier du Piano, offrirait encore dans l'usage les mêmes difficultés, la même confusion. Il serait véritablement impossible avec la seule connaissance du nom et du degré de hauteur du son écrit sur la 1re ligne de trouver sans hésitation le nom et le degré de hauteur de tous les autres. Il faut absolument que des signes particuliers, des points de repère, nous viennent en aide en désignant immédiatement aux yeux plusieurs sons, espacés à des distances convenables dans cette échelle trop longue pour les limites de notre attention. On l'avait parfaitement compris, et on distribua sur l'ensemble des 11 lignes trois points de repère, *trois clefs*. L'une est placée sur la ligne du milieu, ou la 6me ligne, qui reçoit la note *Ut*, dans la région des sons du médium et doit servir réellement de point de départ pour les notes supérieures et pour les notes inférieures. Les deux autres furent inscrites à des distances égales, chacune de cinq notes, en dessous et en dessus; c'est-à-dire la première sur la 4me ligne, qui reçoit la note *Fa* dans la région des sons graves ; la deuxième, sur la 8me ligne, qui reçoit la note *Sol* à l'origine de la région des sons aigus.

Pour figurer ces points de repère ou clefs, on n'a fait que conserver les lettres qui désignaient les sons correspondants. Ainsi la lettre F sert à indiquer la région des sons graves, et particulièrement la position du *Fa* de cette région qui correspond au *Fa* de la 3me octave de notre piano. La lettre C sert à indiquer la région des sons du médium et particulièrement la note *Ut* de cette région qui correspond au 4me *Do* de notre piano. Enfin la lettre G sert à indiquer la région des sons aigus, et spécialement comme point de départ la note *Sol*, qui correspond au *Sol* de la 4me octave de notre piano.

Ces lettres étaient écrites d'abord sous la forme gothique, qui, en s'altérant peu à peu, a conduit aux caractères définitivement adoptés, savoir :

La lettre G a pris la forme 𝄞 qu'on appelle *clef de SOL.*

La lettre C a pris la forme 𝄡 qu'on appelle *clef d'UT.*

La lettre F a pris la forme 𝄢 qu'on appelle *clef de Fa.*

L'exemple H ci-contre montre la disposition de ces clefs.

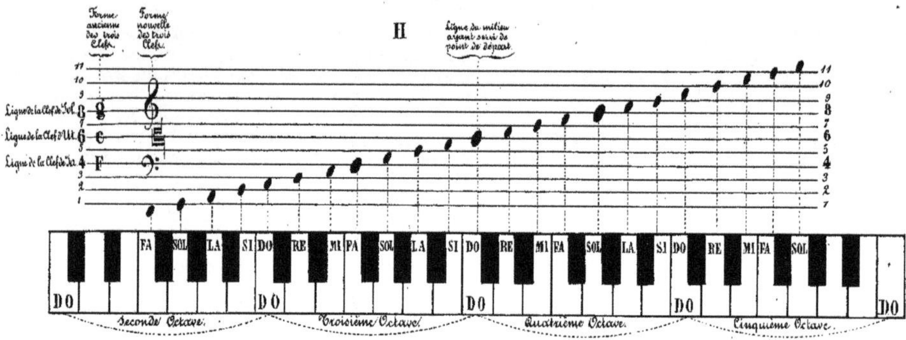

Classement des voix en 7 catégories.--Portées de 5 lignes, détachées pour chaque catégorie du clavier général des voix.

53. De ce que la voix humaine dans son étendue générale comprend 23 notes, il ne s'ensuit pas qu'une même personne ait individuellement cette étendue dans la voix Il s'en faut de beaucoup qu'il en soit ainsi. On avait cru remarquer que chaque personne, homme ou femme, ne pouvait chanter nettement, sans forcer ou fatiguer sa voix, que onze notes, dont le point de départ grave, pour chaque personne, peut être plus ou moins bas dans l'échelle générale des 23 sons de la voix humaine. Ces voix individuelles constitueront réellement autant d'instruments de onze notes dont toute la musique pourra être écrite, sur une simple portée de cinq lignes détachée de la portée générale de onze lignes, et prise, pour chacune, dans des régions différentes de celle-ci.

En prenant successivement, en montant, chacune des onze lignes de la portée générale des voix pour point de départ, ou 1re ligne, d'une portée partielle de cinq lignes destinée à un genre spécial de voix, on pourra détacher sept portées partielles. La 7me ligne entraînera avec elle les 4 dernières qui se trouvent au-dessus d'elle. Les voix se trouveront donc ainsi classées en 7 catégories, s'élevant successivement de tierce en tierce, de manière à regagner chacune en haut la tierce qu'elles perdent en bas, puisque d'une ligne à sa suivante il y a un intervalle de tierce (40).

Ces catégories de voix ont reçu les dénominations suivantes, en les prenant dans l'ordre ascendant d'acuité :

1° La voix de *basse.*

2° La voix de *baryton*, basse-taille ou concordant.

3° La voix de *second ténor*, ténor ou taille. (Ces trois premières sont exclusivement des voix d'hommes.)

4° { La voix de *premier ténor*, haut ténor ou haute-contre pour voix d'hommes.
La voix de *contralto*, pour voix de femmes ou d'enfants.

5° La voix d'*alto.*

6° La voix de *mezzo-soprano.*

7° La voix de *soprano.* (Ces trois dernières sont exclusivement des voix de femmes ou d'enfants.)

Nécessité d'une clef pour chacune de ces portées. — Clefs qui caractérisent chacune des catégories de voix.

54. On comprend parfaitement, pour chacune des portées qui correspondent à chacune de ces catégories de voix, la nécessité d'une clef qui, en indiquant la région d'où la portée a été détachée, conserve nettement aux sons qui y seront écrits leur caractère de gravité ou d'acuité, et montre non-seulement le rang de ces sons dans le clavier général des voix, mais dans l'échelle musicale complète, ou dans le clavier de notre piano de 7 octaves.

Les trois clefs de Fa, d'Ut et de Sol, inscrites sur la grande portée de 11 lignes, atteindront parfaitement ce but. Emportées elles-mêmes successivement avec les lignes sur lesquelles elles se trouvent, en conservant dans chaque portée partielle de cinq lignes, la place même qu'elles y occupaient avant que cette portée partielle fût détachée de la grande, elles y indiqueront d'une manière précise la région exacte des sons de cette nouvelle portée.

Elles caractériseront donc la nature de la voix à laquelle cette portée est destinée.

Or, il est même à remarquer que parmi les sept portées de cinq lignes détachées de la grande, sauf la 1re, qui n'emporte que la clef de Fa sur la 4me ligne, et la dernière, qui n'emporte que la clef de Sol sur la 2me ligne, les autres se trouveront réellement munies de plusieurs clefs. Ainsi la 2me et la 3me emportent toutes deux la clef de Fa et la clef d'Ut; la 5me et la 6me emportent toutes deux la clef d'Ut et la clef de Sol. Enfin la 4me, qui se détache de la région moyenne, emporte à la fois les trois clefs. Évidemment une seule clef suffit pour chacune de ces portées, aussi n'en conservera-t-on toujours qu'une seule, la clef de Fa pour la 2me et la clef d'Ut pour les autres, jusqu'à la 7me, où l'on n'a pas à choisir et qui n'a et ne peut avoir que la clef de Sol, comme la 1re n'a et ne peut avoir que la clef de Fa.

L'exemple ci-dessous et le tableau 2 mettent en lumière ce que nous venons d'exposer.

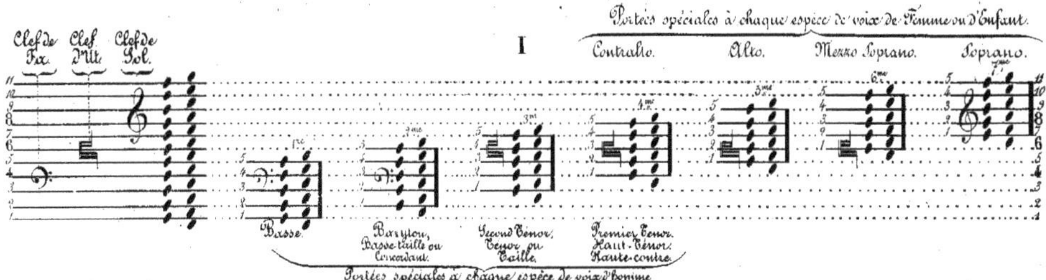

L'exemple I montre comment les sept portées de cinq lignes se détachent de la portée générale de onze lignes en emportant chacune sa clef.

Le tableau 2 n'est que le développement de l'exemple I, et montre en sept figures distinctes la clef spéciale dont la forme et la disposition deviennent le signe distinctif de chacune des sept catégories de voix.

Ainsi, en allant de bas en haut, on trouve :

1° Portée de la voix de basse. . . . . (hommes) signe distinctif, clef de *FA* 4e ligne.
2° Portée de la voix de baryton, basse-taille ou concordant. (hommes) signe distinctif, clef de *FA* 3e ligne.
3° Portée de la voix de second ténor, ténor ou taille . . . (hommes) signe distinctif, clef d'*UT* 4e ligne.
4° { Portée de la voix de 1er ténor, haut ténor ou haute-contre. (hommes) signe distinctif, clef d'*UT* 3e ligne.
 { Portée de la voix de contralto. . . . . (femmes) signe distinctif, clef d'*UT* 3e ligne.
5° Portée de la voix d'alto. . . . . (femmes) signe distinctif, clef d'*UT* 2e ligne.
6° Portée de la voix de mezzo-soprano . . . . (femmes) signe distinctif, clef d'*UT* 1re ligne.
7° Portée de la voix de soprano . . . . (femmes) signe distinctif, clef de *SOL* 2e ligne.

Classement moderne des voix en 4 catégories. — Comment elles dérivent des 7 catégories précédentes.

55. Cette classification des voix, tout à fait arbitraire, n'a évidemment rien d'absolu : aussi la limite assignée ici à chacune d'elles est-elle le plus souvent dépassée.

On a reconnu qu'une subdivision aussi nombreuse n'est pas nécessaire. L'étendue de onze notes, qu'elle suppose pour chaque voix n'est pas assez grande; chaque espèce de voix peut contenir deux notes de plus, ou treize au lieu de onze; alors comme les sept catégories que nous avons distinguées présentent de l'une à l'autre un intervalle de tierce, il est évident que l'ensemble de deux catégories consécutives réunies comprendra justement treize notes, et pourra constituer une seule espèce de voix mieux caractérisée.

Or, parmi nos sept catégories, celle qui occupe la région moyenne, celle des sons du médium, qui a pour signe distinctif la clef d'Ut 3e ligne, appartient à la fois aux voix d'hommes (sons aigus) et aux voix de femmes (sons graves); cela nous donne réellement quatre catégories de voix d'hommes et quatre catégories de voix de femmes. Réunissons parmi les voix d'hommes la 1re avec la 2me et la 3me avec la 4me, c'est-à-dire, dans le tableau 2, G avec F et E avec D; réunissons de même parmi les voix de femmes la 1re avec la 2me et la 3me avec la 4me, c'est-à-dire D avec C et B avec A : au lieu de sept catégories de voix de onze notes, nous en aurons seulement quatre de treize notes, dont deux pour les hommes et deux pour femmes ou enfants.

Telles sont, en effet, les seules espèces de voix employées aujourd'hui dans les chœurs. La 1re porte le nom de *basse*, la 2e celui de *ténor*, la 3e celui de *contralto* et la 4e de *soprano*. (ex J et K page 17).

Appropriation d'une portée de 5 lignes à chacune des 4 catégories modernes.

Ligne supplémentaire.

56. Il est évident que dans les réunions que nous opérons ainsi, une portée de cinq lignes ne peut suffire pour l'étendue de chacune de nos nouvelles voix. Les 13 notes qu'elles renferment exigent nécessairement six lignes. Cependant nous ne prendrons toujours pour chacune que la portée de cinq lignes de la plus basse des deux catégories réunies; mais nous ajouterons au-dessus de la cinquième ligne, quand cela deviendra nécessaire, une petite fraction de ligne destinée à placer, à mesure qu'elles se présenteront, les notes aiguës qui se seront surajoutées dans l'étendue de la voix. Cette fraction de ligne constituera ce qu'on appelle une ligne *additionnelle* ou *supplémentaire*. Nous en verrons bientôt l'emploi se multiplier.

Tableau 2.

Classement des voix en 7 catégories.

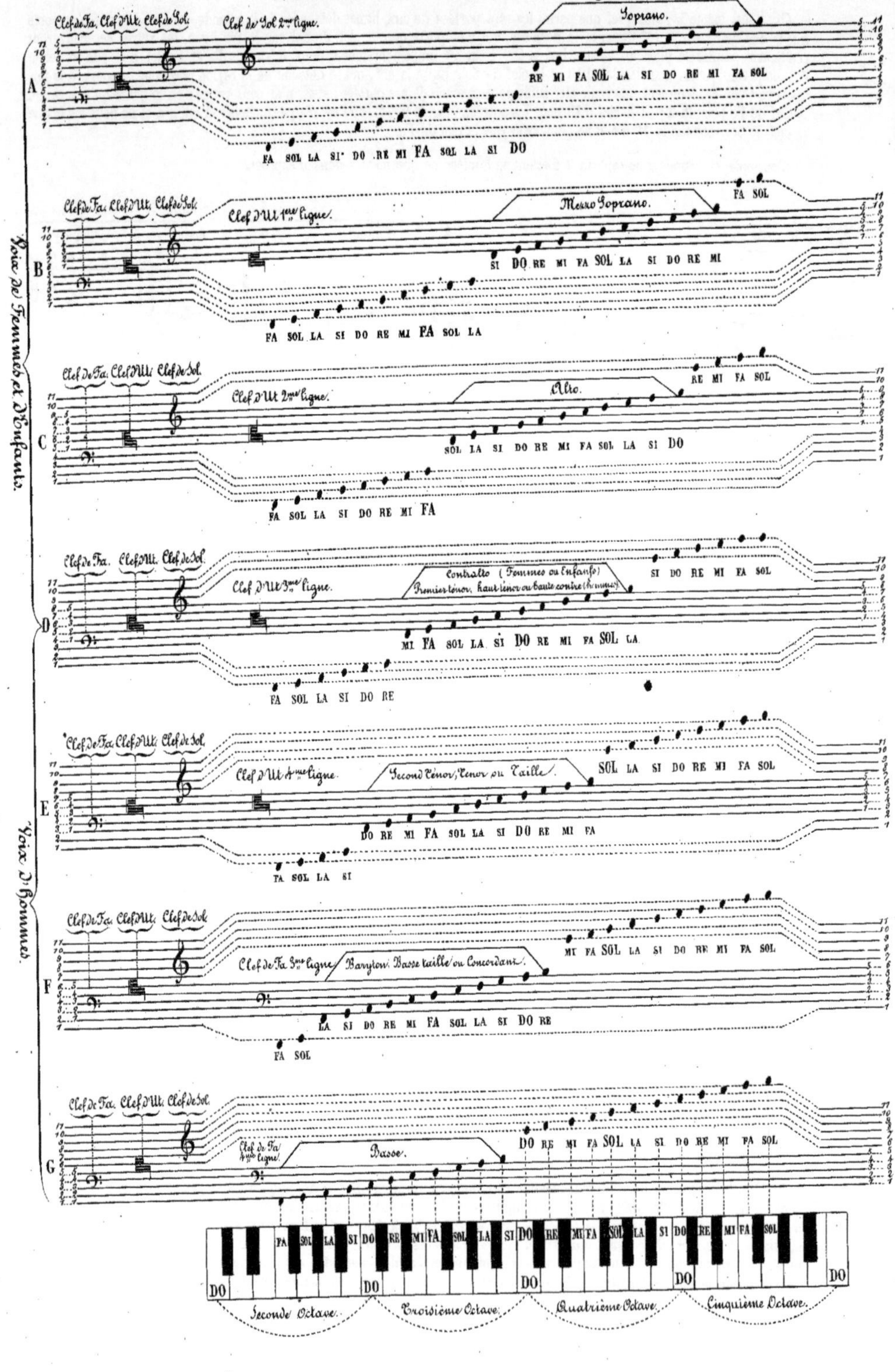

Voix de Femmes et d'Enfants.

A

Clef de Fa. Clef d'Ut. Clef de Sol. Clef de Sol 2me ligne.

Soprano.

RE MI FA SOL LA SI DO RE MI FA SOL

FA SOL LA SI DO RE MI FA SOL LA SI DO

B

Clef de Fa. Clef d'Ut. Clef de Sol. Clef d'Ut 1ere ligne.

Mezzo Soprano.

FA SOL

SI DO RE MI FA SOL LA SI DO RE MI

FA SOL LA SI DO RE MI FA SOL LA

C

Clef de Fa. Clef d'Ut. Clef de Sol. Clef d'Ut 2me ligne.

Alto.

RE MI FA SOL

SOL LA SI DO RE MI FA SOL LA SI DO

FA SOL LA SI DO RE MI FA

D

Clef de Fa. Clef d'Ut. Clef de Sol. Clef d'Ut 3me ligne.

Contralto (Femmes ou Enfants)

Premier ténor, haut ténor ou haute contre (hommes)

SI DO RE MI FA SOL

MI FA SOL LA SI DO RE MI FA SOL LA

FA SOL LA SI DO RE

Voix d'Hommes.

E

Clef de Fa. Clef d'Ut. Clef de Sol. Clef d'Ut 4me ligne.

Second Ténor, Ténor ou Taille.

SOL LA SI DO RE MI FA SOL

DO RE MI FA SOL LA SI DO RE MI FA

FA SOL LA SI

F

Clef de Fa. Clef d'Ut. Clef de Sol. Clef de Fa 3me ligne.

Baryton. Basse taille ou Concordant.

MI FA SOL LA SI DO RE MI FA SOL

LA SI DO RE MI FA SOL LA SI DO RE

FA SOL

G

Clef de Fa. Clef d'Ut. Clef de Sol. Clef de Fa 4me ligne.

Basse.

DO RE MI FA SOL LA SI DO RE MI FA SOL

DO FA SOL LA SI DO RE MI FA SOL LA SI DO RE MI FA SOL LA SI DO RE MI FA SOL DO

DO DO DO DO

Seconde Octave. Troisième Octave. Quatrième Octave. Cinquième Octave.

Clefs qui caractérisent chacune des 4 catégories.

57. La clef pour chacune de nos nouvelles voix sera d'ailleurs celle de la catégorie dont nous prenons la portée, et elle y conservera la place qu'elle y occupait.

Les exemples J et K ci-dessous, en mettant sous nos yeux ce que nous venons d'exposer, font comprendre la formation et la disposition de ces quatre nouvelles catégories de voix.

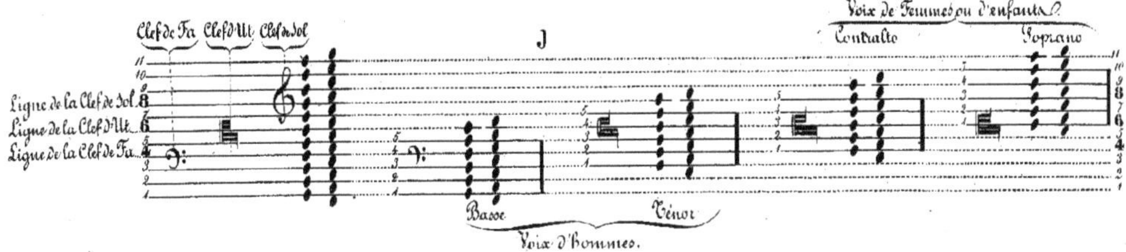

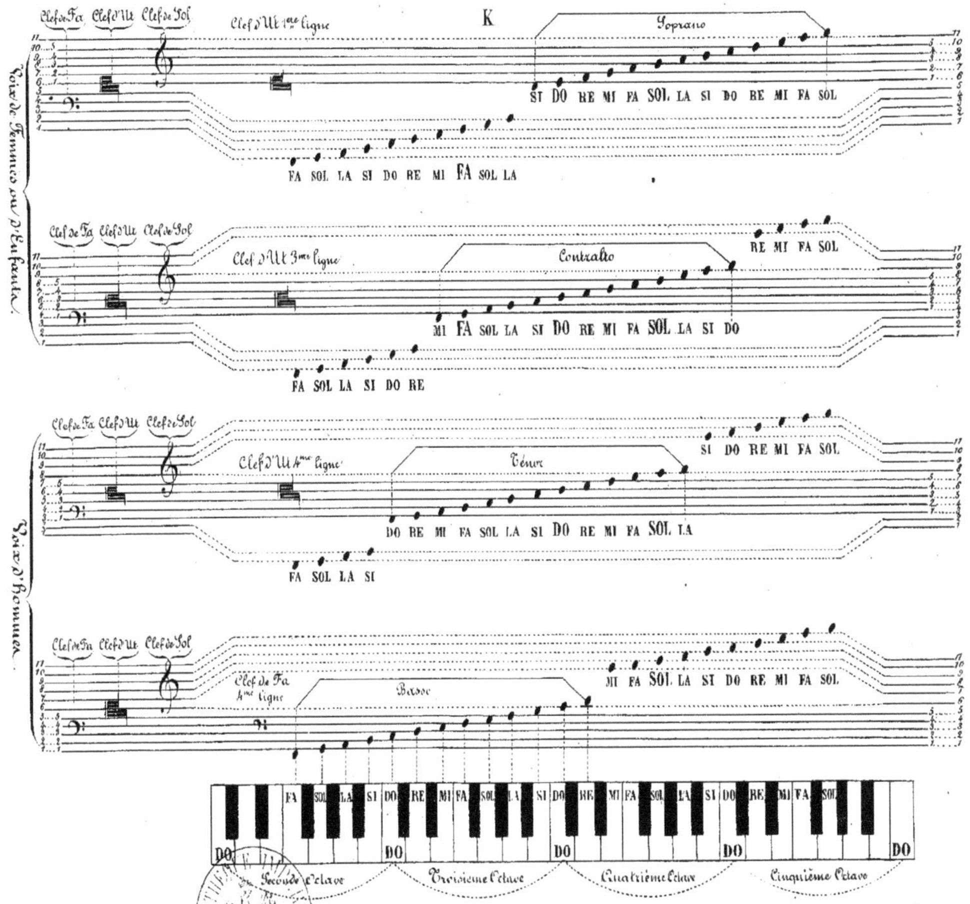

K

Voix de Femmes ou d'Enfants.

Clef de Fa Clef d'Ut Clef de Sol Clef d'Ut 1re ligne

Soprano

SI DO RE MI FA SOL LA SI DO RE MI FA SOL

FA SOL LA SI DO RE MI FA SOL LA

Clef de Fa Clef d'Ut Clef de Sol Clef d'Ut 3me ligne

Contralto

RE MI FA SOL

MI FA SOL LA SI DO RE MI FA SOL LA SI DO

FA SOL LA SI DO RE

Voix d'Hommes.

Clef de Fa Clef d'Ut Clef de Sol Clef d'Ut 4me ligne

Ténor

SI DO RE MI FA SOL

DO RE MI FA SOL LA SI DO RE MI FA SOL LA

FA SOL LA SI

Clef de Fa Clef d'Ut Clef de Sol Clef de Fa 4me ligne

Basse

MI FA SOL LA SI DO RE MI FA SOL

FA SOL LA SI DO RE MI FA SOL LA SI DO RE MI FA SOL LA SI DO RE MI FA SOL

DO DO DO DO DO

Seconde Octave — Troisième Octave — Quatrième Octave — Cinquième Octave

L'exemple J montre comment les quatre portées se détachent de la portée de 11 lignes. En le rapprochant de l'exemple I ou du tableau 2, il est facile de reconnaître comment les quatre catégories actuelles résultent de la fusion deux à deux des sept catégories anciennes, dont la 4me, ou celle de la région moyenne, doit être regardée comme appartenant à la fois aux voix d'homme, pour se fondre avec la 3me, et aux voix de femme, pour se fondre avec la 5me.

L'exemple K, qui n'est que le développement de l'exemple J, montre en quatre figures distinctes la clef spéciale dont la forme et la disposition deviennent le signe distinctif de chacune des quatre catégories de voix.

Ainsi, en allant de bas en haut, on trouve :

Voix d'hommes.	1° Portée de la voix de *basse*, clef de *FA* 4me ligne.
	2° Portée de la voix de *ténor*, clef d'*UT* 4me ligne.
Voix de femmes ou d'enfants.	3° Portée de la voix de *contralto*, clef d'*UT* 3me ligne.
	4° Portée de la voix de *soprano*, clef d'*UT* 1re ligne.

Emploi de la clef de Sol 2me ligne, pour la voix de soprano.

58. La clef de Sol semble ici disparaître. Mais il est facile de voir que pour la nouvelle voix de soprano, qui résulte de la fusion des deux voix de mezzo-soprano et de soprano anciennement employées, au lieu de conserver la portée de la plus basse de ces deux dernières voix, celle du mezzo-soprano, avec la clef d'Ut sur la 1re ligne, on peut conserver la portée de la plus haute, celle de l'ancien soprano avec la clef de Sol 2me ligne. Il suffira alors d'employer une ligne supplémentaire, non plus au-dessus de la 5me ligne de la portée pour les notes les plus hautes, mais bien au-dessous de la 1re ligne de la portée, pour les notes les plus basses qui se trouvent surajoutées à celle du soprano ancien.

Et, en effet, cette portée de cinq lignes, avec la clef de Sol 2me ligne, est aussi bien adoptée pour la voix de soprano actuelle, que la portée de cinq lignes avec la clef d'Ut 1re ligne.

L'exemple L ci-dessous montre cette autre disposition, et comment elle équivaut à celle que nous avions donnée d'abord.

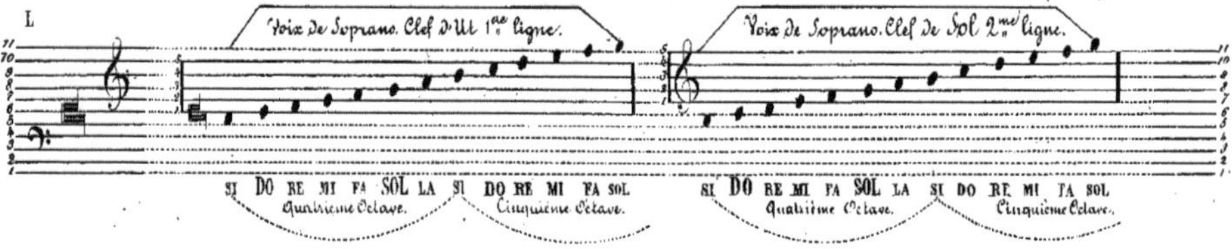

Emploi de la clef de Sol 2me ligne, pour les voix de ténor.

59. Nous pouvons remarquer également que si nous élevions d'une octave chacune des 13 notes de la voix de ténor, elles se trouveraient toutes comprises dans la portée des cinq dernières lignes, avec la clef de Sol 2me ligne, en employant toutefois une ligne supplémentaire au-dessous et une au dessus de la portée.

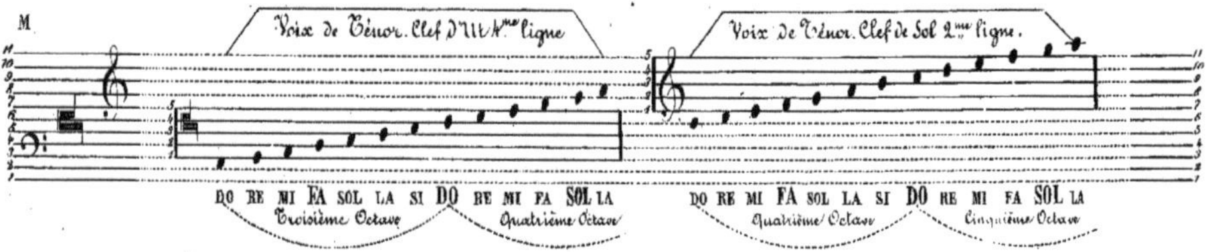

On peut donc encore écrire, si l'on veut, la musique de la voix de ténor sur la portée de la clef de Sol 2e ligne, en se rappelant que chaque note doit être exécutée, non telle qu'elle est écrite, mais une octave plus bas. Nous verrons plus tard d'autres cas de cette transposition à l'octave dans l'écriture des notes, et nous ferons connaître un signe qui dans l'exécution restitue à ces notes leur timbre et leur véritable place. Il n'est ici besoin d'aucun signe particulier, l'exécution à une octave plus basse devant résulter de l'entraînement même de la nature de la voix qui chante.

On a donc adopté la clef de Sol 2e ligne pour la voix de ténor, comme pour la voix de soprano, et ces deux voix chantent de la musique écrite, en effet, sur la même portée ; seulement les voix de soprano (femmes ou enfants) la chantent telle qu'elle est écrite réellement, tandis que les voix de ténor (hommes) la chantent, le plus souvent même sans y penser, une octave plus bas. Cela a l'avantage de réduire à *trois* le nombre des clefs employées pour les voix, savoir :

La clef de FA, 4e ligne, pour la voix de *basse*.
La clef d'UT, 3e ligne, pour la voix de *contralto*.
La clef de SOL, 2e ligne, pour la voix de *ténor*.
et pour la voix de *soprano*.

Idée générale de l'appropriation d'une portée de 5 lignes à l'écriture de la musique d'un instrument quelconque.

60. Nous venons de voir comment, au moyen du système de clefs, on peut sur une simple portée de cinq lignes écrire toute la musique correspondante à chaque nature de voix, sans cesser de conserver à cette musique le degré de hauteur de la voix dont il s'agit. Ce genre de portée de cinq lignes, si naturellement applicable aux anciennes catégories de voix n'ayant qu'une étendue de onze notes, s'est facilement approprié aux nouvelles catégories de voix, qui comprennent treize notes, à l'aide d'une ligne supplémentaire placée soit à la partie supérieure, soit à la partie inférieure de la portée.

On comprend alors qu'on puisse, de la même manière, appliquer l'emploi de la portée de cinq lignes à l'écriture de la musique d'un instrument qui comprendrait encore un plus grand nombre de notes. Il suffira d'employer le secours d'un plus ou moins grand nombre de lignes supplémentaires soit au-dessus, soit au-dessous de la portée. Chaque ligne supplémentaire permettra l'introduction de deux notes de plus. La nature et la position de la clef, tout en désignant le nom de l'une des notes comme point de départ pour trouver les noms de toutes les autres, serviront d'ailleurs à classer les sons de l'instrument dans l'échelle générale des sons, car elles montrent nettement la place que la portée de cinq lignes qu'elles caractérisent, occupe dans la portée de onze lignes, d'où elle doit être regardée comme détachée.

Ainsi, pour les instruments à sons graves, comme le violoncelle et la contre-basse, on emploie la clef de Fa, 4e ligne ; pour les instruments à sons aigus, comme le flageolet, la flûte, le hautbois, le violon, on emploie la clef de Sol, 2e ligne ; pour les instruments à sons intermédiaires comme l'alto, on emploie la clef d'Ut.

Violon. — Portée de cinq lignes avec la clef de sol 2me ligne. — Lignes supplémentaires.

61. Le violon comprend en général une étendue de vingt-sept notes, depuis le *sol* de la troisième octave de notre piano, jusqu'au *mi* de la septième octave. Il est évident qu'il peut aller beaucoup plus haut, qu'il n'y a même pas de limite à cet égard, puisqu'une corde rend un son d'autant plus aigu qu'elle est plus courte, et que chaque corde peut être raccourcie autant qu'on le voudra. Mais en se bornant à l'étendue que nous venons d'indiquer, il semble, au premier abord, qu'une portée de treize lignes soit nécessaire pour écrire la musique de cet instrument.

Si nous voulions employer la portée de onze lignes, la note Sol, la plus basse, serait écrite dans le quatrième interligne, et par conséquent au-dessus de la quatrième ligne, ou de la ligne qui porte la clef de Fa ; et la note Mi, la plus haute, exigerait, au-dessus de la onzième ligne, six lignes supplémentaires. Nous aurions d'ailleurs à notre disposition deux clefs, la clef d'Ut et la clef de Sol. Or, la clef de Sol conviendra mieux parce qu'elle se rapproche davantage de la région moyenne des sons de l'instrument, de la région des sons le plus constamment employés, les dernières notes basses et les notes les plus aiguës, surtout, ne devant être que d'un usage beaucoup plus rare.

On se borne alors tout simplement à la portée de cinq lignes, formée par les cinq dernières lignes de la portée de 11 lignes avec la clef de Sol, deuxième ligne. C'est la portée que nous avons déjà indiquée comme pouvant être adoptée pour la voix de soprano. Deux lignes supplémentaires en dessous et six lignes supplémentaires en dessus, suffisent pour comprendre, les premières les notes basses, les autres toutes les notes aiguës, qui dépassent l'étendue de la portée. (voyez page 23).

Transposition à l'octave au moyen du signe 8va~~~~~~~~

62. Du reste, pour les notes aiguës qui s'écartent le plus de la portée, il y a un moyen ingénieux de les ramener sur la portée elle-même, ou de les en rapprocher. C'est de les écrire réellement une octave plus bas dans l'échelle des lignes, en indiquant par un signe que dans l'exécution elles doivent être remontées d'une octave, c'est-à-dire qu'elles doivent être exécutées comme si elles étaient écrites une octave plus haut. Ce signe consiste en un trait ondulé, tracé horizontalement au-dessus de toutes les notes dont il s'agit et qu'on fait précéder du mot *ottava* (octave), ainsi écrit 8va~~~~~~~~. Puis, pour faire connaître que cette transposition à l'octave cesse, et que les notes doivent être exécutées telles qu'elles sont écrites, on écrit à la suite de la ligne tremblée le mot *loco* (en place). Ex. N.

Cette transposition de notes qui permet de simplifier singulièrement l'étendue de la portée, est fréquemment employée pour les instruments qui comprennent une grande étendue de l'échelle musicale. Il est évident d'ailleurs qu'on pourra s'en servir pour les notes basses de manière à en remonter la notation sur une octave plus élevée, de même qu'on le fait pour descendre d'une octave la notation des notes aiguës. Seulement alors la ligne tremblée sera au-dessous de la portée et précédée des mots *8va bassa* (octave basse), et suivi encore du mot *loco* (en place) pour indiquer que la transposition cesse et que les notes qui suivent doivent être exécutées en place ; ex. O. On comprend tout l'avantage qu'on peut tirer de cette convention pour la musique de piano surtout, qui au premier abord semble exiger une portée de 25 lignes.

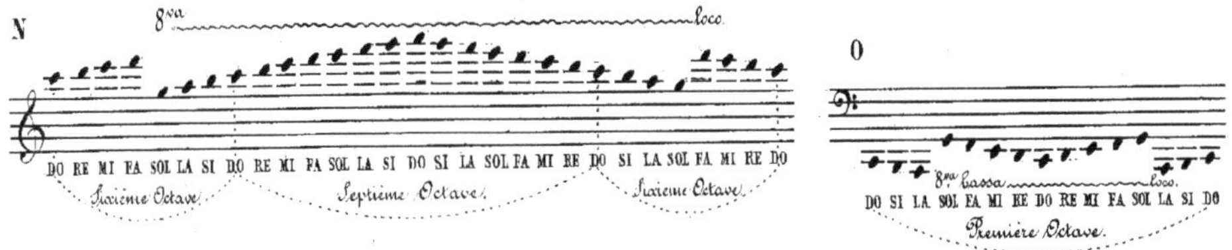

Le violon, d'après ce que nous venons de voir, correspond réellement à la voix de soprano, dont la clef de Sol 2e ligne, sur une portée de 5 lignes, est le signe distinctif.

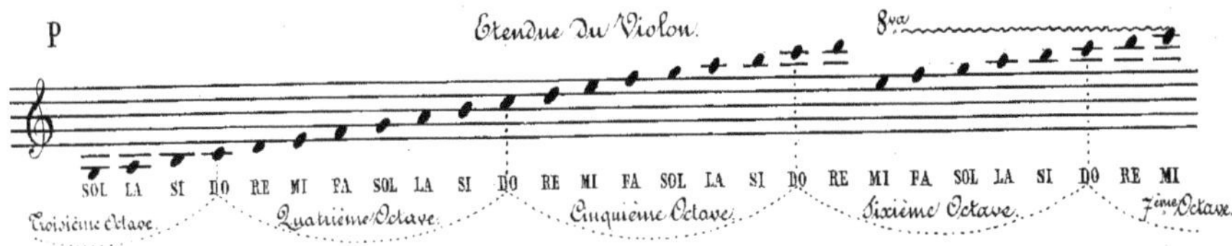

Alto ou viole. — Portée de cinq lignes avec la clef d'Ut 3me ligne. — Lignes supplémentaires.

63. L'alto ou viole, qui descend plus bas que le violon et monte moins haut de quatre notes, c'est-à-dire d'une quinte, comprend la même étendue que cet instrument, 27 notes, mais prises dans une région un peu plus basse. Il se trouve donc embrasser surtout la région du médium. Sa note la plus basse est le 1er Do de la 3e octave du piano, et la plus élevée est le *La* de la 6me octave. Il est bien entendu qu'ici doit se placer la même observation que celle que nous avons faite (61) pour les notes aiguës du violon, qui n'ont d'autre limite que celle du raccourcissement des cordes, et qui par conséquent peuvent être aussi élevées qu'on voudra.

Cette observation s'applique d'ailleurs à tous les instruments à cordes, dont les cordes peuvent être raccourcies à volonté.

On prendra pour écrire la musique de l'alto la portée de 5 lignes détachée de la région moyenne de la portée de 11 lignes, avec la clef d'Ut 3me ligne. Elle n'exigera en bas qu'une seule ligne supplémentaire. Elle en exigera, il est vrai, sept pour les notes aiguës; mais d'une part ces notes seront généralement peu employées, et d'une autre part notre signe 8va........ pourra parfaitement venir ici à notre secours.

Transposition à l'aide d'un changement de clef. — Emploi de deux clefs différentes.

64. Nous avons encore à notre disposition un autre moyen que la transposition d'une octave, c'est la transposition qui résulte de l'inscription sur une des lignes de la portée d'une autre clef que celle qui a d'abord été adoptée pour caractériser cette portée. L'inscription de la nouvelle clef permettra en effet d'écrire sur cette même portée des notes qui appartiennent à une région ou plus élevée ou plus basse, et elle désignera en même temps et les noms que ces notes doivent conserver et la région à laquelle elles appartiennent. Ainsi pour l'instrument qui nous occupe, sur la portée de cinq lignes, avec clef de Ut 3me ligne, qui conviendra parfaitement pour les notes basses, on inscrira, quand il s'agira de notes aiguës, la clef de Sol sur la 2me ligne, ce qui réduira à quatre le nombre des lignes supplémentaires supérieures. (Ex. Q).

Toute note inscrite sur cette 2e ligne à la suite de l'inscription de la clef de Sol deviendra au lieu d'un *La*, un *Sol* de l'octave supérieure, et des changements analogues s'opéreront dans la nature des notes inscrites sur les autres lignes ou dans les interlignes.

On dit alors que la musique de l'alto s'écrit sur la clef d'Ut 3e ligne pour les notes basses, et sur la clef de Sol 2e ligne pour les notes aiguës.

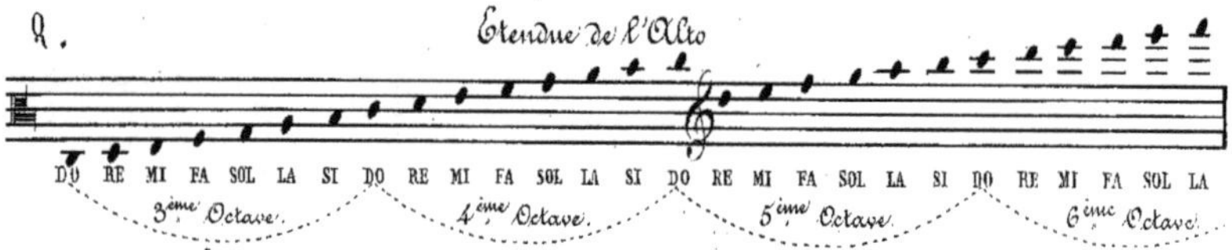

Violoncelle. — Portée de cinq lignes, où l'on emploie trois clefs différentes.

65. Le violoncelle descend plus bas et monte moins haut que l'alto, de sept notes ou d'une octave. Il comprend encore la la même étendue, 27 notes; mais ces notes, plus basses d'une octave, occuperont surtout la région des voix de basse et de ténor. Sa note la plus basse est le 1er Do de la 2me octave du piano, et la plus haute le La de la 5e octave.

Il est évident que toute la musique pourra s'écrire sur la même portée que pour l'alto, en convenant qu'elle doit être exécutée une octave plus bas. Ainsi en prenant de la musique écrite pour l'alto et faisant régner constamment en dessous le signe 8va bassa........ on aurait de la musique écrite pour le violoncelle.

On a adopté pour cet instrument la 1re portée de cinq lignes détachée de la portée de onze lignes, avec la clef de Fa 4me ligne, ce qui n'exigera que deux lignes supplémentaires au-dessous de la portée et sept au-dessus. Pour éviter un aussi grand nombre de lignes supplémentaires au-dessus, nous pourrons, de même que nous l'avons fait pour l'alto, poser sur la même portée une autre clef.

Ainsi sur la 4me ligne, où nous avons inscrit d'abord la clef de Fa, qui convient parfaitement pour les notes basses, nous pourrons, quand il s'agira de notes plus élevées, inscrire la clef d'Ut, ce qui réduira de deux le nombre des lignes supplémentaires supérieures.

Nous pourrons même inscrire la clef de Sol sur la 2me ligne, ce qui réduira à une le nombre de ces lignes supplémentaires. Ainsi la musique du violoncelle s'écrit sur la clef de Fa 4me ligne pour les notes basses; sur la clef d'Ut 4me ligne pour les notes moyennes; sur la clef de Sol 2me ligne pour les notes aiguës. (Ex. R).

Bien plus, avec cette dernière clef de Sol 2me ligne employée uniquement, on peut comprendre, pour ainsi dire, toutes les notes inférieures en les exécutant une octave plus basse qu'elles ne seront écrites, ce qu'indiquerait d'ailleurs l'emploi du signe 8va bassa........

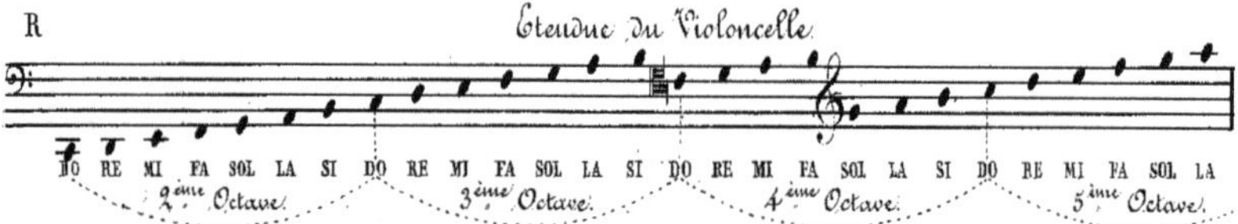

Contre-basse à 3 et à 4 cordes. — Portée de cinq lignes avec la clef de Fa 4me ligne, et transposition à l'octave basse.

66. La contre-basse comprend une étendue beaucoup moindre que celle des instruments précédents et toutes ses notes appartiennent exclusivement à la région des sons les plus graves, sous toute réserve de l'observation que nous avons déjà faite (61) relativement à l'étendue illimitée des sons aigus des instruments à cordes, dont la longueur peut être raccourcie autant qu'on le voudra.

Dans la contre-basse à 4 cordes, le son le plus grave correspond au Mi de la 1re octave de notre piano, et la plus haute s'arrête généralement au Sol de la 3me octave. Elle comprend donc 17 notes.

La contre-basse de 3 cordes, avec deux notes ou une tierce de moins en bas, conserve la même limite pour les sons aigus.

Elle comprend donc 15 notes seulement.

Il sera facile d'écrire la musique de ces instruments avec une portée de 5 lignes, car il ne faudrait réellement que 8 lignes pour la contre-basse à 4 cordes et 7 pour l'autre, ce qui n'entraîne que 3 ou 2 lignes supplémentaires. Evidemment la clef de Fa pourra seule être ici adoptée ; mais la 1re portée de 5 lignes, avec la clef de Fa, 4e ligne, qui est la plus basse de toutes celles que nous pouvons détacher de la portée de 11 lignes, sera encore trop élevée. En effet, la note la plus haute (Sol) de la contre-basse n'atteindra même pas la 5me ligne et restera dans le dernier interligne, tandis que 9 notes pour la contre-basse à 4 cordes et 7 notes pour la contre-basse à 3 cordes resteront au-dessous de la portée.

Si toutes ces notes étaient écrites une octave plus haut, la clef se trouverait placée dans la région moyenne, et il suffirait de 3 lignes supplémentaires à la portée supérieure et d'une seule à la portée inférieure. Enfin le signe 8va bassa ~~~~, en dessous de la portée, restituerait à ces notes leur véritable hauteur en indiquant qu'elles doivent être exécutées une octave plus bas qu'elles ne sont écrites.

C'est ainsi que la musique de contre-basse est écrite, en effet, sur la clef de Fa 4me ligne. Toutefois on ne se donne même pas la peine d'écrire le signe 8ve bassa, et les exécutants jouent d'eux-mêmes une octave plus bas que la musique est écrite réellement.

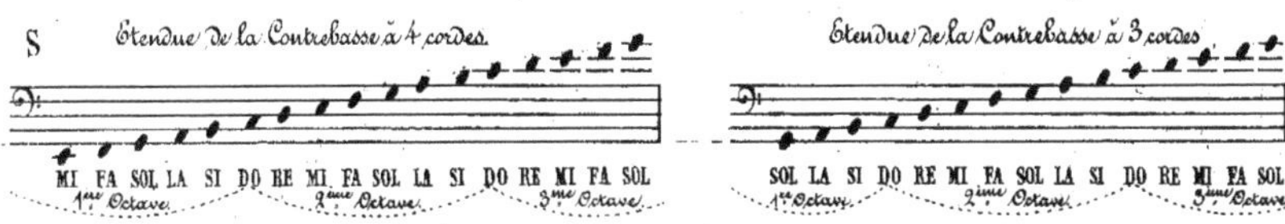

Tableau synoptique général résumant tous les principes précédents.

67. Ce qui précède montre que, de même que pour les diverses voix, une portée de 5 lignes détachée de la grande portée de 11 lignes, avec une des clefs de cette portée, peut toujours suffire à écrire la portée d'un instrument quelconque, quelque grande que soit l'étendue de la portion de l'échelle musicale que les instruments comprennent. Le tableau 3 (page 23) met nettement sous les yeux tout l'ensemble des détails que nous avons donnés à cet égard.

Pour l'intelligence des détails relatifs aux instruments à cordes, nous ferons remarquer que les noms des notes que nous avons inscrites sur les diverses figures allongées, qui indiquent l'étendue de ces divers instruments, sont les noms des sons que donnent les cordes jouées à vide, c'est-à-dire résonnant dans toute leur étendue. (Vérifiez page 23).

Piano.

Appropriation de la portée de 11 lignes à la musique de cet instrument.

68. Les principes que nous venons d'établir s'appliquent au piano lui-même, comme nous allons le voir, malgré la nécessité apparente d'une immense portée de 25 lignes.

Commençons d'abord, pour simplifier la question, par nous débarrasser, par la pensée, des octaves extrêmes, en bas et en haut, de notre piano de sept octaves, savoir, de la 1re octave en bas, et des deux dernières en haut. Cela nous est d'autant mieux permis que les notes de ces octaves extrêmes sont moins souvent employées et que leur notation sera d'ailleurs l'affaire, ou de quelques lignes supplémentaires de plus, ou bien d'une simple transposition d'octave.

Nous sommes ramenés ainsi à ne plus considérer qu'une série de quatre octaves, la 2me, la 3me, la 4me et la 5me, comprenant 29 notes seulement. Or le *Do* qui occupe exactement le milieu de cette série, le 1er Do de la 4me octave, correspond justement au Do écrit sur la ligne moyenne de la portée générale des voix, sur la ligne où est placé la clef d'Ut. Si donc nous écrivons ce Do sur cette ligne moyenne, les autres notes, en nombre égal à gauche et à droite, se distribueront également au-dessus et au-dessous de la ligne moyenne, de manière à remplir la portée générale et à n'exiger que deux lignes supplémentaires au-dessous et au-dessus (Ex. Z page 25).

La portée générale des voix atteindra donc le but que nous nous proposons, en nous permettant d'écrire toutes les notes dont il s'agit.

Le piano forme deux instruments distincts.

69. Mais le piano doit être considéré, non comme un seul instrument, mais comme formant réellement deux instruments distincts, destinés à être mis en jeu simultanément, l'un avec la main gauche, pour les sons graves, l'autre avec la main droite, pour les sons aigus. Ce sont deux voix qui chantent ensemble : la voix de basse, qui correspond au jeu de la main gauche, et la voix de soprano, qui correspond au jeu de la main droite.

Division de la portée de 11 lignes en deux portées de 5 lignes pour la musique de piano.

70. Or la musique de chacune de ces deux voix s'écrit sur deux portées de cinq lignes distinctes, l'une formée par les 5 premières lignes de la portée générale de 11 lignes, avec la clef de Fa 4me ligne, pour la voix de basse, l'autre formée par les 5 dernières avec la clef de Sol 2me ligne, pour la voix de soprano. De même pour le piano, la musique s'écrira sur ces deux portées distinctes de 5 lignes chacune, celle de la voix de basse, clef de Fa 4me ligne, pour la main gauche, celle de la voix de soprano, clef de Sol 2me ligne, pour la main droite.

Ces deux musiques devant être entendues simultanément, les deux mains devant chanter ensemble, les deux portées devront toujours être l'une au-dessus de l'autre, celle de la main gauche au-dessous de celle de la main droite. On les unit même par une accolade, afin de montrer qu'elles doivent s'accompagner toujours et qu'elles doivent être embrassées dans leur largeur d'un seul coup d'œil, (ex. Z. tableau 4).

Il suffira évidemment, dans la portée générale des voix, de séparer ou de distancer l'un de l'autre les deux groupes formés l'un par les 5 dernières lignes, l'autre par les 5 premières, en supprimant la 6me ligne, ou la ligne moyenne sur laquelle est posée la clef d'Ut et sur laquelle devrait s'écrire le 1er Do de la 4me octave, (ex. T).

Ligne supplémentaire remplaçant la 6me ligne.

71. Lorsqu'on aura à écrire ce *Do*, on remplacera la 6me ligne par une ligne supplémentaire placée au-dessus de la portée inférieure (clef de Fa 4me ligne), si cette note appartient à la musique de la main gauche, (ex. U) au-dessous de la portée supérieure (clef de Sol 2me ligne), si la note appartient à la musique de la main droite, (ex. V).

Lignes supplémentaires intermédiaires, détachées de l'une ou de l'autre portée.

72. Si la musique de la main gauche comprend encore des notes plus élevées que ce *Do*, et qui, par conséquent, doivent réellement s'écrire sur les lignes de la portée supérieure, on les écrira en effet sur cette portée, si leur enchaînement avec celles qui les précèdent et celles qui les suivent peut indiquer suffisamment qu'elles font toujours partie de la musique de la main gauche. Mais on peut aussi très-bien les écrire sur un ensemble de lignes supplémentaires placées au-dessus de la portée inférieure. Ces lignes supplémentaires, comprises entre les deux portées, devront être considérées comme autant de lignes détachées, dans ce but, de la portée supérieure, (ex. X).

Evidemment on agira d'une manière analogue, si la musique de la main droite renferme des notes plus basses que le *Do* correspondant à la 6me ligne. Ou bien on écrira ces notes sur la portée inférieure, sur laquelle elles doivent réellement s'écrire, si leur enchaînement avec celles qui les précèdent et celles qui les suivent peut indiquer suffisamment qu'elles font toujours partie de la musique de la main droite; ou bien on les écrira sur un ensemble de lignes supplémentaires placées au-dessous de la portée supérieure, et qui, comprises entre les deux portées, devront être considérées comme autant de lignes détachées dans ce but de la portée inférieure, (ex. Y).

Trois points de repère ou trois clefs facilitant la lecture de la musique du piano.

73. Ainsi, en définitive, l'ensemble des deux portées de 5 lignes destinées à la musique de piano, entre lesquelles il faut toujours rétablir par la pensée la 6me ligne intermédiaire, avec la clef d'Ut, n'est autre chose que la portée de 11 lignes ou la portée générale des voix. Alors sur cette double portée on a réellement à la fois, pour faciliter la lecture des notes, trois points de repère : la clef de Sol sur la 2me ligne de la portée supérieure, la clef de Fa sur la 4me ligne de la portée inférieure, et enfin la clef d'Ut elle-même, dont on doit toujours supposer l'existence, avec celle de la 6me ligne, entre les deux portées.

Lignes supplémentaires pour les notes extrêmes

74. Maintenant rétablissons, dans notre piano, la première et les deux dernières octaves (6me et 7me), que nous avons supprimées pour simplifier la question. Pour compléter la notation de tous les sons de notre clavier, il suffira d'ajouter trois lignes supplémentaires aux deux que nous avions déjà supposées écrites au-dessous de la portée inférieure, et sept lignes supplémentaires aux deux qui surmontent déjà la portée supérieure. L'emploi d'un aussi grand nombre de lignes supplémentaires pourra d'ailleurs souvent être suppléé, soit en bas, soit en haut, par la transposition à l'octave avec le signe 8va bassa~~~~ en bas, ou 8va ~~~~~~ en haut.

Motif pour lequel les 3 clefs sont si rapprochées l'une de l'autre.

75. On pourrait s'étonner ici que ces nombreuses lignes supplémentaires devant se trouver si éloignées de la ligne moyenne de la grande portée de 11 lignes, on n'ait pas écarté davantage de la clef d'*Ut*, qui occupe la région moyenne, les deux clefs extrêmes. On aurait pu, par exemple, porter la clef des sons graves sur la 2me ligne, et elle eût été alors clef de *Si*, au lieu d'être la clef de Fa, et porter, en même temps, la clef des sons aigus sur la 10me ligne, ou la 4me de la 2me portée de 5 lignes de la musique du piano, et elle eût été clef de *Ré* au lieu d'être clef de Sol.

Cela aurait eu l'avantage de rapprocher les points de repère des notes extrêmes et d'en faciliter la lecture. Mais si l'on réfléchit que les notes comprises dans la portée de 11 lignes, qui comprennent l'étendue de l'échelle musicale de la voix humaine, ont été pendant très-longtemps les seules notes employées en musique; que, même parmi ces notes, celles du médium étaient elles-mêmes le plus généralement employées; que les notes extrêmes, si nombreuses, ont été successivement introduites dans la musique moderne, on comprendra la raison qui a fait, dans le principe, rapprocher ainsi les trois clefs l'une de l'autre, dans la région des sons du médium. Une fois la position de ces clefs adoptée et consacrée par l'usage, il eût été bien difficile, pour ne pas dire impossible, d'y apporter quelque changement.

Écriture de la musique de l'orgue et de la harpe.

76. La musique de l'orgue et celle de la harpe s'écrivent sur le même système de portées que la musique de piano. On conçoit, en effet, qu'il en doit être ainsi pour ces instruments sur lesquels, comme sur le piano, les deux mains jouent simultanément.

Usage général d'une portée de cinq lignes.

77. Nous devons comprendre maintenant comment, en définitive, une simple portée de 5 lignes peut toujours, dans tous les cas et pour tous les instruments, servir à écrire la musique; mais nous ne devons jamais oublier que cette portée n'est qu'une portion détachée de l'ensemble des 11 lignes de la portée générale des voix. La clef qui y est inscrite sert à faire connaître la région d'où elle a été détachée et, par conséquent, la position exacte que les sons qui y sont notés occupent, non seulement dans l'échelle des voix, mais même dans l'échelle musicale complète dont toute l'étendue est donnée par le piano de sept octaves.

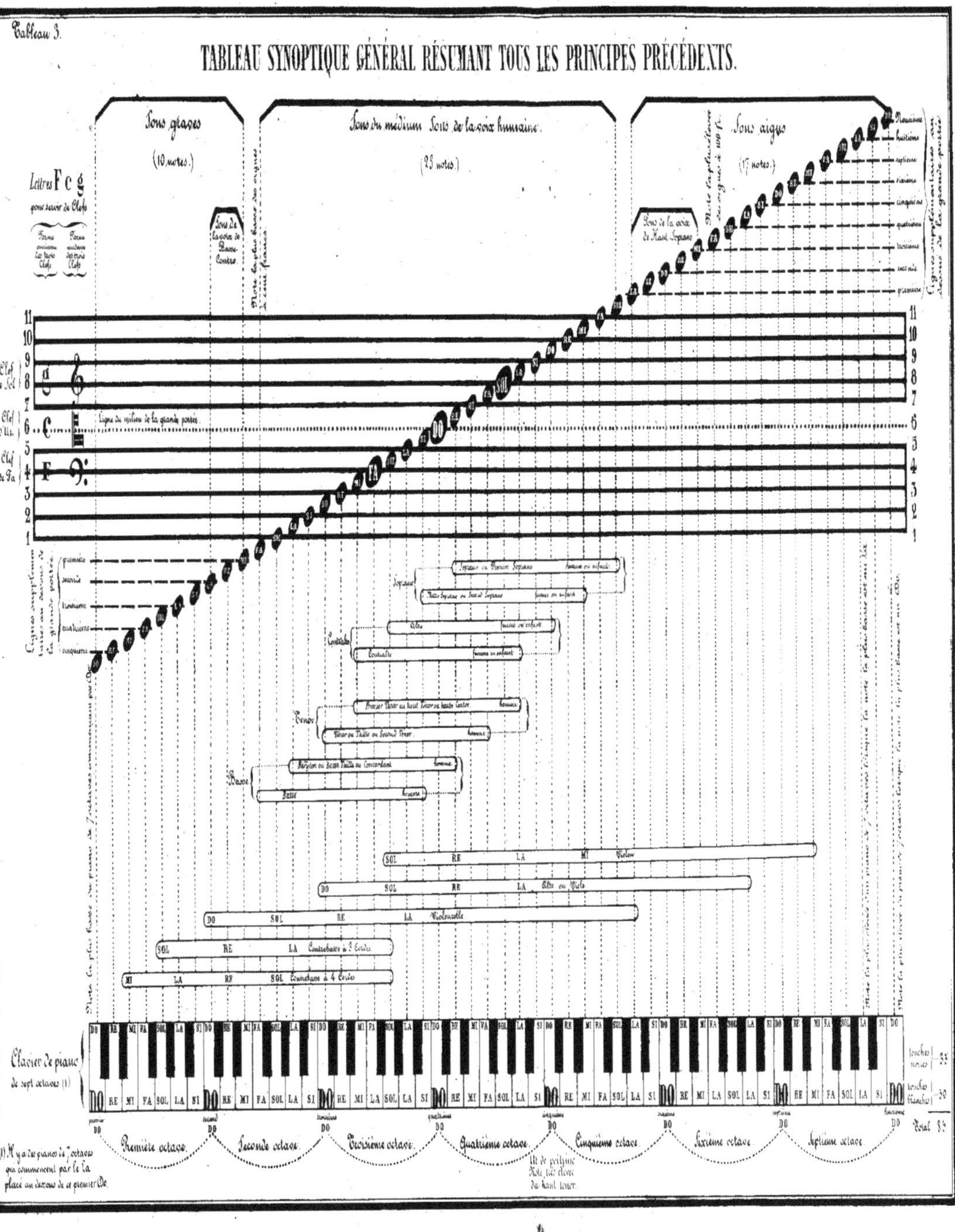

Tableau 3.
TABLEAU SYNOPTIQUE GÉNÉRAL RÉSUMANT TOUS LES PRINCIPES PRÉCÉDENTS.
Sons graves
(10 notes.)
Sons du médium Sons de la voix humaine.
(23 notes.)
Sons aigus
(17 notes.)
Lettres F C G
pour servir de Clefs
Clef de Sol
Clef d'Ut
Clef de Fa
Ligne du milieu de la grande portée.
Soprano
Contralto
Ténor
Basse
SOL RE LA MI Violon
DO SOL RE LA Alto ou Viole
DO SOL RE LA Violoncelle
SOL RE LA Contrebasse à 3 Cordes
MI LA RE SOL Contrebasse à 4 Cordes
Clavier de piano
de sept octaves (1)
Première octave.
Seconde octave.
Troisième octave.
Quatrième octave.
Cinquième octave.
Sixième octave.
Septième octave.
Total 85
(1) Il y a des pianos de 7 octaves qui commencent par le La placé au dessous de ce premier Do.

Tableau 4.

Division de la portée de 11 lignes en 2 portées de 5 lignes pour la musique de piano.

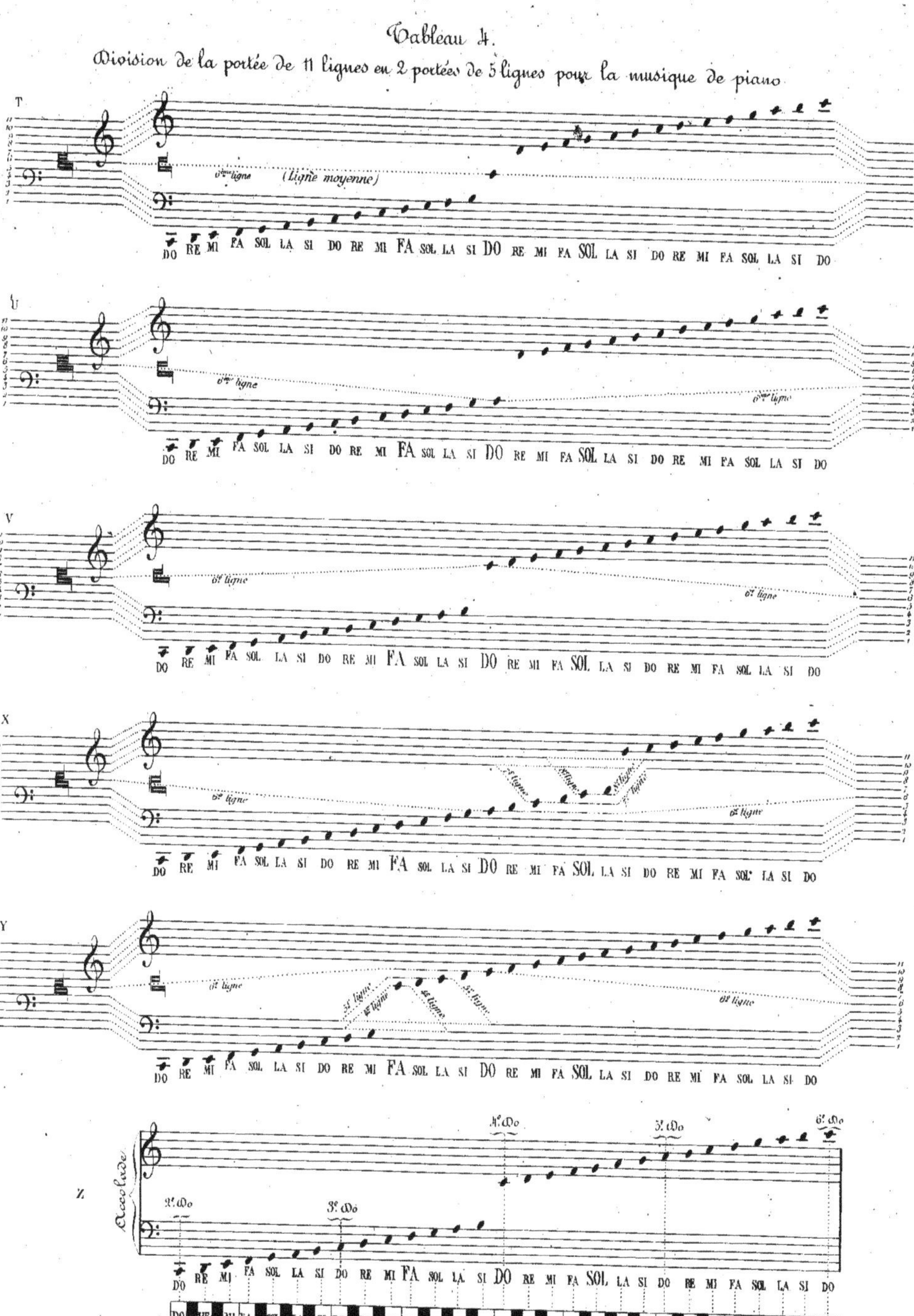

QUATRIÈME LEÇON.

DURÉE DES SONS.

Figure des notes et leur valeur. — Silences. — Prolongation et liaison des sons. — Notes pointées. — Coulé. — Piqué. — Détaché. — Porté.

Nécessité d'apporter de la diversité dans la durée des sons.

78. Jusqu'ici nous n'avons considéré dans les sons que leur degré de hauteur. Nous ne nous sommes point occupé de la *durée* qui peut être donnée à chacun d'eux; nous avons supposé qu'ils avaient tous la même.

Or, quelque heureux qu'on soit dans le choix d'une série successive de sons n'offrant entre eux que des intervalles qui puissent flatter agréablement l'oreille, si tous ces sons se succèdent un à un en conservant toujours la même durée, depuis le premier jusqu'au dernier, ils constitueront une mélodie dont la monotonie sera sensible. On comprend, au contraire, quelles ressources la musique doit trouver dans l'infinie variété des effets qui résulteront de la diversité de la durée que l'on peut donner à chaque son.

Cette diversité est un des éléments essentiels de la musique. On se fait une idée de l'influence qu'elle doit avoir dans les combinaisons musicales, en réfléchissant aux effets que l'on obtient avec le tambour au moyen d'un seul et même son constamment répété, mais à coups plus ou moins précipités dans le même temps et par conséquent d'une durée différente.

Subdivision binaire de la durée des sons.

79. Les sons doivent donc avoir une durée plus ou moins grande; mais la variété que doivent offrir ces durées ne pouvait être laissée à l'arbitraire et au caprice, qui eussent entraîné une confusion pire encore que la monotonie. Il fallait qu'elle fût soumise à une règle précise, dont la simplicité permît toujours à notre oreille d'apprécier facilement la durée de chaque son.

La règle adoptée à cet égard est la subdivision binaire. En prenant pour point de départ ou pour unité la plus longue durée, toutes les autres n'en sont que des subdivisions de deux en deux fois plus petites. C'est-à-dire qu'en rangeant toutes ces durées dans leur ordre de décroissement, chacune sera la moitié de celle qui la précède, et par conséquent elles seront successivement la moitié, le quart, le huitième, le seizième, le trente-deuxième, le soixante-quatrième, et on ne va pas plus loin, de la première ou de la plus longue durée.

La valeur de la plus longue durée est arbitraire.

80. Ces diverses durées seront parfaitement déterminées dès que la première le sera. Or, celle-ci est évidemment arbitraire; elle dépendra du mouvement plus ou moins rapide qu'on voudra donner à la musique. Toutefois, elle devra être toujours assez grande pour que les dernières subdivisions employées restent encore appréciables à l'oreille.

Figures des notes et leur valeur.

81. Dans l'écriture musicale, la durée que doit avoir chaque son, quelle que soit d'ailleurs la position que la note occupe dans la portée, et par conséquent quel que soit le degré de hauteur du son qu'elle représente, est exprimée par une forme particulière donnée à cette note.

La note qui représente la plus longue durée de son a reçu la figure suivante 𝅝 et on lui donne par ce motif le nom de *ronde*.

La moitié de la durée de la ronde s'exprime, en ajoutant à la figure de celle-ci, soit à droite et en montant, soit à gauche et en descendant, un trait vertical formant une espèce de queue 𝅗𝅥 , 𝅗𝅥 , et cette nouvelle note s'appelle une *blanche*.

La moitié de la durée de la blanche, qui est en même temps le quart de la durée de la ronde, est représentée par une figure qui ne diffère de celle donnée à la blanche qu'en ce que l'intérieur de la boucle est complétement noir 𝅘𝅥 𝅘𝅥 On donne à cette figure le nom de *noire*.

La moitié de la durée de la noire, qui est en même temps le quart de la durée de la blanche et le huitième de la durée de la ronde, est exprimée par la figure de la noire dont on arme la queue d'un crochet 𝅘𝅥𝅮 𝅘𝅥𝅮 , d'où le nom de *croche* donné à cette figure.

Pour les durées suivantes, on ajoute successivement un crochet de plus à la queue de la noire, et on donne aux figures qui en résultent les noms de *double croche, triple croche, quadruple croche*.

Ainsi la double croche 𝅘𝅥𝅯 𝅘𝅥𝅯 exprime une durée qui sera la moitié de la durée de la croche, ou le quart de celle de la noire, ou le huitième de celle de la blanche, ou enfin le seizième de celle de la ronde.

La triple croche 𝅘𝅥𝅰 𝅘𝅥𝅰 exprime la moitié de la durée de la double croche, ou le quart de celle de la croche, et par conséquent le huitième de la noire, le seizième de la blanche et le trente-deuxième de la ronde.

Enfin la quadruple croche 𝅘𝅥𝅱 𝅘𝅥𝅱 exprime la moitié de la durée de la triple croche, ou le quart de celle de la double croche, le huitième de la croche, le seizième de la noire, le trente-deuxième de la blanche et le soixante-quatrième de la ronde.

Résumé de la valeur comparative des figures de notes.

82. En résumé :

La ronde	𝅝	vaut 2 blanches	𝅗𝅥 𝅗𝅥	et par conséquent 4 noires, 8 croches, 16 doubles croches, 32 triples croches, 64 quadrupl. croches.
La blanche	𝅗𝅥	vaut 2 noires	𝅘𝅥 𝅘𝅥	et par conséquent 4 croch., 8 d. croc., 16 triples croches, 32 quadruples croches
La noire	𝅘𝅥	vaut 2 croches	𝅘𝅥𝅮 𝅘𝅥𝅮	et par conséquent 4 d. cr., 8 tr. cr., 16 quadruples croches.
La croche	𝅘𝅥𝅮	vaut 2 doubles croches	𝅘𝅥𝅯 𝅘𝅥𝅯	et par conséquent 4 tr. cr., 8 quadruples croches.
La double croche	𝅘𝅥𝅯	vaut 2 triples croches	𝅘𝅥𝅰 𝅘𝅥𝅰	et par conséquent 4 quadruples croches.
La triple croche	𝅘𝅥𝅰	vaut 2 quadruples croches	𝅘𝅥𝅱 𝅘𝅥𝅱	

Idée fausse que présentent les dénominations des croches multiples.

83. Les noms de double croche, triple croche, quadruple croche, usités en France, sont parfaitement exacts quant à la forme donnée aux notes qu'ils désignent; mais ils présentent une idée fausse en ce qui concerne les rapports de durée qu'ils servent à indiquer. Ces mots, en effet, rappellent l'idée de durée double, triple, quadruple de la simple croche, tandis qu'il s'agit de durées qui sont réellement la moitié, le quart, le huitième de celle qu'exprime cette note.

En Allemagne on a évité cet inconvénient grave en désignant chaque subdivision de la durée du son par la fraction qui exprime son rapport avec la plus longue durée prise pour unité.

Le petit tableau suivant met en regard les deux genres de dénominations :

Figures :							
Dénominations usitées en France :	Ronde	Blanche	Noire	Croche	Double Croche	Triple Croche	Quadruple Croche.
Dénominations usitées en Allemagne :	Entier $\frac{1}{1}$	Moitié $\frac{1}{2}$	Quart $\frac{1}{4}$	Huitième $\frac{1}{8}$	Seizième $\frac{1}{16}$	Trente-deuxième $\frac{1}{32}$	Soixante-quatrième. $\frac{1}{64}$

Observations sur l'écriture des notes.
1° Direction des queues.

84. Nous avons vu (81) qu'à l'exception de la ronde, toutes les autres figures de notes étaient munies d'un trait vertical qui peut être placé à droite et dirigé en montant, ou être placé à gauche et dirigé en descendant. Il existe des règles qui déterminent le choix de l'une ou l'autre de ces deux dispositions, suivant la hauteur que la note occupe sur la portée.

On est libre d'adopter indifféremment l'une ou l'autre lorsque la note est placée sur la troisième ligne, ex. A.

Si la note est au-dessous de la troisième ligne, la queue devra être à droite et dirigée en haut, ex. B.

La queue devra être à gauche et dirigée en bas si la note est au-dessus de la troisième ligne, ex. C.

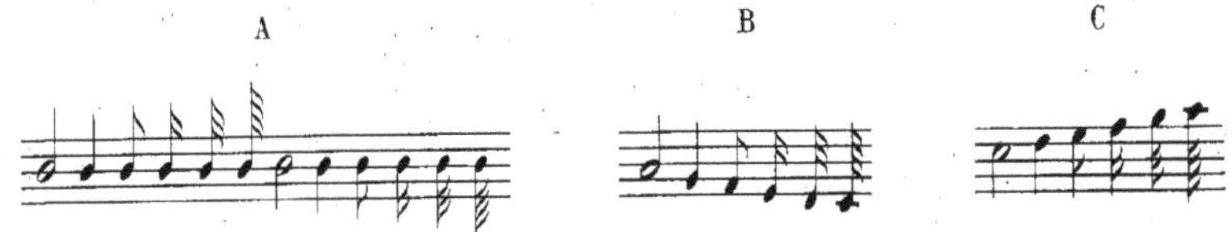

2° Réunion des croches.

85. Lorsque deux ou plusieurs croches doivent se trouver placées les unes à la suite des autres, au lieu d'écrire chacune d'elles isolément, on remplace leurs crochets par une barre qui en se prolongeant de l'une à l'autre, les réunit entre elles.

Les doubles croches seront réunies par deux barres, les triples croches par trois barres, les quadruples croches par quatre barres.

Ces barres sont ordinairement inclinées sur la portée ; ou bien si elles sont horizontales, on leur donne une certaine épaisseur afin d'empêcher qu'elles se confondent avec les lignes de la portée, ex. D.

Il est évident que lorsque des croches seront ainsi réunies, toutes leurs queues devront avoir la même direction. Cette direction commune sera celle que devrait avoir le plus grand nombre d'entre elles, si les notes étaient isolées. C'est-à-dire que toutes les queues devront aller en montant et que les barres de réunion seront en haut, si la majorité des croches réunies appartient à la région inférieure à la troisième ligne, ex. E. que toutes les queues devront aller en descendant et que les barres de réunion seront en bas si la majorité des croches réunies appartient à la région supérieure à la troisième ligne, ex. F.

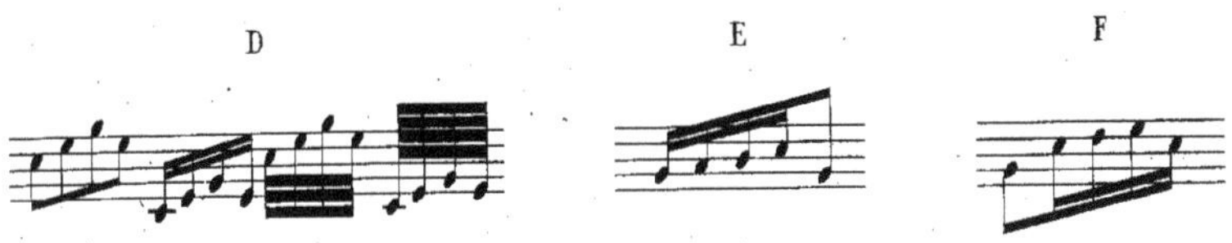

Cette réunion ne peut avoir lieu dans la musique vocale lorsque chaque note correspond à une syllabe du chant.

Des silences. Ils sont, comme les sons eux-mêmes, des éléments de la musique.

86. Un morceau de musique ne se compose pas toujours d'une série de sons se succédant sans interruption. Il arrive assez souvent, au contraire, que le son se trouve suspendu pendant un temps plus ou moins long, pour reprendre ensuite. On donne à ces interruptions momentanées de son le nom de *Silences*.

Les silences employés avec art peuvent entrer dans les combinaisons musicales de manière à y produire des effets non seulement heureux et agréables, mais même d'une grande énergie. Les silences sont donc, comme les sons eux-mêmes, des éléments de la musique. Leur durée plus ou moins grande est d'ailleurs soumise à la même subdivision binaire que celle qui a été adoptée pour les sons, et à chaque durée de son correspond une égale durée de silence.

Figures et valeur des silences.

87. De même que les sons, les silences peuvent avoir sept durées différentes représentées chacune par un signe particulier. En les supposant rangés dans leur ordre de décroissement successif, chaque silence sera la moitié de celui qui le précède et le double de celui qui le suit.

En les prenant dans l'ordre que nous venons d'indiquer, on a :

1° La *pause*, dont la durée est celle de la ronde. On lui donne la figure d'un petit rectangle noir ▬ , que l'on place au-dessous de la 4ᵉ ligne de la portée. . . . .

2° La *demi-pause*, dont la durée est celle de la blanche. Sa figure est encore un petit rectangle noir, mais ce rectangle est alors appuyé sur la 3ᵉ ligne de la portée. . . . .

3° Le *soupir*, dont la durée est celle de la noire. On lui donne la figure suivante qui se place, de même que celles des autres silences dont il nous reste encore à parler, sur la 3ᵉ ligne de la portée.

4° Le *demi-soupir*, dont la durée est celle de la croche, et dont la figure est celle du soupir, renversée de droite à gauche. . . . .

5° Le *quart de soupir*, équivalent à la double croche. Sa figure se forme en ajoutant un second appendice à celle du demi-soupir . . . .

6° Le *huitième de soupir*, équivalent à la triple croche, dont la figure présente trois appendices . . . .

7° Enfin le *seizième de soupir*, dont la durée est celle de la quadruple croche, et dont la figure présente quatre appendices. . . . .

Résumé de la valeur comparative des silences.

88. Le petit tableau suivant met en regard les figures des notes et des silences qui se correspondent et ont la même valeur ou durée.

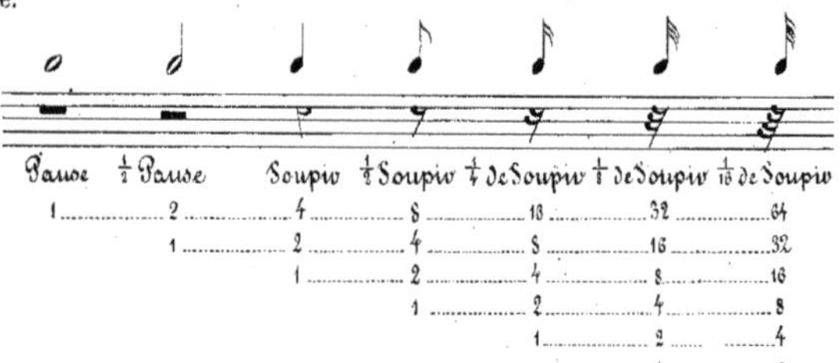

Dans chacune des séries horizontales de nombres inscrites au bas du tableau ci-dessus, chaque nombre exprime combien de fois il faut prendre la durée à laquelle il correspond, pour former la durée à laquelle correspond l'unité qui commence la série, ce qui s'applique aussi bien aux figures des notes qu'à celles des silences.

Pour ces derniers, la première série de nombre peut se traduire comme il suit :

1 pause vaut {
2 demi-pauses,
4 soupirs,
8 demi-soupirs,
16 quarts de soupir,
32 huitièmes de soupir,
64 seizièmes de soupir.

La deuxième série se traduira par :

1 demi-pause vaut {
2 soupirs,
4 demi-soupirs,
8 quarts de soupir,
16 huitièmes de soupir.
32 seizièmes de soupir.

et ainsi de suite pour chacune des autres séries de nombres, jusqu'à la dernière, qui se traduit :

1 huitième de soupir vaut 2 seizièmes de soupir.

Nous croyons devoir faire remarquer l'analogie de forme qui existe, eu égard au nombre des appendices ou crochets, entre les silences, depuis le demi-soupir jusqu'au seizième de soupir, et les croches, depuis la simple croche jusqu'à la quadruple croche.

A chaque note doit correspondre un son distinct, alors même qu'il s'agit de la répétition d'un même son.

89. Chacune des notes ronde, blanche, noire ou croche, représentant un son particulier et distinct, dont la durée est déterminée par la figure de la note, il faut que dans l'exécution d'une série de notes successives, l'oreille entende autant de sons successifs qu'il y a de notes écrites. Il faut donc que ces sons se succèdent l'un à l'autre, comme les notes elles-mêmes se succèdent sur la portée, de manière que l'oreille distingue le commencement et la fin de chacun d'eux.

Cela n'est pas seulement vrai pour les notes qui représentent des sons de hauteur différente, mais même pour les notes qui reproduisent et répètent un son de même hauteur. Ce son, bien que toujours le même, doit recommencer avec chaque note et ne se prolonger, pour chacune d'elles, que pendant la durée indiquée par la figure de la note.

Ainsi deux noires successives, sur une même ligne, ou dans un même interligne, n'ont point la même signification qu'une blanche. La blanche représente un son continu se prolongeant pendant une durée égale à celle de deux noires, tandis que les deux noires successives représentent le même son répété deux fois avec une durée moitié moindre de celle de la blanche. Ex. G.

Trois noires successives de même hauteur sur la portée représentent trois sons distincts, ou plutôt c'est le même son répété trois fois successivement avec la durée d'une noire. On ne pourrait leur substituer une blanche et une noire, qui ne représenteraient que deux sons distincts dont l'un aurait la durée de deux noires, et l'autre la durée d'une noire. Ex. H.

De même encore quatre noires de même hauteur ne peuvent être remplacées par une ronde, puisque les premières expriment la répétition successive de quatre fois le même son, tandis que la seconde n'exprime qu'un seul son se prolongeant pendant la durée des quatre noires. Ex. I.

Ce que nous venons de dire pour la noire s'applique également à toutes les autres valeurs de notes.

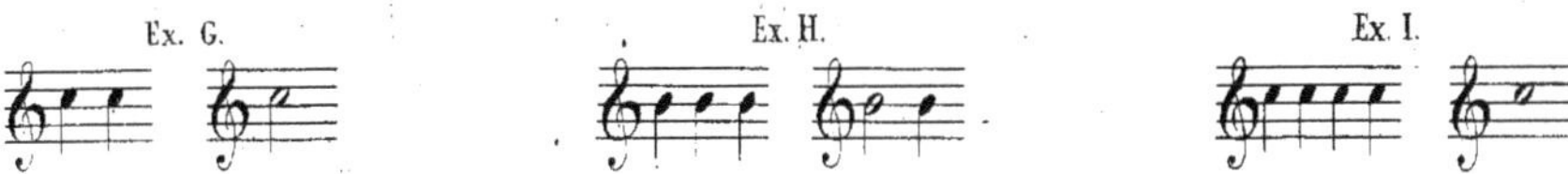

Prolongation d'un même son.
Liaison.

90. D'après les principes que nous venons de poser, on ne pourrait jamais, avec les seules notations dont il a été question jusqu'ici, donner à un même son, sans le répéter, que l'une des sept durées exprimées par les sept figures de notes, dont chacune, depuis la ronde jusqu'à la quadruple croche , est toujours le double de celle qui la suit. Or la diversité des effets de la musique exige souvent qu'un son ait une durée intermédiaire, c'est-à-dire qu'il se prolonge au delà de l'une de ces sept durées, sans en atteindre cependant le double. De là résulte la nécessité d'une nouvelle notation.

Supposons, pour fixer les idées, qu'il s'agisse de donner à un son, non pas en le répétant, mais en le prolongeant d'une manière continue, une durée plus longue que celle de la blanche , mais moindre que celle de la ronde . Il nous faudrait absolument, à la suite d'une blanche, inscrire une deuxième note prise parmi celles de durée inférieure, et cette deuxième note, contrairement à notre intention, exprimerait, non une prolongation, mais une répétition du son.

Pour lever cette difficulté, il suffit de donner, au moyen d'un signe particulier, à un ensemble de deux notes successives de même hauteur, la signification d'un son unique se prolongeant pendant toute la durée de ces deux notes. Le signe adopté, et auquel on donne le nom de *liaison*, est une ligne courbe ou qui embrasse les têtes des deux notes dont il s'agit et les lie entre elles de manière à n'en plus former pour ainsi dire qu'une seule.

D'après cela les notations suivantes :

représenteront chacune un son unique et continu, dont la durée sera celle d'une blanche prolongée de la durée d'une noire pour la 1re, d'une croche pour la 2e, d'une double croche pour la 3e, d'une triple croche pour la 4e, et enfin d'une quadruple croche pour la 5e notation.

Ce que nous venons de dire de la prolongation de la durée de la blanche doit s'appliquer également à la prolongation de la durée exprimée par l'une quelconque des cinq autres notes. Ainsi on comprendra facilement la signification des notations suivantes :

Prolongation d'une ronde.

91. Le même système peut s'appliquer à la ronde elle-même, bien que nous ayons indiqué cette note comme représentant la plus longue durée de son (81). Sa durée est bien en effet la plus longue durée de son formulée par un signe unique; mais néanmoins il arrive souvent qu'un son doit se prolonger au delà de cette durée et alors la liaison trouvera encore son application.

Les notations suivantes : exprimeront la durée d'une ronde prolongée de la durée de chacune des autres notes, même de celle d'une ronde.

Liaisons successives.
Tenue.

92. Pour conserver réellement la signification que nous lui avons donnée, le signe de la liaison ne doit jamais embrasser que deux notes successives. S'il en embrassait un plus grand nombre, il aurait un autre sens, comme nous le verrons tout à l'heure (98). Si donc la prolongation de son que l'on veut exprimer ne peut l'être qu'au moyen de plusieurs notes distinctes, ne pouvant se confondre en une seule, il faut pour chacune d'elles répéter le signe de la liaison qui doit la relier individuellement à la précédente.

Ainsi par exemple, si l'on veut prolonger la durée d'une ronde, de celle d'une blanche et de celle d'une noire, la blanche et la noire ne pouvant se confondre en une seule note, on écrira en répétant la liaison de la deuxième note à la troisième. Mais on ne pourrait pas écrire , en embrassant les trois notes par une seule liaison.

De même la durée d'une noire prolongée de celles d'une croche, d'une double croche, et d'une triple croche, s'exprimerait par et non par .

Dans le cas où un son doit être soutenu pendant la durée de trois, de quatre, ou même d'un plus grand nombre de rondes, on écrit ou , etc., et c'est ce qu'on nomme une *tenue*.

Expressions équivalentes d'une même durée.

93. Il est souvent utile, lorsqu'il s'agit d'un son continu, qui peut être exprimé par une note unique, d'offrir aux yeux une série distincte de durées dans lesquelles peut se décomposer la durée totale de ce son. Au moyen de la liaison cela devient facile.

Ainsi, au lieu de représenter la durée d'un son par une ronde

on peut l'exprimer par deux blanches liées....

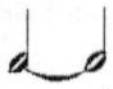

ou par une blanche et deux noires liées.....

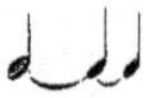

ou par quatre noires liées......

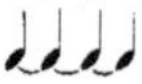

Ces diverses expressions sont parfaitement équivalentes, mais nous verrons plus tard qu'il peut être avantageux, utile, et même quelquefois nécessaire, d'employer l'une au lieu de l'autre.

De même 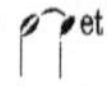 et 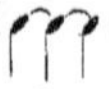 sont des expressions équivalentes.

Il en sera de même de et et 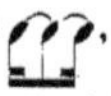 , et encore de et

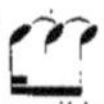

Il sera, d'ailleurs, facile d'appliquer cette règle dans tous les cas possibles.

Possibilité d'exprimer toutes les durées de son appréciables.

94. Nous venons de voir qu'au moyen des liaisons successives nous pouvons prolonger la durée exprimée par une note, des durées exprimées par plusieurs autres notes, quelles qu'elles soient. Il nous sera facile de faire comprendre que dès lors ces liaisons permettent d'exprimer toutes les durées de sons appréciables à notre oreille.

Il existe certainement une limite de durée au-dessous de laquelle un son ne peut plus être nettement apprécié, ou, tout au moins, mesuré par notre oreille. Cette durée est évidemment la plus petite de toutes celles qui peuvent être employées en musique, et toutes les autres ne pourront que la renfermer un certain nombre entier de fois exactement. Toutes les durées de son appréciables s'obtiendront donc en prenant successivement une fois, deux fois, trois fois, quatre fois, cinq fois, etc., la plus petite durée adoptée, et en l'ajoutant ainsi toujours une fois de plus à la durée précédente.

Or, puisque nous avons adopté pour la plus petite durée de son la quadruple croche , toutes les diverses durées appréciables de son ne seront autre chose que les nombres de quadruple croches exprimés par la série successive des nombres entiers. Il y en aura 64 de la quadruple croche à la ronde, puisque la ronde vaut 64 quadruples croches.

Dans chacune des expressions de ces durées il faudra toujours, autant que cela sera possible, substituer à toute série de notes de durée inférieure, la note de durée supérieure équivalente, puis on liera entre elles, par des liaisons successives, les notes qui n'auront pu se confondre en une seule. On formera ainsi le tableau suivant, dans lequel chacun des nombres inscrits au-dessus des notations indiquera le nombre de quadruples croches que la notation renferme.

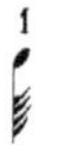

1

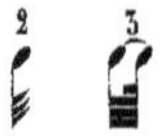

2 3

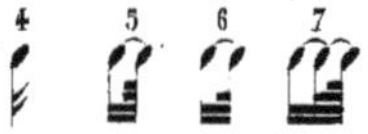

4 5 6 7

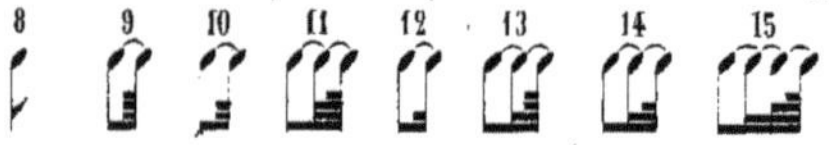

8 9 10 11 12 13 14 15

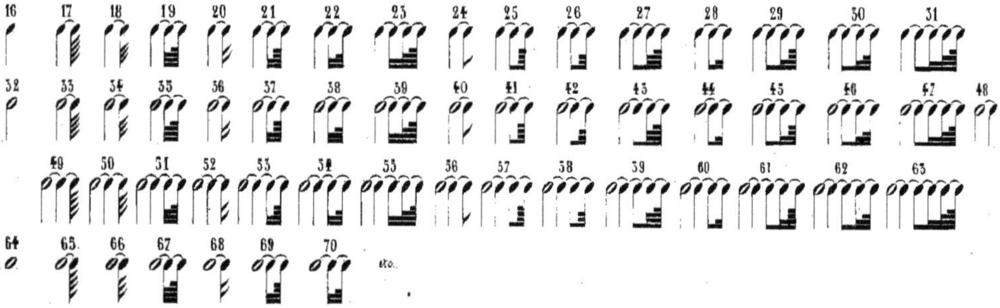

16 17 18 19 20 21 22 23 24 25 26 27 28 29 30 31

32 33 34 35 36 37 38 39 40 41 42 43 44 45 46 47 48

49 50 51 52 53 54 55 56 57 58 59 60 61 62 63

64 65 66 67 68 69 70 etc.

Nous avons disposé les 64 notations que renferme ce tableau en séries horizontales commençant successivement par chacune des sept notes, depuis la jusqu'à la . Or, il est facile de voir que chaque série se forme en liant successivement toutes les notations des séries précédentes à la note qui commence la série. Si donc nous voulions continuer le tableau au delà de la , à laquelle nous nous sommes arrêté, il suffirait de lier successivement à la toutes les 64 notations précédentes, à partir de la première. On aurait ainsi toutes les durées appréciables de son, depuis une ronde jusqu'à deux rondes , et ainsi de suite indéfiniment, en liant toujours les 64 premières notations au nombre de rondes auquel on est parvenu.

Nous avons adopté la quadruple croche comme la plus petite durée de son. Il arrive quelquefois que l'on va jusqu'à la *quintuple croche*. Or, rien ne serait plus facile que d'appliquer ce que nous venons de dire au cas où on adopterait cette nouvelle subdivision de la durée.

Notes pointées. — Leurs valeurs. — Elles fournissent des expressions ternaires de la durée des sons.

95. Parmi toutes les durées de son dont nous venons de donner l'expression, il en est qui sont presque aussi généralement employées dans les combinaisons musicales que celles qui sont représentées par les sept figures de notes elles-mêmes.

Ce sont les suivantes : 96 48 24 12 6 3

qui sont fournies par la liaison de deux notes de valeurs successives et de même hauteur, et dans lesquelles, par conséquent, la durée d'une note se trouve prolongée de la moitié de sa valeur.

L'emploi presque habituel que la musique fait de ces durées a déterminé à les exprimer par une notation spéciale abrégée. On n'écrit point la seconde note, on la remplace par un simple point, qui, placé ainsi à la droite de la première note, mais sans ligne de liaison, suffit pour prolonger la durée de cette note de la moitié de sa valeur. Ces nouvelles expressions de la durée du son portent le nom de *notes pointées*.

Le petit tableau qui suit met la série des *notes pointées* en regard des notations équivalentes, qui en montrent nettement la valeur.

	Ronde pointée.	Blanche pointée.	Noire pointée.	Croche pointée.	Double-croche pointée.	Triple-croche pointée.
Notes pointées						
Elles équivalent à						
ou encore à						

Les durées exprimées par les notes pointées ont évidemment entre elles les mêmes rapports que ceux qui existent entre les durées successives exprimées par les notes non pointées. Ainsi,

La ronde pointée..... vaut deux blanches pointées..........

La blanche pointée.... vaut deux noires pointées............

La noire pointée...... vaut deux croches pointées...........

La croche pointée.... vaut deux doubles croches pointées....

La double croche pointée vaut deux triples croches pointées....

La triple croche pointée vaut deux quadruples croches pointées

Nous retrouvons ici notre système de subdivision binaire. Mais en même temps chaque note pointée vaut trois fois la durée de la note non pointée immédiatement inférieure, dont le point tient la place.

La ronde pointée...... vaut trois blanches.................

La blanche pointée..... vaut trois noires.................

La noire pointée....... vaut trois croches... ....

La croche pointée. .... vaut trois doubles croches.... .....

La double croche pointée vaut trois triples croches............

La triple croche pointée vaut trois quadruples croches.......

Les notes pointées présentent donc cet avantage que, tout en conservant entre elles le système de subdivision binaire, elles fournissent en même temps des expressions *ternaires* de la durée du son, tandis que les notes non pointées n'en fournissent jamais que des expressions *binaires*. C'est-à-dire que la durée d'un son représenté par une note pointée peut toujours se décomposer facilement en trois parties égales, tandis qu'une note non pointée nous offre l'idée d'un son dont la durée ne peut se décomposer qu'en deux parties égales.

Notes doublement pointées.

Leur valeur.

96. On peut étendre le système que nous venons de faire connaître aux durées de son exprimées par les liaisons de trois notes de valeurs successives et de même hauteur, dans lesquelles, par conséquent, la durée d'une note se trouve prolongée, à la fois, de la moitié de sa valeur et de la moitié de cette moitié.

Ces durées sont : 112 56 28 14 7

On peut leur substituer les expressions suivantes :

en remplaçant dans chacune d'elles les deux dernières notes par deux points, dont le premier, prolongeant la durée de la note qui le précède de la moitié de sa valeur, aura lui-même son effet prolongé de la moitié de sa valeur par le second point.

Il est facile de reconnaître à l'inspection seule des notations qui précèdent :

1° Qu'une ronde doublement pointée vaut sept noires..............................

Qu'une blanche doublement pointée vaut sept croches..............................

et ainsi de suite, jusqu'à la double croche doublement pointée qui vaut sept quadruples croches........

2° Qu'une ronde doublement pointée vaut deux blanches doublement pointées

Qu'une blanche doublement pointée vaut deux noires doublement pointées

et ainsi de suite.

Les notes doublement pointées, tout en conservant entre elles le système de subdivision binaire, nous offrent donc en même temps des durées qui se décomposent en sept parties égales, et par conséquent des expressions septenaires de la durée de son.

Par analogie, les durées suivantes

pourraient être exprimées par les notations

dont la première vaudrait quinze croches, la deuxième quinze doubles croches, la troisième quinze triples croches, et la quatrième quinze quadruples croches. Ces dernières notations sont presque inusitées.

Prolongation des silences.

97. A chaque durée de son doit correspondre un silence d'égale durée. Pour exprimer ces divers silences, il suffira, dans les expressions qui représentent toutes les durées des sons, de substituer à chaque valeur de note la notation du silence correspondant.

Ainsi aux durées de son suivantes :

correspondront les silences qui suivent :

Mais pour les expressions des silences, le signe de liaison sera complètement inutile, car les silences successifs seront toujours nécessairement la prolongation les uns des autres. Il n'y a plus ici à faire, comme pour les sons, une distinction entre la répétition immédiate et la prolongation. Il s'ensuit par conséquent que si, pour les sons, comme nous l'avons fait voir (89), deux noires successives de même hauteur ne sont pas identiquement la même chose qu'une blanche, pour les silences il en sera autrement, et deux soupirs successifs seront toujours identiques à une demi-pause.

On emploie quelquefois le point pour les silences comme pour les sons. Ainsi, au lieu de la notation on emploiera celle-ci et le point augmentera le silence qui le précède de la moitié de sa valeur. Un silence pointé sera aussi une expression ternaire de la durée du silence. Dans l'exemple précédent on voit facilement que le demi soupir pointé vaut trois *quarts de soupir*

Toutefois, il n'est pas d'usage de pointer la pause, ni la demi-pause, ni le soupir ; ce n'est qu'à partir du demi-soupir que le point est employé.

Liaison d'un ensemble de notes de hauteur différente.—Coulé.

98. Le signe de la liaison peut être employé pour des notes de hauteur différente. Il exprime alors que les sons représentés par ces notes, quoique nécessairement distincts les uns des autres, doivent être tellement liés entre eux, qu'ils semblent être l'un la prolongation de l'autre, c'est-à-dire que ces sons doivent se succéder sans interruption, de telle sorte que l'un ne cesse réellement qu'alors que le suivant commence à se faire entendre.

La liaison employée dans ce sens porte le nom de *coulé*. Elle peut alors embrasser un nombre quelconque de notes, sauf toutefois le cas particulier dont nous nous occuperons plus loin (100), où elle embrasse seulement deux notes de hauteur différente, et dont la deuxième a la même valeur ou une valeur moindre que celle de la première. Ex. J.

Parmi les notes qu'embrasse le coulé, il peut y en avoir qui soient de même hauteur. Si ces dernières ne sont pas successives, cela ne fait pas difficulté. Ex. K.

Mais si les notes de même hauteur sont successives, bien qu'elles soient comprises sous le signe général de la liaison, sous le coulé, elles ne doivent pas être considérées comme ne formant qu'un son unique prolongé. Pour chacune d'elles le son doit se répéter comme s'il s'agissait de notes de hauteur différente. Ex : L.

Si l'on voulait que les notes successives de même hauteur ne formassent qu'un son unique prolongé, il faudrait, même sous le signe du coulé, les lier entre elles par le signe de la liaison, ou par des liaisons successives, comme nous l'avons dit (92). Ex. M.

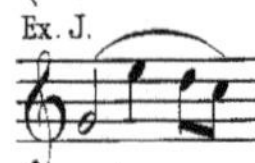

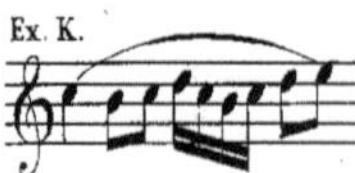

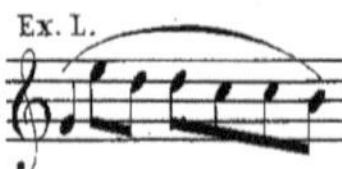

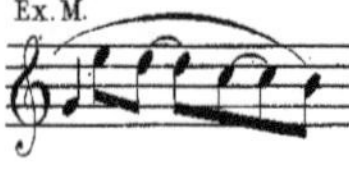

On comprend bien alors pourquoi nous avons dit (92) que … et … ou bien … et … n'ont pas la même signification. La première notation indique une prolongation d'un même son ; la seconde indiquerait, pour chaque note, une répétition du son, mais sans interruption appréciable.

Notes détachées. — Piqué — Détaché. — Porté.

99. L'effet que l'on veut produire, au lieu de demander que des sons successifs soient liés entre eux de manière à présenter une véritable continuité, peut exiger au contraire que chaque son soit très-nettement distinct, détaché ou séparé. Cet effet ne peut être obtenu qu'autant qu'il y aura une certaine interruption, un certain intervalle de silence entre chaque son. Il sera plus ou moins prolongé, suivant que l'interruption sera plus ou moins marquée, c'est-à-dire suivant que l'intervalle de silence sera plus ou moins prolongé.

On distingue à cet égard trois degrés différents :

1° L'effet le plus prononcé consiste à ne donner à chacun des sons correspondant à des notes successives, soit de même hauteur, soit de hauteur différente, qu'une durée égale au quart de la valeur de la note écrite, et à compléter les trois autres quarts de cette valeur par un silence de même durée. C'est ce qu'on appelle le *piqué*. On l'indique en surmontant les têtes de chaque note d'un point d'admiration (!). Ex. N.

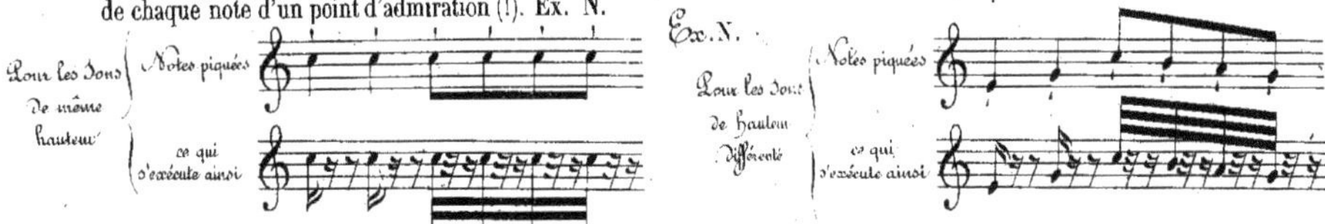

Il est évident, comme on le voit par les exemples ci-dessus, que cet effet peut être exprimé avec les notations ordinaires, et que l'emploi du point d'admiration n'est qu'une abréviation.

2° Si le silence pris sur la valeur de chaque note n'est que la moitié de cette valeur, l'effet produit est moins prononcé et il prend le nom de *détaché*, en italien *staccato*. Alors au lieu d'un point d'admiration, c'est un point ordinaire qui surmonte la tête de chaque note. Ex. O.

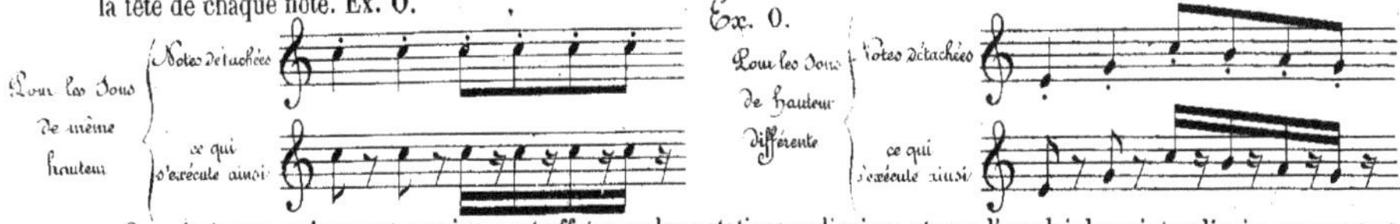

On voit encore qu'on peut exprimer cet effet avec les notations ordinaires, et que l'emploi du point ordinaire surmontant la tête de la note n'est qu'une abréviation.

Nous ferons remarquer ici que si, comme nous l'avons vu en parlant des notes pointées (95), le point placé à la droite d'une note prolonge la durée de la moitié de sa valeur, le point surmontant la tête de la note lui enlève la moitie de sa valeur.

3° Enfin, si l'on veut produire un effet moins prononcé et qui ne soit qu'une transition entre le détaché et la simple exécution de notes successives, le silence pris sur la valeur de chaque note ne sera que le quart de cette valeur. Cet effet, auquel on donne le nom de *porté*, se notera en combinant avec le détaché le coulé, qui indiquera que l'effet doit être amoindri, c'est-à-dire qu'après avoir surmonté les notes d'un point ordinaire, on les embrassera dans leur ensemble par une liaison générale. Ex. P.

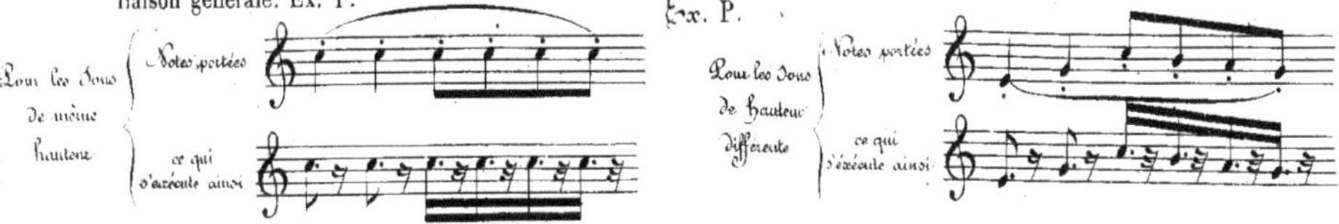

La notation adoptée pour le porté n'est qu'une abréviation comme les précédentes, puisque l'effet qu'elle indique peut être exprimé, comme nous le voyons, avec les notations ordinaires.

Liaison de deux notes de hauteur différente.

100. En parlant de la liaison ou du coulé (98), nous avons réservé le cas où ce signe n'embrasse que deux notes de hauteur différente, dont la deuxième a la même valeur que la première ou une valeur moindre. Dans ce cas particulier, la liaison, tout en indiquant que les deux notes doivent en effet être liées l'une à l'autre, comme dans le cas ordinaire, indique en même temps que l'ensemble de ces deux notes doit être détaché de la note qui vient après, c'est-à-dire, de même que pour l'effet auquel nous avons donné le nom de détaché, on devra ne donner à la durée de la deuxième note que la moitié de sa valeur, en remplaçant l'autre moitié par un silence de même durée. Ex. Q.

On trouve souvent une série de groupes successifs de deux notes ainsi liées l'une à l'autre, et les liaisons qui unissent les notes dans chaque groupe ont en même temps pour effet de détacher les groupes les uns des autres. Ex. R.

Lorsque des deux notes de hauteur différente, qui sont liées entre elles, la première a une valeur moindre que la seconde, la liaison conserve sa signication ordinaire. (98).

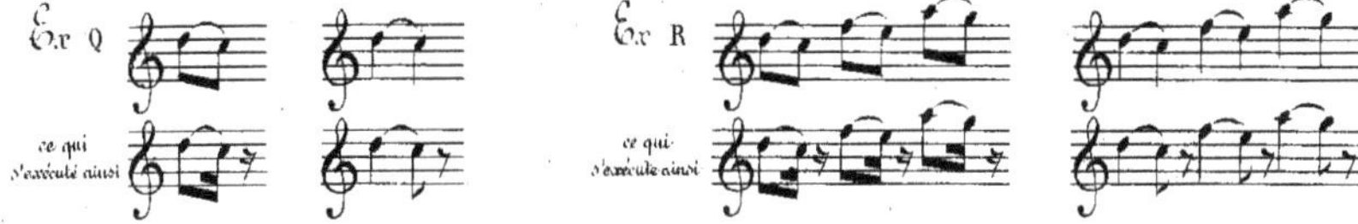

CINQUIÈME LEÇON.

MESURES.

Mesures. — Temps. — Temps forts, temps faibles. — Syncope ; Contre-temps. — Triolet, sixain. — Mouvement. — Métronome et termes italiens indiquant le mouvement. — Termes de nuances et d'expression. — Signes d'abréviation.

Mesures. — Barres de mesure.

101. Tout morceau de musique est toujours partagé en portions successives d'égale durée, auxquelles on donne le nom de *mesure*. Les mesures sont distinguées et séparées les unes des autres, pour l'œil, dans la musique écrite, par des barres verticales qui occupent toute la largeur de la portée, et qu'on appelle *barres de mesure*; la fin du morceau est marquée par une double barre qu'on appelle *barre de terminaison*. La figure suivante indique ces barres de mesure. (Ex. A)

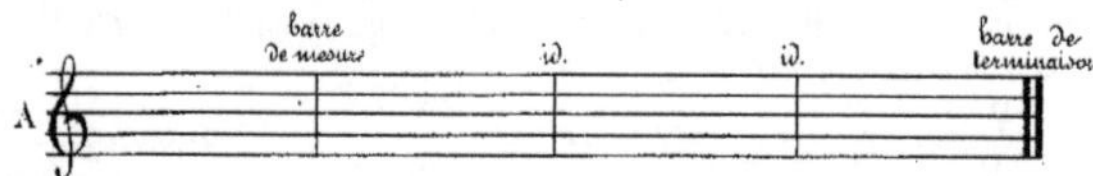

Dans l'exécution, les mesures sont distinguées et séparées l'une de l'autre, pour l'oreille, par une plus grande force ou intensité donnée au son qui commence chacune d'elles.

Cette division uniforme de l'étendue d'un morceau de musique a pour but, en fixant et reposant en même temps notre attention, de nous permettre, quelle que soit la durée totale du morceau, d'en suivre les détails sans effort, et sans confusion. Non seulement l'ordre et la symétrie qu'elle apporte dans l'exécution, sont une des conditions essentielles du charme que nous offre la musique, mais elle devient indispensable lorsque plusieurs instruments doivent jouer à la fois, puisqu'elle offre constamment des points de repère pour régler et maintenir l'ensemble. Enfin, elle donne un caractère particulier à la musique par la diversité même des durées que le compositeur est libre d'adopter pour la mesure.

Diverses étendues qu'on donne à la mesure. — Ce qu'on appelle temps.

102. On peut en effet adopter non seulement pour chaque morceau, mais dans le cours même d'un morceau, pour des passages différents des mesures d'une durée différente ; cette durée est toujours partagée en parties égales.

Les divisions égales dans lesquelles se partage la durée de la mesure, portent le nom de *temps*. On distingue les temps *binaires* et les temps *ternaires*.

Mesure à 2, à 3 et à 4 temps.

103. Lorsqu'une mesure est divisée en deux parties égales, elle s'appelle mesure à 2 *temps*;

Lorsqu'elle est divisée en trois parties égales, elle s'appelle mesure à 3 *temps*;

Lorsquelle est divisée en quatre parties égales, elle s'appelle mesure à 4 *temps*.

Divisions, subdivisions et sous-subdivisions du temps.

104. Le temps étant ainsi l'unité de la mesure, nous devons nécessairement porter toute notre attention sur ses *divisions*, *subdivisions* et *sous-subdivisions*; il nous sera ensuite facile de créer successivement toutes les mesures en usage ; il nous suffira, pour cela, de grouper 2, 3 ou 4 temps pour former tour à tour des mesures à 2, à 3 ou à 4 temps.

Le temps est exprimé par des figures de notes de forme différentes. — Temps binaires. — Temps ternaires.

105. Le temps n'est pas toujours exprimé par une seule et même figure de note. Quatre formes ont été adoptées pour les *temps binaires*, c'est-à-dire se divisant en *deux*, se subdivisant en *quatre* et se sous-subdivisant en *huit* parties égales (Ex. B); et les mêmes quatre figures de notes suivies chacune d'un point ont été adoptées pour les *temps ternaires*, c'est-à-dire se divisant en *trois*, se subdivisant en *six* et se sous-subdivisant en *douze* parties égales. (Ex. C)

Ex : B. Quatre formes différentes pour exprimer le temps binaire.

	Temps non divisés		Temps divisés en 2 parties égales		Temps subdivisés en 4 parties égales		Temps sous-subdivisés en 8 parties égales
1° La Ronde prise pour temps	un temps	ou	deux demi-temps 1 2	ou	quatre quarts de temps 1 2 3 4	ou	huit huitièmes de temps 1 2 3 4 5 6 7 8
2° La Blanche prise pour temps	un temps	ou	deux demi-temps 1 2	ou	quatre quarts de temps 1 2 3 4	ou	huit huitièmes de temps 1 2 3 4 5 6 7 8
3° La Noire prise pour temps	un temps	ou	deux demi-temps 1 2	ou	quatre quarts de temps 1 2 3 4	ou	huit huitièmes de temps 1 2 3 4 5 6 7 8
4° La Croche prise pour temps	un temps	ou	deux demi-temps 1 2	ou	quatre quarts de temps 1 2 3 4	ou	huit huitièmes de temps 1 2 3 4 5 6 7 8

Ex : C. Quatre formes différentes pour exprimer le temps ternaire.

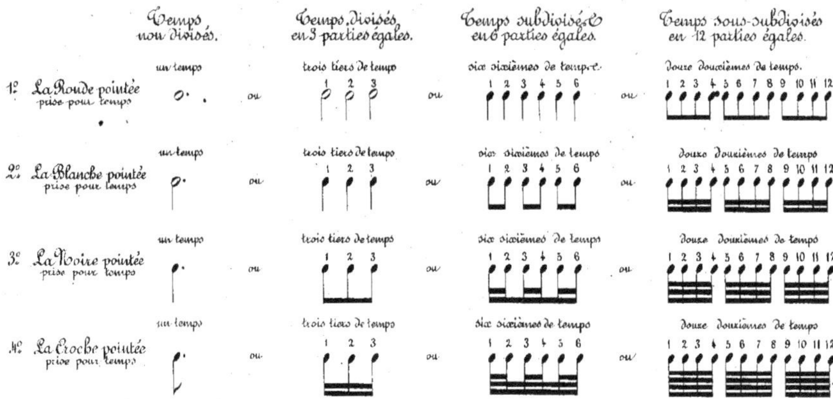

Chiffres fractionnaires indiquant la forme du temps binaire et la forme du tiers de temps ternaire, de plus la quantité de temps ou de tiers de temps que chaque mesure doit contenir.

106. Il est d'usage de placer en tête d'un morceau de musique, dans la portée et à la droite de la clef, des chiffres fractionnaires qui indiquent à l'exécutant :

1° La *forme du temps* pour les mesures à *temps binaires*, et la *forme* du *tiers de temps* pour les mesures à *temps ternaires*; le chiffre inférieur de la fraction ou *dénominateur* indique le *temps* ou le *tiers de temps* adopté.

2° La *quantité des temps* contenus dans chaque mesure; le chiffre supérieur de la fraction ou *numérateur* indique le *nombre des temps* que contiennent les mesures à *temps binaires*, et le *nombre de tiers de temps* que contiennent les mesures à *temps ternaires*.

Chiffres fractionnaires indiquant les mesures à 2, 3, et 4 temps binaires (105).

La ronde prise pour temps.

107. La *ronde* étant considérée comme *l'entier*, doit être représentée par la forme fractionnaire 1/1 (un entier). Conséquemment, si le compositeur veut former dans un morceau de musique des mesures de 2, de 3 ou de 4 entiers ou rondes, il inscrira en tête du morceau (106) les chiffres suivants : 2/1 ou 3/1 ou 4/1, qui signifieront :

le chiffre inférieur, 1, que la forme de chacun des temps est une *ronde* ou son équivalent en notes et en silences;

les chiffres supérieurs, 2, 3 et 4, que la *ronde* ou son équivalent doit figurer 2 *fois* dans chaque mesure si c'est le chiffre 2, et que la mesure devra être à 2 temps; 3 *fois*, si c'est le chiffre 3 et que la mesure devra être à 3 temps; 4 *fois*, si c'est le chiffre 4 et que la mesure devra être à 4 temps. (Ex. D)

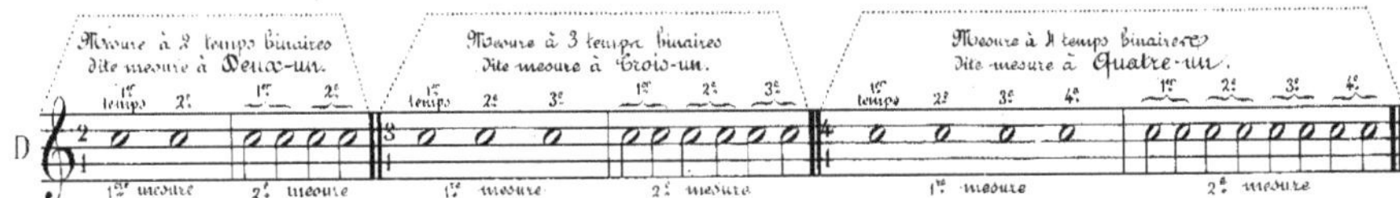

La ronde prise pour temps était en usage autrefois; mais de nos jours, les 3 sortes de mesures qui ont la ronde pour temps sont abandonnées.

La blanche prise pour temps.

108. La *blanche* représentant la *moitié* de durée de l'entier ou de la ronde, est indiquée par la forme fractionnaire 1/2 (une moitié de l'entier). Conséquemment, si le compositeur veut former des mesures de 2, de 3 ou de 4 demi-entiers ou blanches, il inscrira en tête du morceau (106) les chiffres suivants : 2/2 ou 3/2 ou 4/2 qui signifieront :

le chiffre inférieur, 2, que la forme de chacun des temps est une *blanche* ou son équivalent, en notes et en silences;

les chiffres supérieurs, 2, 3 et 4, que *la blanche* ou son équivalent, doit figurer 2 *fois* dans chaque mesure si c'est le chiffre 2, et que la mesure devra être à 2 temps; 3 *fois*, si c'est le chiffre 3, et que la mesure devra être à 3 temps; 4 *fois*, si c'est le chiffre 4, et que la mesure devra être à 4 temps. (Ex. E)

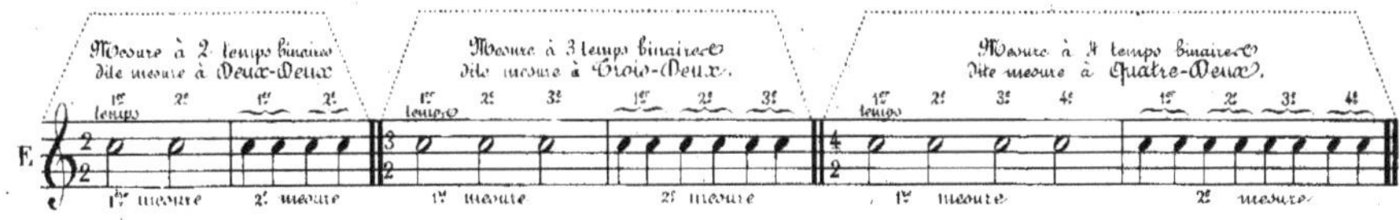

Des trois espèces de mesures qui ont la *blanche* pour temps, une seule, la mesure à 2 temps, est encore en usage; elle doit être indiquée, ainsi que nous l'avons dit, par la fraction 2/2 (deux moitiés ou deux blanches); cependant on l'indique le plus ordinairement par un seul des deux chiffres 2, ou par le signe suivant : ₵

Cette différence d'indication ne doit nullement faire supposer une modification quelconque de la mesure; soit qu'on adopte le 2/2, soit qu'on préfère le 2 ou le ₵, la mesure reste la même, c'est-à-dire à 2 temps, formés chacun d'une blanche ou de son équivalent en notes et en silences.

La noire prise pour temps.

109. La *noire*, représentant le *quart* de durée de l'entier ou de la ronde, est indiquée par la forme fractionnaire 1/4 (un quart de l'entier). Conséquemment, si le compositeur veut former des mesures de 2, de 3 ou de 4 quarts de l'entier ou noires, il inscrira en tête du morceau (106) les chiffres suivants : 2/4 ou 3/4 ou 4/4, qui signifieront :

le chiffre inférieur, 4, que la forme de chacun des temps est une *noire* ou son équivalent, en notes et en silences;

les chiffres supérieurs, 2, 3 et 4, que *la noire* ou son équivalent doit figurer 2 *fois* dans chaque mesure si c'est le chiffe 2, et que la mesure devra être à 2 temps; 3 *fois*, si c'est le chiffre 3, et que la mesure devra être à 3 temps; 4 *fois*, si c'est le chiffre 4, et que la mesure devra être à 4 temps. (Ex. F)

Ex. F.

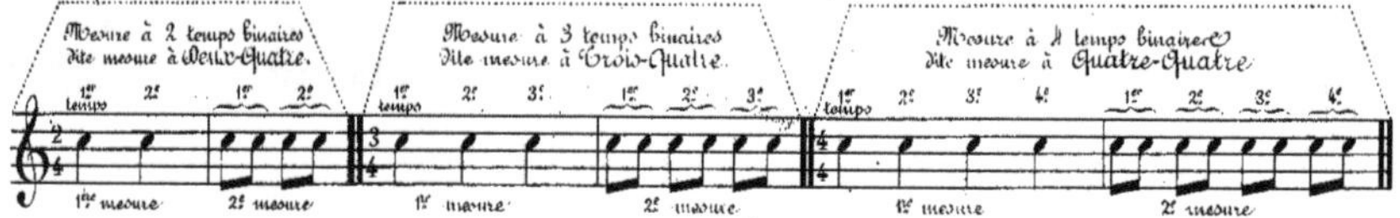

Parmi les différentes espèces de mesures à temps binaires, celles qui ont la *noire* pour temps, sont le plus fréquemment employées.

Il est aussi d'usage d'indiquer la mesure à *trois-quatre* 3/4 ou 3 noires par le chiffre 3 seulement, au lieu de 3/4, sans que cette différence du mode d'indication intéresse en rien la composition de la mesure. Il en est de même pour la mesure à 4/4, qu'on indique par un seul des deux chiffres 4, ou par le signe suivant : C, qui déjà, ainsi que nous l'avons vu plus haut (108), est adopté pour indiquer la mesure à *deux-deux* 2/2 où la blanche est prise pour temps. On remarquera seulement qu'ici le C n'est point coupé en deux par une barre verticale.

La croche prise pour temps.

110. La *croche*, représentant le *huitième* de durée de l'entier ou de la ronde, est indiquée par la forme fractionnaire 1/8 (un huitième de l'entier). Conséquemment, si le compositeur veut former des mesures de 2, de 3 ou de 4 huitièmes de l'entier ou croches, il inscrira en tête du morceau (106) les chiffres suivants : 2/8 ou 3/8 ou 4/8, qui signifieront :

le chiffre inférieur, 8, que la forme de chacun des temps est une *croche* ou son équivalent en notes et en silences;

les chiffres supérieurs, 2, 3 et 4, que *la croche* ou son équivalent doit figurer 2 *fois* dans chaque mesure si c'est le chiffre 2, et que la mesure devra être à 2 temps; 3 *fois*, si c'est le chiffre 3, et que la mesure devra être à 3 temps; 4 *fois*, si c'est le chiffre 4, et que la mesure devra être à 4 temps. (Ex. G)

Ex. G.

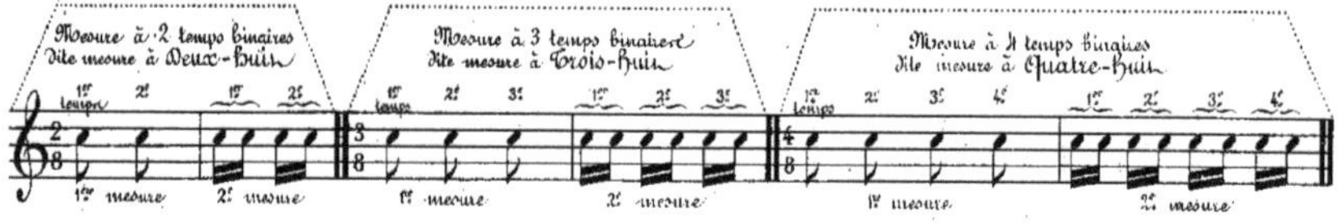

De ces trois espèces de mesures celle à *trois-huit* 3/8 est la seule qui soit encore en usage.

Chiffres fractionnaires indiquant les mesures à 2, 3, et 4 temps ternaires (105).

La ronde pointée prise pour temps.

111. La *ronde pointée* équivaut à *un entier* plus un *demi-entier*, ou à *une ronde* et *une blanche*.

Pour indiquer ces deux notes d'inégale durée, on devrait rigoureusement, pour se conformer au mode d'indication en usage pour les temps binaires (107, 108), désigner la *ronde* par la fraction numérique 1/1, et la *blanche* par la fraction 1/2 Mais l'usage veut qu'on réunisse les deux chiffres fractionnaires en une seule fraction, et qu'on divise ainsi la *ronde pointée* ou *le temps* en 3 *tiers de temps* ou 3 blanches, indiquées par les chiffres 3/2 (3 demi-entiers).

Conséquemment, si le compositeur veut former des mesures de 2 *rondes pointées* ou 6 *tiers de temps*, de 3 *rondes pointées* ou 9 *tiers de temps*, de 4 *rondes pointées* ou 12 *tiers de temps*, il inscrira en tête du morceau (106) les chiffres suivants : 6/2 ou 9/2 ou 12/2, qui signifieront :

le chiffre inférieur, 2, que la forme de chaque tiers de temps est une *blanche* ou son équivalent en notes et en silences;

les chiffres supérieurs, **6**, **9** et **12**, que *la blanche* ou son équivalent doit figurer **6** *fois* dans chaque mesure, si c'est le chiffre 6, et que la mesure devra être à **2** *temps* (3 blanches par temps); 9 *fois*, si c'est le chiffre 9, et que la mesure devra être à **3** *temps* (3 blanches par temps); **12** *fois*, si c'est le chiffre **12**, et que la mesure devra être à **4** *temps* (3 blanches par temps). (Ex. H)

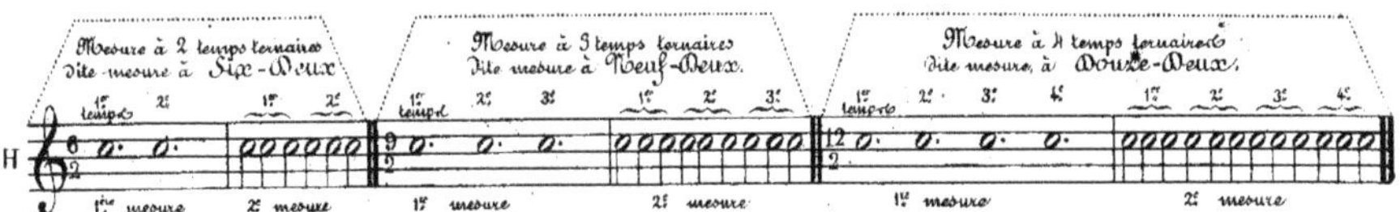

La ronde pointée prise pour temps était en usage autrefois, mais de nos jours, ces **3** sortes de mesures sont abandonnées.

La blanche pointée prise pour temps.

112. La *blanche pointée* équivaut à *un demi-entier* plus *un quart,* ou à *une blanche* et *une noire.*

Pour indiquer ces deux notes d'inégale durée, on devrait rigoureusement, pour se conformer au mode d'indication en usage pour les temps binaires (**108**, **109**), désigner la *blanche* par la fraction numérique $\frac{1}{2}$, et la *noire* par la fraction $\frac{1}{4}$ Mais l'usage veut qu'on réunisse les deux chiffres fractionnaires en une seule fraction et qu'on divise ainsi la *blanche pointée* ou *le temps* en **3** *tiers de temps* ou 3 noires, indiquées par les chiffres $\frac{3}{4}$ (3 quarts d'entier).

Conséquemment, si le compositeur veut former des mesures de **2** *blanches pointées* ou **6** *tiers de temps*, de **3** *blanches pointées* ou 9 *tiers de temps*, de 4 *blanches pointées* ou 12 *tiers de temps*, il inscrira en tête du morceau (106) les chiffres suivants : $\frac{6}{4}$ ou $\frac{9}{4}$ ou $\frac{12}{4}$, qui signifieront :

le chiffre inférieur, **4**, que la forme de chaque tiers de temps est *une noire* ou son équivalent en notes et en silences;

les chiffres supérieurs, 6, 9 et **12**, que *la noire* ou son équivalent doit figurer 6 *fois* dans chaque mesure, si c'est le chiffre 6, et que la mesure devra être à **2** *temps* (3 noires par temps); 9 *fois*, si c'est le chiffre **9**, et que la mesure devra être à **3** *temps* (3 noires par temps); **12** *fois*, si c'est le chiffre **12**, et que la mesure devra être à **4** *temps* (3 noires par temps). (Ex. I)

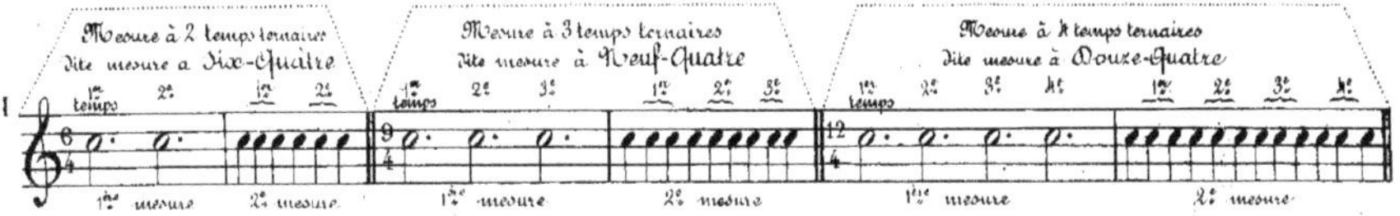

Parmi les mesures à temps ternaires qui ont la blanche pointée ou son équivalent pour temps, il n'y a plus que celle à **2** temps ou $\frac{6}{4}$, qui soit encore en usage, et encore est-elle rarement employée.

La noire pointée prise pour temps.

113. La *noire pointée* équivaut à *un quart d'entier* plus un *demi-quart* ou un *huitième*, c'est-à-dire à *une noire* et *une croche.*

Pour indiquer ces deux notes d'inégale durée, on devrait rigoureusement, pour se conformer au mode d'indication en usage pour les temps binaires (109, 110), désigner la *noire* par la fraction numérique $\frac{1}{4}$, et *la croche* par la fraction $\frac{1}{8}$ Mais l'usage veut qu'on réunisse les deux chiffres fractionnaires en une seule fraction et qu'on divise ainsi la *noire pointée* ou *le temps* en **3** *tiers de temps* ou **3** croches, indiquées par les chiffres $\frac{3}{8}$ (**3** huitièmes de l'entier).

Conséquemment, si le compositeur veut former des mesures de **2** *noires pointées* ou **6** *tiers de temps*, de **3** *noires pointées* ou **9** *tiers de temps*, de 4 *noires pointées* ou **12** *tiers de temps*, il inscrira en tête du morceau (106) les chiffres suivants : $\frac{6}{8}$ ou $\frac{9}{8}$ ou $\frac{12}{8}$, qui signifieront :

le chiffre inférieur, 8, que la forme de chaque tiers de temps est *une croche* ou son équivalent en notes et en silences;

les chiffres supérieurs, 6, 9 et **12**, que *la croche* ou son équivalent doit figurer 6 *fois* dans chaque mesure, si c'est le chiffre 6, et que la mesure devra être à **2** *temps* (3 croches par temps); 9 *fois*, si c'est le chiffre **9**, et que la mesure devra être à 3 *temps* (3 croches par temps); **12** *fois*, si c'est le chiffre 12, et que la mesure devra être à **4** *temps* (**3** croches par temps). (Ex. J.)

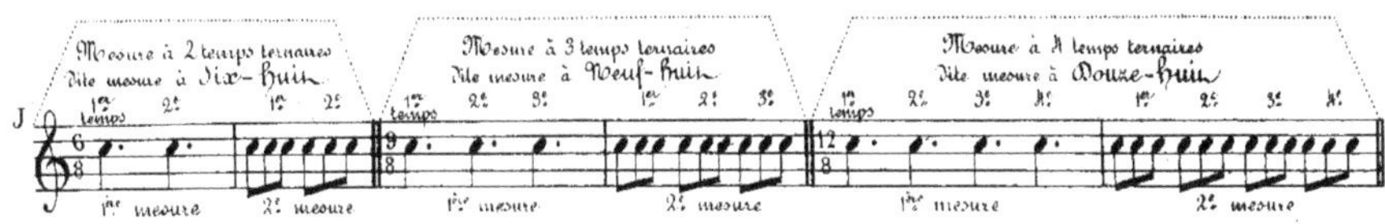

De toutes les mesures à temps ternaires, ce sont celles qui ont la *noire pointée* ou son équivalent pour temps qui sont le plus fréquemment employées.

La croche pointée prise pour temps.

114. La *croche pointée* équivaut à un ***huitième d'entier*** plus un ***demi-huitième*** ou un ***seizième***, c'est-à-dire à une *croche* et *une double croche*.

Pour indiquer ces deux notes d'inégale durée, on devrait rigoureusement, pour se conformer au mode d'indication en usage pour les temps binaires (110), désigner la *croche* par la fraction numérique 1/8 , et la *double croche* par la fraction 1/16 . Mais l'usage veut qu'on réunisse les deux chiffres fractionnaires en une seule fraction, et qu'on divise la *croche pointée* ou *le temps* en 3 *tiers de temps* ou 3 *doubles croches*, indiquées par les chiffres 3/16 (3 seizièmes de l'entier).

Conséquemment, si le compositeur veut former des mesures de **2** *croches pointées* ou **6** *tiers de temps*, de **3** *croches pointées* ou **9** *tiers de temps*, de **4** *croches pointées* ou **12** *tiers de temps*, il inscrira en tête du morceau (106) les chiffres suivants : 6/16 ou 9/16 ou 12/16 , qui signifieront :

le chiffre inférieur, **16**, que la forme de chaque tiers de temps est une *double croche* ou son équivalent en notes et en silences;

les chiffres supérieurs, **6**, **9** et **12**, que la *double croche* ou son équivalent doit figurer 6 *fois* dans chaque mesure, si c'est le chiffre **6**, et que la mesure devra être à **2** *temps* (3 doubles croches par temps); 9 *fois*, si c'est le chiffre **9**, et que la mesure devra être à 3 *temps* (3 doubles croches par temps); **12** *fois*, si c'est le chiffre **12**, et que la mesure devra être à 4 *temps* (3 doubles croches par temps). **(Ex. K)**

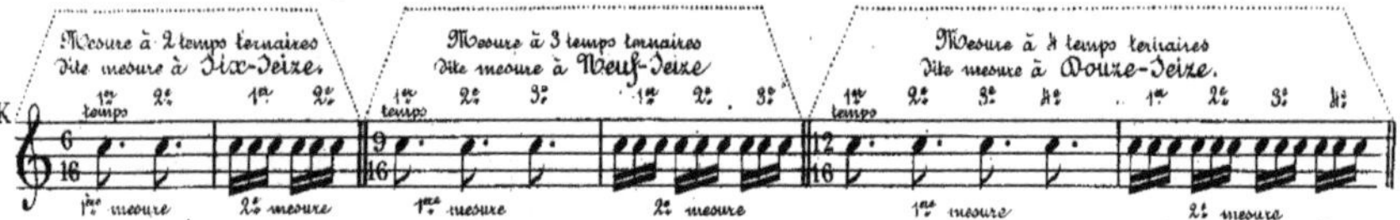

Parmi ces trois espèces de mesures à temps ternaires, celle à ***neuf-seize*** 9/16 est seule restée en usage, et encore l'emploie-t-on rarement.

Résumé de toutes les mesures précédentes ainsi que de la signification des chiffres fractionnaires placés en tête d'un morceau de musique.

115. Dans les deux tableaux suivants,

1° Le chiffre inférieur indique :

Dans le **1er** tableau, *la forme du temps*; le 1 signifie que le temps doit être *la ronde*; le **2**, que le temps doit être *la blanche*; le 4, que le temps doit être *la noire*; le 8, que le temps doit être *la croche*.

Dans le **2e** tableau, *la forme du tiers de temps*; le **2** signifie que le tiers de temps doit être *la blanche*; le **4**, que le tiers de temps doit être *la noire*; le 8, que le tiers de temps doit être *la croche*; le 16, que le tiers de temps doit être *la double croche*.

2° Le chiffre supérieur indique :

Dans le **1er** tableau, *la quantité de temps* que doit renfermer chaque mesure.

Dans le **2me** tableau, la *quantité de tiers de temps* que doit renfermer chaque mesure. **Il** est utile de remarquer pour ce dernier tableau, que toujours 3 *tiers de temps* étant nécessaires pour faire un temps, il faudra **6** *tiers de temps* pour former des mesures à **2** *temps*, 9 *tiers de temps* pour former des mesures à 3 *temps*, et **12** *tiers de temps* pour former des mesures à **4** *temps*. Conséquemment, le chiffre 6 indique toujours une mesure à **2** *temps ternaires*, le chiffre 9 une mesure à 3 *temps ternaires*, et le chiffre 12 une mesure à 4 *temps ternaires*.

1er Tableau. Mesures à Temps binaires (105).

	à 2 temps.	à 3 temps.	à 4 temps.
1° La Ronde prise pour temps (107.)	2/1 — 1er temps, 2e — inusitée	3/1 — 1er temps, 2e, 3e — inusitée	4/1 — 1er temps, 2e, 3e, 4e — inusitée
2° La Blanche prise pour temps (108.)	2/2 ou 2 ou ¢ — 1er temps, 2e — en usage	3/2 — 1er temps, 2e, 3e — inusitée	4/2 — 1er temps, 2e, 3e, 4e — inusitée
3° La Noire prise pour temps (109.)	2/4 — 1er temps, 2e — en usage	3/4 ou 3 — 1er temps, 2e, 3e — en usage	4/4 ou 4 ou C — 1er temps, 2e, 3e, 4e — en usage
4° La Croche prise pour temps (110.)	2/8 — 1er temps, 2e — inusitée	3/8 — 1er temps, 2e, 3e — en usage	4/8 — 1er temps, 2e, 3e, 4e — inusitée

2e Tableau. Mesures à Temps ternaires (105).

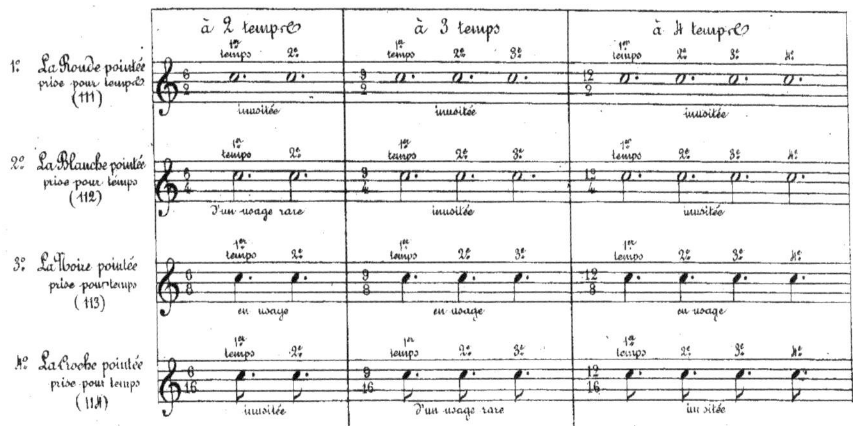

On voit que parmi les **24** espèces de mesures, dont **12** à temps binaires et **12** à temps ternaires, **10** seulement sont encore en usage, 5 pour les mesures à temps binaires, et 5 pour les mesures à temps ternaires ; et encore parmi ces 5 dernières espèces pourrait-on retrancher 6/4 et 9/16, dont l'emploi est extrêmement rare; en sorte qu'à la rigueur on peut borner à 8 espèces le nombre des mesures en usage.

Temps forts. — Temps faibles.

116. Nous avons dit (**101**) que dans l'exécution, au commencement de chaque mesure, l'oreille distingue un son d'une plus grande force; ce premier temps, sensible dans chacune des trois espèces de mesures, prend le nom de *temps fort*. Les autres temps, moins intenses et moins appréciables, sont appelés temps faibles. Toutefois, dans la mesure à 4 temps binaires ou ternaires (105), le troisième temps est reconnu lui aussi, temps fort, quoi qu'il soit moins intense que le premier. Ce premier temps pourra être appelé *très-fort*, afin de le distinguer particulièrement et pour permettre de bien apprécier le retour d'une nouvelle mesure. (Ex. L et M)

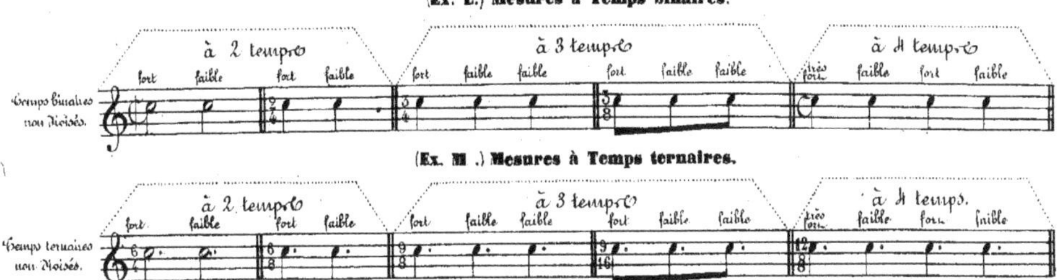

Partie forte et partie faible dans la division des temps binaires et ternaires.

117. On remarque dans la division des temps les mêmes différences d'intensité que dans la division des mesures cidessus (116). Ainsi les temps binaires étant divisés en deux parties égales présentent une *partie forte* (la première), et une *partie faible* (la seconde). Il en est de même des temps ternaires, avec cette différence que ceux-ci étant divisés en trois parties égales présentent *deux parties faibles* contre *une partie forte*, qui est la première. De la sorte chaque temps commence par un son fort, mais aucun ne devra égaler en force ou intensité le *premier temps* qu'on pourra appeler *très-fort*, afin de le distinguer des autres, et pour que l'oreille puisse apprécier le retour d'une nouvelle mesure. (Ex .N et O)

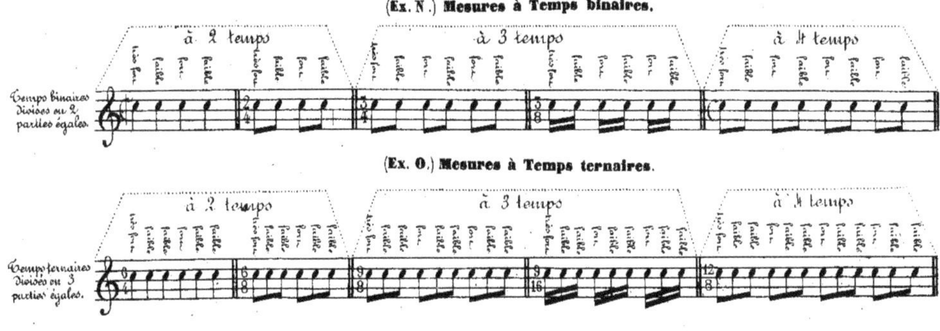

Partie forte et partie faible dans la subdivision et sous-subdivision des temps binaires et ternaires.

118. La même différence d'intensité des sons existe encore dans la subdivision et sous-subdivision des temps binaires et ternaires. Par suite, et aussi loin qu'on pousse le fractionnement, il y aura toujours entre les deux notes de durée égale un son fort suivi d'un son faible. (Ex. P et Q)

Dans les exemples suivants : tf signifie très-fort; f signifie fort; l'absence d'un signe au-dessus des notes signifie faible.

(Ex. P.) Mesures à Temps binaires.

Temps binaires subdivisés en 4 parties égales — à 2 temps — à 3 temps — à 4 temps

(Ex. Q.) Mesures à Temps ternaires.

Temps ternaires subdivisés en 6 parties égales — à 2 temps — à 3 temps — à 4 temps

Résumé de l'accentuation des sons des temps non divisés, divisés, subdivisés et sous-subdivisés.

119. Dans toute espèce de mesures à temps binaires ou à temps ternaires (105), le *premier temps* est *fort* et les autres *faibles*. Il n'y a d'exception que pour la mesure à 4 temps où le troisième est, lui aussi, temps fort (116).

Tout temps binaire, quelle que soit sa forme (105) et quelle que soit la mesure à laquelle il appartienne, se *divise en* 2, se *subdivise en* 4 et se *sous-subdivise en* 8 *parties égales*. Dans ces divisions, subdivisions et sous-subdivisions, les chiffres *impairs* expriment toujours un *son fort*, et les chiffres *pairs* un *son faible*. (Voir ces chiffres au-dessus des notes de l'exemple B, page 34).

Tout temps ternaire, quelle que soit sa forme (105) et quelle que soit la mesure à laquelle il appartienne, se *divise en* 3, se *subdivise en* 6 et se *sous-subdivise en* 12 *parties égales*. Dans les subdivisions et sous-subdivisions, les chiffres *impairs* expriment toujours un *son fort*, et les chiffres *pairs* un *son faible*. Il n'y a que quand le temps est seulement *divisé en* 3 *parties égales*, que la première est forte et les deux autres faibles. (Voir les chiffres au-dessus des notes de l'exemple C, page 35).

Fort et faible dans les temps binaires et ternaires, composés de notes de forme différente.

120. Les temps ne sont pas toujours formés de notes d'égale valeur ou d'égale durée, et il arrive fréquemment qu'un seul temps contient autant de figures différentes que de notes. Ainsi une note peut être *divisée*, d'autres *subdivisées*, d'autres encore *sous-subdivisées*.

Pour reconnaître les sons forts et les sons faibles entre ces notes de figures différentes et par conséquent d'inégale durée, il suffira de prendre parmi les notes dont se compose le temps, celle qui a la *moindre valeur*; puis l'on comptera combien il faut de notes de cette valeur pour équivaloir au temps binaire ou ternaire, selon que le temps est binaire ou ternaire : les chiffres *impairs* exprimeront alors les *sons forts*, et les chiffres *pairs* les *sons faibles*.

Ainsi dans les exemples R, S, T, U et V, ci-après, la note qui a la moindre valeur, ou la plus petite fraction du temps est la double-croche, et il en faut 4 pour équivaloir au temps, c'est-à-dire à la noire. Dans les exemples X, Y, Z, AA, BB, et CC, la plus petite fraction du temps est la triple-croche, et il en faut 8 pour équivaloir à la noire ou au temps.

Dans les exemples DD, EE, , FF, GG, HH, II, JJ, et KK, la plus petite fraction du temps est la double-croche, et il en faut 6 pour équivaloir à la noire pointée qui constitue le temps. Dans les exemples LL, MM, NN et OO, la plus petite fraction du temps est la triple-croche, et il en faut 12 pour équivaloir à la noire pointée. Dans tous ces exemples, sans exception, les chiffres *impairs* 1, 3, 5, 7, 9 et 11 expriment des sons forts, et les chiffres *pairs* 2, 4, 6, 8, 10 et 12 les sons faibles.

On remarquera que nous avons écrit chacun des exemples en 2 notations différentes. La première qui est l'abrégé de la seconde est préférable; la seconde, où les sons sont prolongés au moyen de la liaison (90), permettra de mieux comprendre la démonstration.

Temps binaires (La noire prise pour temps 109)

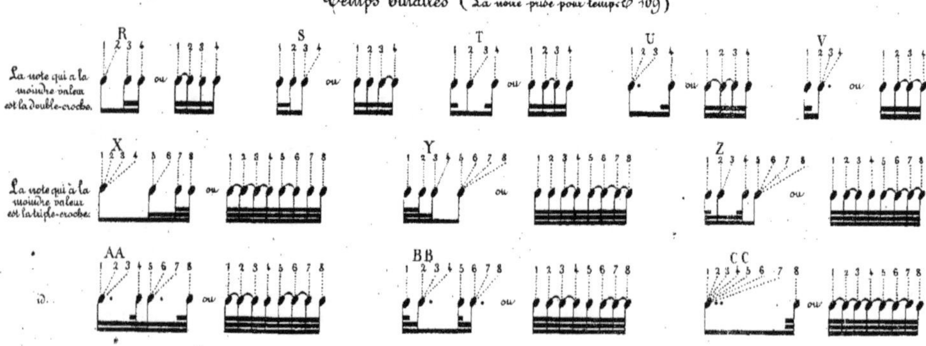

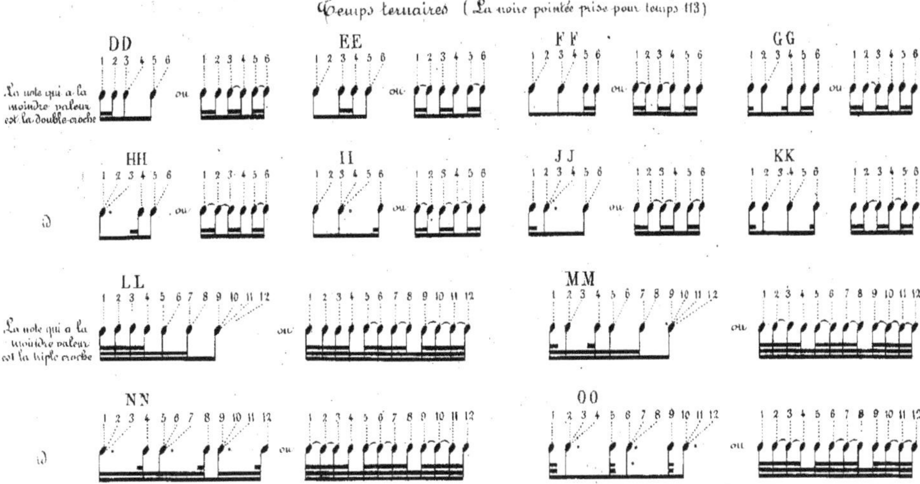

Syncope.

121. Dans les exemples ci-dessus, nous voyons les sons tantôt articulés sur des parties fortes et se prolongeant sur des parties faibles du temps, tantôt sur des parties faibles et se prolongeant sur des parties fortes ; ou en d'autres termes, les sons commençant tantôt sur des chiffres *impairs* et se prolongeant sur des chiffres *pairs*, tantôt sur des chiffres *pairs* et se prolongeant sur des chiffres *impairs*. Dans ce dernier cas, la musique prend un caractère étrange, et l'oreille, privée du son fort, qui n'est plus à sa place ordinaire, éprouve une certaine contrariété.

Cette disposition en sens inverse qui coupe et heurte pour ainsi dire l'accentuation et l'articulation des sons, a été désignée par le nom de *syncope*.

Il y a syncope, lorsqu'un son articulé sur un temps faible ou sur la partie faible d'un temps (chiffres pairs), se prolonge sur un temps fort ou sur la partie forte (chiffres impairs) du temps suivant.

Les exemples T, V, Z, BB, GG, JJ, KK, MM, OO, qui précèdent renferment des syncopes. Dans les exemples T, V, Z, GG, JJ, MM, la syncope a lieu du chiffre pair 2 au chiffre impair 3. Les exemples BB et KK ont chacun deux syncopes : dans BB, c'est du chiffre 2 au chiffre 3 et du chiffre 6 au chiffre 7 ; dans KK, c'est du chiffre 2 au chiffre 3 et du chiffre 4 au chiffre 5. L'exemple OO a 3 syncopes, de 2 à 3, de 6 à 7 et de 10 à 11.

En un mot, on peut faire des syncopes autant de fois qu'il y a un chiffre pair suivi d'un chiffre impair ; on n'a qu'à réunir les deux notes et en faire une seule émission de son.

Syncopes de temps, de division de temps, de subdivision de temps et de sous-subdivision de temps.

122. On peut faire aussi des syncopes dans une mesure à 3 ou à 4 temps, ou d'une mesure quelconque à une mesure suivante, sans que les temps soient divisés (ex. PP) ; on les appelle syncopes de temps. On peut en faire en outre dans toute espèce de mesure avec les divisions des temps (ex. QQ) ; on les appelle syncopes de division de temps.

Quant aux syncopes qui se font sur les subdivisions ou sous-subdivisions d'un temps et qui peuvent parfois devenir d'une exécution extrêmement difficile, en raison de la vitesse que comportent les valeurs dont elles sont composées, nous en avons donné des exemples dans le paragraphe précédent. Les exemples T, V, GG, JJ, KK, renferment des syncopes de subdivisions de temps, et les exemples Z, BB, MM, OO, renferment des syncopes de sous-subdivisions de temps.

Dans une mesure à 3 temps, lorsque les deux derniers temps qui sont toujours faibles sont réunis en une seule émission de son, il y a aussi syncope. De même il y a syncope dans la division d'un temps ternaire, lorsque les 2 sons faibles (117) sont réunis en une seule émission de son.

Ainsi dans toute espèce de mesures ci-après, lorsque les notes qui portent les chiffres 1 et 3 (chiffres impairs) ne sont pas articulés, il y a syncope.

De même que les exemples précédents, nous avons écrit la plupart des exemples suivants en 2 notations différentes. La première, qui est l'abrégé de la seconde, est préférable ; la seconde, où les sons sont prolongés au moyen de la liaison (90), permettra de mieux comprendre la démonstration.

PP. Syncopes de temps

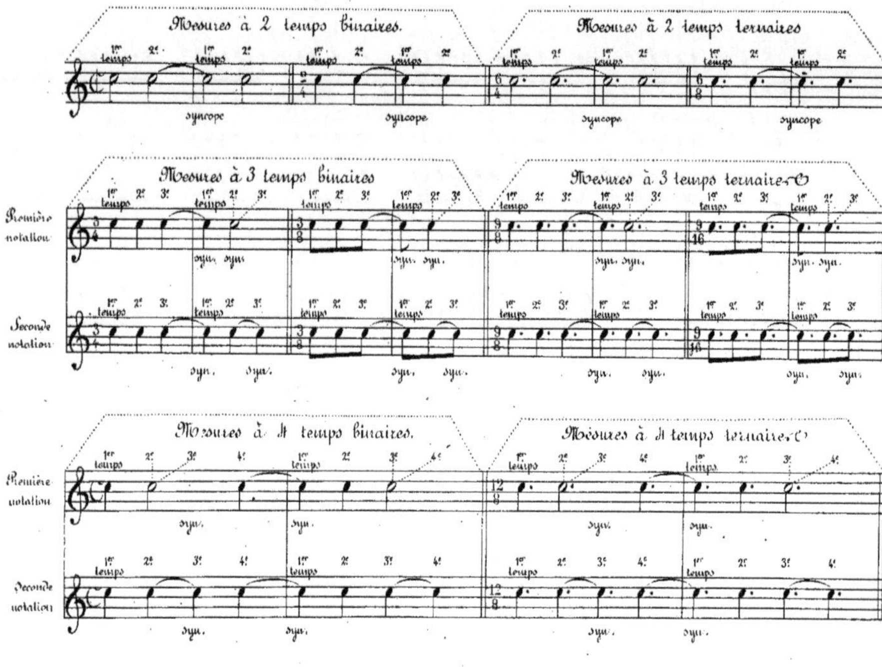

QQ. Syncopes de division de temps.

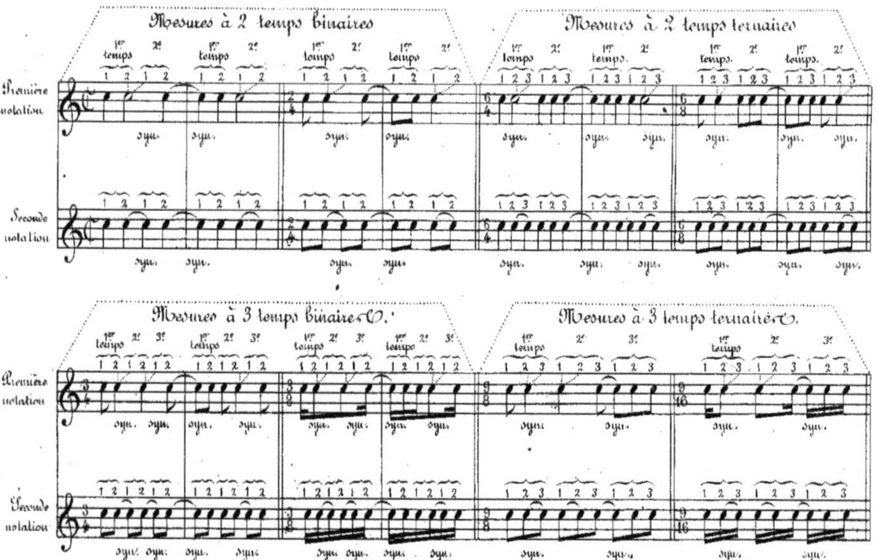

Il est bien entendu que quand la liaison embrasse deux ou plusieurs notes de hauteur différente, cette ligne courbe n'a plus du tout la même signification; et il n'y a ni prolongation, ni syncope, mais un coulé (98).

Contre-temps.

123. Au paragraphe **121** nous avons dit qu'il y a syncope, lorsqu'un son articulé sur un temps faible ou sur la partie faible du temps (chiffres pairs) se prolonge sur le temps fort ou sur la partie forte (chiffres impairs) du temps suivant.

Il importe de distinguer le contre-temps de la syncope avec laquelle il a de l'analogie par la similitude de l'effet; le contre-temps a lieu chaque fois qu'au son articulé sur le temps faible ou sur la partie faible du temps succède un silence égal à la durée de ce même temps. De la sorte, en effet, et par rapport à la mesure, le chant semble procéder à contre-temps.

Cette démonstration faite, il nous sera facile de créer des contre-temps; nous n'aurons qu'à articuler les sons écrits sous les chiffres pairs (faibles) et à remplacer les sons sous les chiffres impairs (forts) par des silences. (ex. RR).

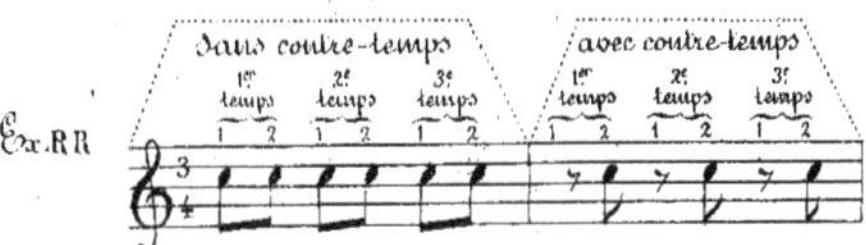

Triolet. — Sixtolet ou sixain.

124. Il arrive très-fréquemment qu'on transporte des *temps ternaires* dans les mesures à temps binaires; mais on ne doit en aucun cas transporter des temps binaires dans les mesures des temps ternaires.

Cette introduction momentanée de temps ternaire dans les mesures à temps binaires, est désignée par le nom de *triolet*, lorsque le temps ternaire est seulement divisé et ne compte par conséquent que 3 notes, et par le nom de *sixtolet* ou *sixain* lorsque le temps ternaire est subdivisé et compte 6 notes. Ainsi :

Lorsque le temps binaire dans une mesure quelconque est formé par la *blanche* ou son équivalent en notes et en silences, nous pouvons remplacer ce temps binaire par un temps ternaire formé par une *blanche pointée* ou son équivalent en notes et en silences. (Ex. SS)

Lorsque le temps binaire dans une mesure quelconque est formé par la *noire* ou par son équivalent en notes et en silences, nous pouvons remplacer ce temps binaire par un temps ternaire formé par la *noire pointée* ou son équivalent en notes en silences. (Ex. TT)

Lorsque le temps binaire dans une mesure quelconque est formé par la *croche* ou son équivalent en notes et en silences, nous pouvons remplacer ce temps binaire par un temps ternaire formé par la *croche pointée* ou son équivalent en notes et en silences. (Ex. UU)

Un temps ternaire transporté ainsi dans une mesure à temps binaires, doit être exécuté dans le même espace de temps que le temps binaire auquel il vient s'associer momentanément; autrement dit, ces temps mêlés doivent s'exécuter, les uns comme les autres, avec une égale vitesse.

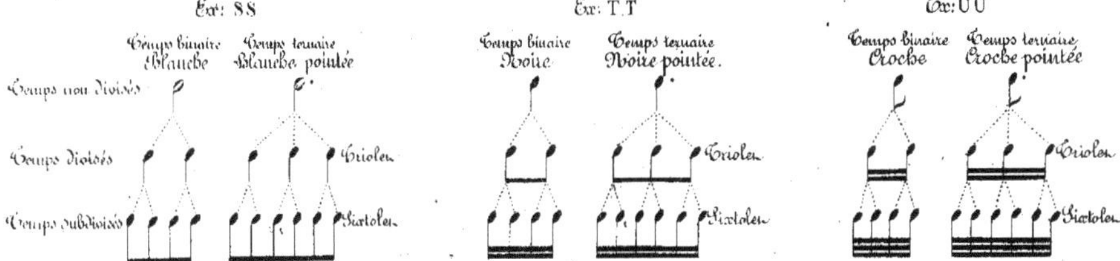

Signe d'avertissement du triolet et du sixain.

125. Pour avertir l'exécutant de cette substitution et prévenir toute hésitation de sa part, le compositeur écrit au-dessus ou au dessous des têtes de notes composant le triolet, le chiffre 3. De même le sixain est accompagné du chiffre 6. Le plus ordinairement le chiffre lui-même est accompagné d'un petit arc de cercle, semblable à la liaison (90), mais qui, dans ce cas, n'indique ni la prolongation du son, ni le coulé (98) à opérer entre deux sons différents.

Cependant, lorsque cette substitution est répétée plusieurs fois successivement, il arrive que les compositeurs n'écrivent le chiffre d'avertissement que sur le premier ou sur les premiers triolets; ainsi au lieu de , ils se bornent à indiquer , laissant à l'intelligence de l'exécutant le soin de distinguer les triolets non chiffrés par leur configuration. Quelquefois même, cette indication est entièrement omise, mais cette omission étant de nature à gêner l'exécutant peu aguerri aux difficultés de la lecture musicale, il vaut mieux l'avertir en ne négligeant pas la pose du chiffre indicateur.

Les mêmes observations que nous venons de faire à propos du triolet sont applicables au sixain.

Donnons quelques exemples de cette association de temps ternaires aux temps binaires.

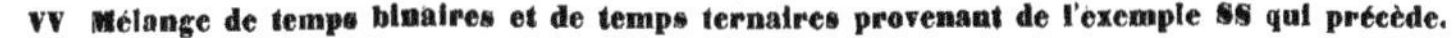

VV Mélange de temps binaires et de temps ternaires provenant de l'exemple SS qui précède.

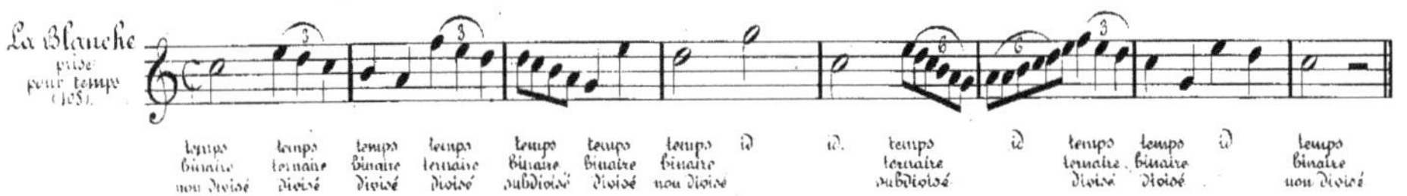

WW. Mélange de temps binaires et de temps ternaires provenant de l'exemple TT qui précède.

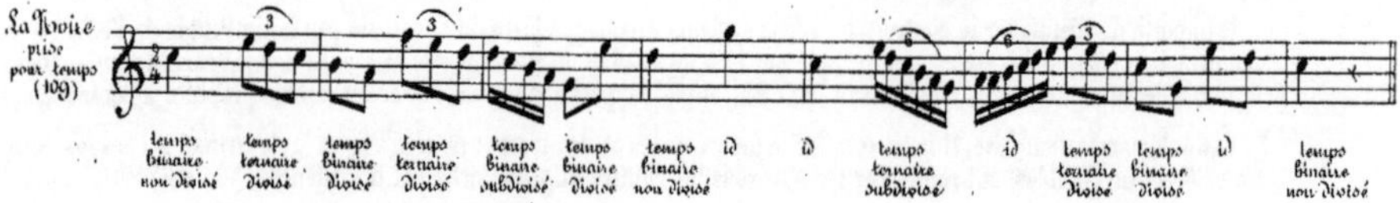

XX. Mélange de temps binaires et de temps ternaires provenant de l'exemple UU qui précède.

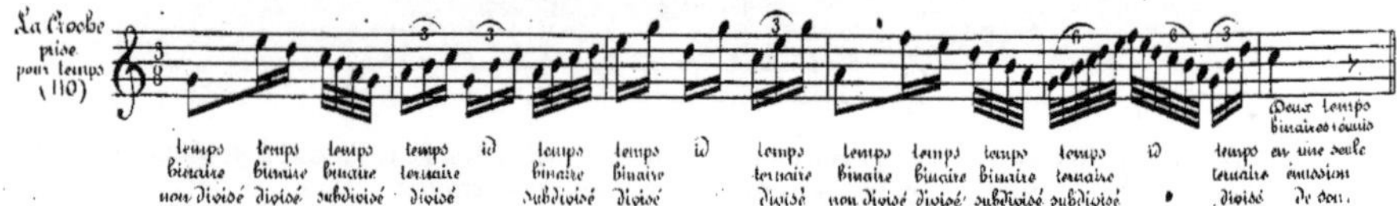

Règle générale concernant l'emploi des triolets et des sixains.

126. Ainsi qu'on vient de le voir dans les exemples ci-dessus, les temps ternaires peuvent figurer dans une mesure à temps binaires (124). Dans les mesures à temps binaires, on peut remplacer un groupe de deux figures de notes de même valeur, ou leur équivalent par un groupe de 3 figures identiques à celles du groupe qu'on veut remplacer. Les 3 figures peuvent être représentées, ainsi que nous l'avons dit (124), par leur équivalent en notes et en silences.

Par exemple : deux croches ou une noire peuvent être remplacées par 3 croches ou par ou ou ou ou ou ou etc., enfin par un temps ternaire quelconque équivalent à la noire pointée.

De même deux doubles-croches ou peuvent être remplacées par 3 doubles-croches ou ou ou ou ou etc., enfin par un temps ternaire quelconque équivalent à la croche pointée.

Le groupe de 4 figures de notes de même forme ou l'équivalent de ces 4 notes, peut être remplacé par un groupe de 6 figures de notes de même forme ou par l'équivalent de ces 6 figures de notes. Ainsi 4 doubles-croches ou ou ou ou ou etc., peuvent être remplacées par ou ou ou ou etc.

Groupe irrégulier de 5, 7, 9, 10, 11, 13, etc. notes.

127. On rencontre aussi quelquefois des groupes inégaux de 5, de 7, de 9, 10, 11, 13, etc., notes qui doivent avoir la durée d'un temps.

Ainsi on peut trouver dans un temps où régulièrement il ne faudrait que , et où il ne faudrait que , et ainsi de suite des autres groupes. Dans ce cas, on doit partager les notes formant chaque groupe aussi régulièrement que possible, et de telle sorte que l'exécution d'un semblable groupe puisse s'opérer dans le même espace de temps que s'il était régulier.

Durée absolue du temps.

128. La durée du temps est subordonnée à la volonté du compositeur, lequel, au moyen d'un instrument mécanique d'invention récente, peut indiquer de la manière la plus exacte la durée du temps, autrement dit, le degré de lenteur ou de vitesse qu'il lui a plu de donner à la succession des temps. En ce cas seulement, et pour le morceau qui indique ce temps, il devient absolu, jusqu'à ce qu'il plaise au compositeur de le changer.

Mouvement.

129. Le degré de lenteur ou de vitesse de la succession des temps, dans chaque mesure, prend le nom de *mouvement*. On indique le mouvement de deux manières : au moyen d'un instrument mécanique dont nous allons parler, et au moyen de mots italiens dont nous donnerons la signification tout à l'heure. Ces deux modes d'indication sont employés simultanément dans la plupart des morceaux de musique moderne.

Métronome indiquant d'une manière précise la durée du temps.

130. Le métronome est un instrument d'horlogerie inventé en 1815 par le mécanicien Maelzel, et perfectionné depuis par Wagner neveu, de Paris. Il a la forme d'une pyramide à base quadrangulaire, et il présente sur l'une de ses faces une échelle numérotée depuis le chiffre 40, qui occupe le sommet, jusqu'au chiffre 208, le plus bas de l'échelle. Devant cette échelle de chiffres, un balancier muni d'un contre-poids mobile, appelé le *curseur*, donne depuis 40 jusqu'à 208 oscillations ou battements par minute, selon le degré de hauteur du curseur. Chacun de ces battements, très-perceptibles à l'oreille, indique un temps quel qu'il soit, qu'il soit formé par la blanche (108), par la noire (109), ou par la croche (110) pour les temps binaires, ou par la blanche pointée (112), par la noire pointée (113, ou par la croche pointée (114) pour les temps ternaires.

Supposons que le compositeur veuille qu'on exécute 60 temps dans l'espace d'une minute, soit un temps par seconde : il indiquera en tête du morceau de musique le chiffre 60; l'exécutant devra alors glisser le curseur du balancier devant le chiffre 60, et il obtiendra le mouvement voulu. — Supposons que le compositeur veuille qu'on exécute 120 temps par minute, soit un temps par demi-seconde : il indiquera ce chiffre en tête du morceau, et l'exécutant devra procéder de la même manière que pour le chiffre précédent.

Dans les morceaux d'un mouvement lent, et lorsque le compositeur veut qu'on exécute seulement une fraction de temps par oscillation, soit la moitié d'un temps binaire ou le tiers d'un temps ternaire, il l'indique en plaçant devant le chiffre indicateur la figure de note dont la durée doit correspondre à chaque oscillation. Le compositeur procède de la même manière pour les mouvements rapides, et lors même que toute mesure doit être exécutée dans l'intervalle d'une oscillation à une autre.

La figure de note et le chiffre indicateur sont ordinairement précédés de la lettre M ou des lettres *M. M.* qui signifient métronome Maelzel.

M. M. 𝅗𝅥 = 60 signifie qu'il faut 60 blanches et 60 oscillations par minute.
M. M. ♩ = 60 signifie qu'il faut 60 noires et 60 oscillations par minute.
M. M. ♪ = 100 signifie qu'il faut 100 croches et 100 oscillations par minute.
M. M. 𝅗𝅥· = 50 signifie qu'il faut 50 blanches pointées et 50 oscillations par minute.
M. M. ♩· = 96 signifie qu'il faut 96 noires pointées et 96 oscillations par minute.
M. M. ♪· = 200 signifie qu'il faut 200 croches pointées et 200 oscillations par minute.

Il en sera de même pour un chiffre quelconque de l'échelle.

Mots italiens indiquant d'une manière moins précise que le métronome la durée du temps.

131. Avant l'invention du métronome, les compositeurs n'avaient d'autres ressources, pour indiquer le mouvement, que les mots italiens, nécessaires sans doute, mais qui n'indiquent rien de précis. En présence de ces vagues indications, il était presque impossible que l'exécutant parvînt à se conformer à la volonté de l'auteur. Le métronome (130) est venu combler cette lacune, à la double satisfaction du compositeur et de son interprète.

Cependant, comme un morceau de musique ne peut être soumis du commencement jusqu'à la fin à la rigueur uniforme des battements du métronome, et que la bonne interprétation musicale exige que le mouvement soit tantôt graduellement pressé, tantôt ralenti, l'usage des mots italiens, indiquant les diverses modifications du mouvement, a dû être conservé.

On compte 5 principales modifications, lesquelles, dans l'ordre du *lent* au *vite*, s'expriment par les mots *largo, adagio, andante, allegro, presto.*

Ces mouvements principaux se subdivisent en mouvements intermédiaires. Nous intercalerons ces derniers dans la 1re colonne du tableau suivant, entre les mouvements principaux, et pour qu'on ne puisse faire confusion, nous écrirons ceux-ci en gros caractères, et les autres, les mouvements intermédiaires, en plus petits caractères.

Dans cette succession de mouvements du *lent* au *vif*, et dans le passage de l'un à l'autre, on devra observer autant que possible les gradations qu'expriment les mots italiens.

La seconde colonne porte la traduction des mots italiens; la 3me colonne fait connaître un terme moyen des chiffres entre les chiffres marqués par différents compositeurs pour chacun des 5 mouvements principaux. La dernière colonne porte l'indication de la durée approximative de chaque oscillation ou de chaque temps.

MOTS ITALIENS INDIQUANT LE MOUVEMENT.	SIGNIFICATION DES MOTS.	INDICATION APPROXIMATIVE DU NOMBRE D'OSCILLATIONS PAR MINUTE.	DURÉE APPROXIMATIVE DE CHAQUE OSCILLATION.
LARGO	Large. Très-lent	*M.M.* = 44 par minute	une seconde et demie par temps.
Larghetto	Un peu moins lent que largo		
Lento	Lent		
Grave	Grave, lourd		
ADAGIO	Lentement, posément	*M.M.* = 60 par minute	une seconde par temps
Andantino (a)	Un peu plus lent qu'andante		
ANDANTE	Modéré. Mouvement gracieux.	*M.M.* = 84 par minute	3/4 de seconde par temps
Moderato	Modéré, moins lent qu'andante.		
Allegretto ou all[to]	Moins vif qu'allegro		
ALLEGRO ou all[o]	Gai, vif	*M.M.* = 120 par minute	1/2 seconde par temps
Vivace	Vivement		
PRESTO	Vif, animé, rapide	*M.M.* = 176 par minute	1/3 de seconde par temps
Vivacissimo	Très-vif		
Prestissimo	Le plus vif possible		

(a) On n'est pas d'accord sur la signification précise du mot *andantino*; les uns regardent ce mouvement comme un peu plus lent, les autres comme un peu plus vif que celui d'*andante*.

On a adopté en outre d'autres mots, plus ou moins usités, dont quelques-uns sont ajoutés adjectivement ou substantivement, etc., à ceux contenus dans le tableau ci-dessus; d'autres encore expriment des qualités que le métronome ne saurait indiquer. Nous disposons ces mots par ordre alphabétique.

Accelerando	en accélérant.
Ad libitum (*latin*)	à volonté, en ralentissant un passage.
Affettuoso	affectueux.
Agitato	agité.
Alla marcia	mouvement de marche.
Alla polacca	répond à peu près à l'allegro.
Alla stretta	presser le mouvement.
Allegramente	gaiement.
Allentando	en ralentissant.
Amoroso	très-gracieux, un peu lent.
A piacere	même signification qu'*ad libitum*.
Assai *ou* molto	beaucoup, très.
A tempo	reprendre le mouvement primitif.
Brioso	vif, agile.
Cantabile	chanter avec goût, avec grâce.
Commodo	commode, à l'aise, sans se presser.
Con brio	avec du brillant, avec éclat, force, vivacité.
Con moto	plus animé, un peu plus de vitesse.
Doloroso	douloureux.
Grazioso	gracieux, mouvement modéré.
Gustoso	avec goût.
In stesso tempo	même signification que *a tempo*.
Maestoso	majestueux, mouvement modéré.
Molto *ou* assai	beaucoup.
Molto piu	beaucoup plus.
Mosso	animé.
Non molto / Non tanto / Non troppo	pas trop.
Pastorale	répond à peu près à l'*andante*.
Più	plus.
Poco	peu.
Poco a poco	peu à peu.
Quasi	presque.
Rallentando (rall).	en ralentissant, plus lent.
Risoluto	résolu, animé.
Ritardando (ritard.)	en retardant, plus lent.
Scherzando	léger, gai, en badinant.
Sempre	toujours.
Senza tempo	sans observer de mouvement.
Siciliano	pastorale d'un mouvement lent.
Slargando	en ralentissant.
Stretto.	serré, presser le mouvement.
Stringendo	presser le mouvement de plus en plus.
Tardo	mouvement semblable au *largo*.
Tempo di marcia	mouvement de marche.
Tempo di minuetto	répond à peu près à l'*andante*.
Tempo giusto	temps juste, ni trop lent, ni trop vite.
Tempo primo (tempo 1°)	revenir au mouvement primitif indiqué.
Un poco piu	un peu plus.

Battre la mesure

132. Des mouvements égaux de la main ou du pied rendent plus sensible encore le degré de lenteur ou de vitesse de chaque temps et de chaque mesure; ces mouvements ont en outre cet avantage qu'ils rendent en quelque sorte le temps visible. Leur action s'appelle *battre la mesure*.

Les 3 figures ci-dessous indiquent l'itinéraire que la main droite devra suivre pour battre les mesures à 2, à 3, et à 4 temps.

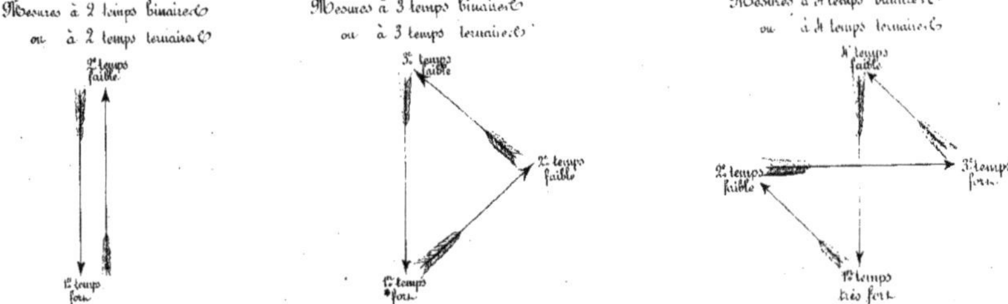

Termes de nuances et d'expression.

133. Nous avons vu (116 et suivants) que tous les sons ne se produisent pas dans les mêmes conditions d'intensité et que dans un groupe de deux mêmes figures de notes pour le système binaire, un son fort précède un son faible, tandis que dans un groupe de trois mêmes figures de notes pour le système ternaire, le son fort est suivi de deux sons faibles.

Nous ferons remarquer maintenant que l'application de cette loi n'est pas une condition absolue de toute bonne interprétation musicale. On comprendra en effet que la monotonie qui résulterait de son application rigoureuse rendrait insupportable le meilleur morceau de musique.

La manière d'émettre les sons, lorsqu'ils ont pour objet de flatter l'oreille et de la charmer est donc un point important, et l'on s'expliquera aisément que les compositeurs, après avoir adopté diverses dénominations pour désigner les différents mouvements, se soient attachés à en trouver d'autres qui fussent susceptibles d'exprimer les différentes nuances de l'exécution vocale et instrumentale, depuis le son le plus faible jusqu'au son le plus fort.

Ces dénominations particulières s'appellent *termes de nuances et d'expression*. Voici, par ordre alphabétique, les termes les plus usités.

Termes de Nuances et d'Expression.

TERMES ITALIENS.	ABRÉVIATION	SIGNIFICATION.
Animato		animé.
Ben Marcato		bien marqué.
Calando		en diminuant de force.
Con anima		avec âme.
Con colore		avec chaleur.
Con delicatezza		avec délicatesse.
Con esprezzione		avec expression.
Con forza		avec force.
Con fuoco		avec feu.
Con grazia		avec grâce.
Con gusto		avec goût.
Con spirito		avec esprit.
Crescendo	cres.	en augmentant de force.
Decrescendo	decres	en diminuant de force.
Diminuendo	dim.	en diminuant.
Dolce	dol	doux.
Espressivo	espr.	expressif.
Forte	f.	fort.
Forte Piano	f.p.	forte la 1re note et faible la seconde.
Fortissimo	ff.	très-fort.
Forzando	f. z.	en augmentant de force.

TERMES ITALIENS.	ABRÉVIATION	SIGNIFICATION
Legato (a)	leg	lié.
Leggiero		léger.
Mancando	mancand	En diminuant.
Mezzo forte	m. f.	demi-fort.
Mezza voce	m. v.	à demi-voix.
Misurato		mesuré.
Morendo	morend	en diminuant le son.
Perpendosi	perpend	en éteignant le son.
Pianissimo	p.p.	très-faible, très-doux.
Piano	p.	faible, doux.
Piano Forte	p. f.	faible la 1re note et forte la 2me.
Poco forte	poco. f.	un peu fort.
Rinforzando	rinf. ou rfz.	en renforçant.
Ritenuto	rit.	retenu.
Sforzando	s. f. z.	forçant subitement.
Sminuendo	smin.	en diminuant.
Smorzando	smorz.	en mourant, éteindre.
Sostenuto	sost.	la note bien soutenue pendant toute sa valeur.
Sotto voce		à demi-voix.
Staccato	stacc (b)	détaché.
Tremolo		tremblement.
Tremando ou Tremolando		en tremblant.

Signes de nuances et d'expression.

134. Les mots ci-dessus servent plus particulièrement à indiquer l'expression générale d'un morceau ou de fragments de de morceau. Mais lorsqu'il ne s'agit que d'exprimer des nuances rapides soit pour une ou plusieurs mesures, soit pour un fragment de mesure et même pour un seul son, on se sert des signes suivants :

< signifie *crescendo*, en augmentant graduellement la force.

> signifie *decrsecendo*, en diminuant insensiblement la force.

<> signifie *crescendo et decrescendo*, augmentation et diminution graduelle.

Si ce dernier signe ne se rapporte qu'à un seul son, celui-ci prend alors le nom de *son filé*.

Signes d'abréviation.

135. Il arrive très-fréquemment qu'un groupe de notes, une ou plusieurs mesures, ou un fragment d'un morceau doivent être répétés. En pareil cas, des signes particuliers indiquent instantanément à l'exécutant, que le groupe de notes, les mesures ou le fragment du morceau à redire, sont exactement les mêmes que ceux qu'il vient d'exécuter. Les signes qui servent ainsi à simplifier, à abréger l'écriture musicale, s'appellent *signes d'abréviation*.

On se sert à cet effet de barres légèrement inclinées et placées au-dessus ou au-dessous d'une ronde ou d'une ronde pointée, d'une blanche ou d'une blanche pointée, d'une noire ou d'une noire pointée. Une seule barre signifie que chaque note doit être divisée en autant de croches que sa valeur en contient.

Ex : YY. Répétition d'une même note, ayant la valeur d'un certain nombre de croches.

Deux barres signifient que chaque note doit être divisée en autant de doubles-croches que sa valeur en contient.

Ex : ZZ. Répétition d'une même note, ayant la valeur d'un certain nombre de doubles-croches.

(a) Cette indication accompagne ou remplace le signe de la liaison (98)

(b) Cette indication accompagne ou remplace les points placés au-dessus ou au-dessous des têtes de notes (99).

Trois barres indiqueraient de même que chaque note doit être divisée en autant de triples-croches que sa valeur en contient, et ainsi de suite.

Quelquefois, pour la facilité de l'exécutant, on surmonte de plusieurs points la note barrée de la notation abrégée. On devra alors répéter cette note autant de fois qu'il y aura de points.

Ex : AAA. Notation abrégée surmontée par des points.

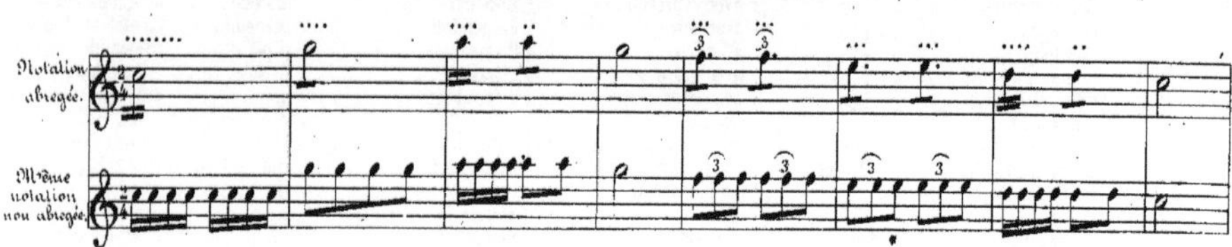

Répétition d'un groupe de notes de hauteur différente.

136. Lorsqu'un groupe de notes de hauteur différente doit être répété une ou plusieurs fois, on se sert de la barre seule, et on la répète autant de fois qu'il faudrait répéter le groupe de notes, qu'il soit accompagné ou non de silences.

Il arrive aussi quelquefois qu'on barre deux blanches ensemble; dans ce cas elles n'ont pas plus de durée qu'une seule blanche, c'est-à-dire chacune 2 croches quand il n'y a qu'une barre, et chacune 4 doubles-croches quand il y a 2 barres, et chacune 8 triples-croches quand il y a 3 barres, etc.

Ex : BBB. Groupe de notes de hauteurs différentes, répété une ou plusieurs fois,

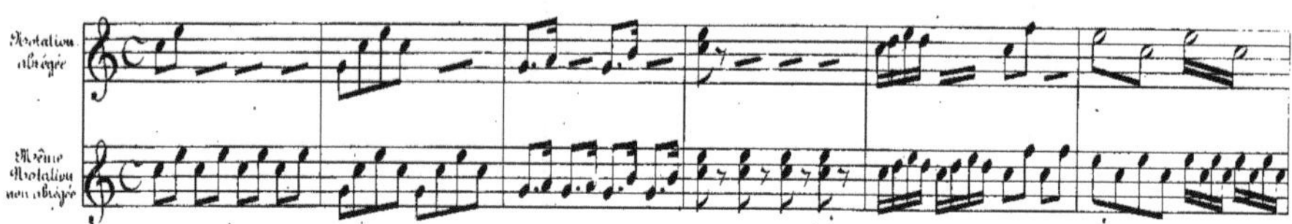

Répétition d'une ou de plusieurs mesures.

137. Lorsque toute une mesure doit être répétée une ou plusieurs fois, on se sert également de la barre, et on place le plus souvent un point au-dessus et un au-dessous de cette barre; ce même signe sert pour une mesure quelconque à 2, à 3, ou à 4 temps renfermant des notes ou des notes mêlées avec des silences. (Ex. CCC.)

Lorsque deux ou plusieurs mesures doivent être répétées, on peut écrire au-dessus le mot *bis* (deux fois) surmonté d'une ligne courbe qui embrasse toute l'étendue de notes qu'on doit répéter. (Ex. DDD.)

Ex : CCC. Répétition d'une mesure.

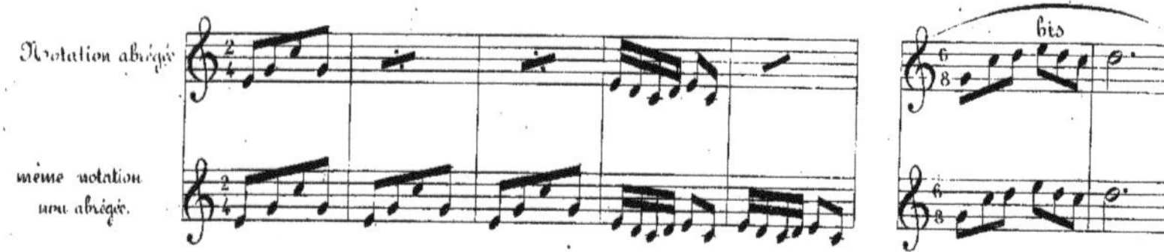

Ex : DDD. Répétiton de deux mesures.

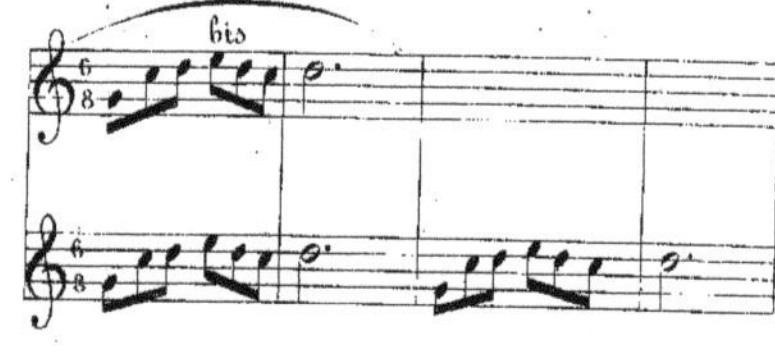

Répétition d'un fragment de morceau. Reprise.

138. Lorsqu'un fragment de morceau soit de 4, de 6, de 8, etc. mesures doit être répété, on a recours à 2 barres verticales fortement marquées et qui occupent toute la largeur de la portée; ces deux barres réunies et appelées *barres de reprise* ou *barres de séparation* ont à leur gauche, et quelquefois à leur droite, si le fragment suivant doit être aussi répété, deux points dont l'un est placé au-dessus et l'autre au-dessous de la 3me ligne ou de la ligne du milieu. Le fragment de morceau ainsi répété prend lui-même le nom de *reprise* (Ex. EEE.)

Ex. EEE.

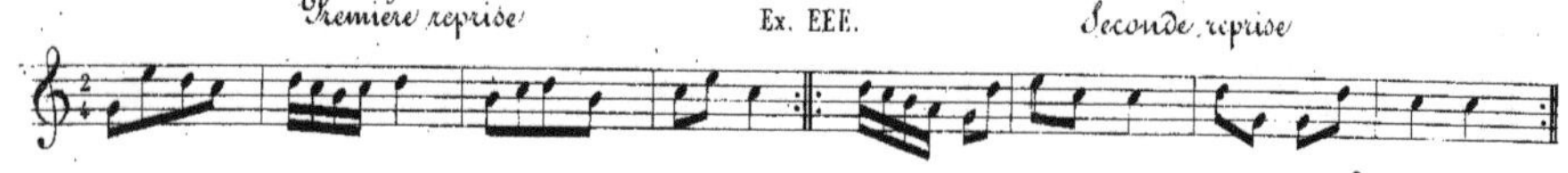

SIXIÈME LEÇON.

MODULATIONS.

Douze gammes majeures et douze gammes mineures. — Degré de parenté entre les gammes. — Notes communes. — Gammes enharmoniques. — Double-dièse, double-bémol. — Notes modales. — Noms ordinaux donnés aux 7 notes de la gamme majeure et de la gamme mineure. — Gamme majeure et gamme mineure de même tonique. — Gamme majeure et gamme mineure relative. — Armure de la clef. — Dièses ou bémols constitutifs; dièses ou bémols accidentels.

Modulation.

139. Nous avons dit (19) que la première condition essentielle dans toute combinaison mélodique, est que tous les sons dont se compose un chant soient puisés dans la gamme (7). Ajoutons ici que le compositeur peut à son gré changer de gamme dans le cours d'un morceau de musique. Ce changement de gamme est désigné par le nom de *modulation*; il fournit une des principales ressources pour varier la musique.

Il résulte de là, non seulement qu'il faut s'occuper de l'étude des 12 gammes majeures (17) et des 12 gammes mineures, mais encore connaître la loi qui guide le compositeur dans le choix des modulations.

Loi de la modulation. — Nombre de notes communes que peuvent avoir deux gammes.

140. La loi des modulations consiste à conserver le plus grand nombre possible de notes communes entre deux gammes qu'on veut faire succéder l'une à l'autre; car plus elles ont de *sons communs* ou de *mêmes sons*, plus aussi la modulation devient agréable.

Deux gammes ne peuvent avoir plus de 6, ni moins de 2 notes communes.

Ordre de succession des gammes majeures.

141. Pour faire cette étude de la succession des gammes et arriver à établir leurs degrés de parenté, il suffit d'enchaîner les gammes dans un ordre tel, que chacune d'elles conserve toujours 6 mêmes notes de la gamme qui la précède immédiatement, et ne prenne, par conséquent, chaque fois, qu'une seule nouvelle note.

Cet ordre de succession s'obtient :

1° Pour les gammes majeures diésées, en prenant pour point de départ, la 5me note de chacune d'elles : la nouvelle gamme gagnera chaque fois *un dièse de plus*, et conservera 6 notes de la gamme qui la précède immédiatement;

2° Pour les gammes majeures bémolisées, en prenant pour point de départ, la 4me note de chacune d'elles : la nouvelle gamme gagnera chaque fois *un bémol de plus*, et conservera 6 notes de la gamme qui la précède immédiatement.

Gammes majeures diésées. — Le nouveau dièse est toujours la 7me note de la gamme.

142. Dans le tableau de la page suivante, nous voyons reproduite, dans le clavier A, la gamme majeure de Do que nous avons analysée (7) et qui doit servir de *type*, de *modèle*, à toutes les gammes majeures.

La 5me note de cette gamme, le *Sol*, devient le point de départ de la *gamme majeure de Sol*, qui, pour être conforme au modèle, exigera une note diésée, le *Fa*, la 7me *note* (10) de la gamme (clavier B); cette note, ce Fa dièse, est le seul son non commun avec la gamme précédente de Do.

La 5me note de la gamme majeure de Sol, le *Re*, devient le point de départ de la *gamme majeure de Re*, qui, pour être conforme au modèle, exigera deux notes diésées, le *Fa*, que nous voyons déjà diésé dans la gamme précédente, et le *Do*; le nouveau dièse est encore, comme dans le cas précédent, la 7me *note* de la gamme (clavier C); cette note, ce Do dièse, est le seul son non commun avec la gamme précédente de Sol.

La 5me note de la gamme majeure de Re, le *La*, devient le point de départ de la *gamme majeure de La*, qui, pour être conforme au modèle, exigera trois notes diésées, le *Fa* et le *Do*, que nous voyons déjà diésés dans la gamme précédente, et le *Sol*; le nouveau dièse est encore, comme dans les cas précédents, la 7me *note* de la gamme (clavier D); cette note, ce Sol dièse, est le seul son non commun avec la gamme précédente de Re.

Ainsi de suite pour chacune des autres gammes majeures qui ont 4, 5, 6 et 7 dièses, (claviers E, F, G, H) et dont chacune conserve toujours 6 notes de la gamme qui la précède immédiatement, et prend pour nouveau son diésé, la 7me *note* de la gamme ; cette note est le seul son non commun avec la gamme précédente.

Gammes majeures bémolisées. — Le nouveau bémol est toujours la 4me note de la gamme.

143. Pour les gammes majeures bémolisées, nous avons dit (141, alinéa 2°), que c'est la 4me note de la gamme qui devient le point de départ d'une nouvelle gamme, laquelle aura chaque fois un bémol de plus.

La 4me note de la gamme majeure modèle de Do (7), le *Fa*, devient le point de départ de la *gamme majeure de Fa*, qui, pour être conforme au modèle, exigera une note bémolisée, le *Si*, la 4me *note* (12) de la gamme (clavier L); cette note, ce Si bémol, est le seul son non commun avec la gamme majeure de Do qui la précède, (clavier A).

La 4me note de la gamme majeure de Fa, le *Si bémol*, devient le point de départ de la *gamme majeure de Si bémol*. Cette gamme, pour être conforme au modèle, exigera 2 notes bémolisées, dont l'une, le *Si bémol*, figure déjà dans la gamme précédente, et l'autre, le *Mi*, nouveau bémol, est encore, comme dans le cas précédent, la 4me *note* de la gamme (clavier K); cette note, ce Mi bémol, est le seul son non commun avec la gamme majeure de Fa qui précède, (clavier L).

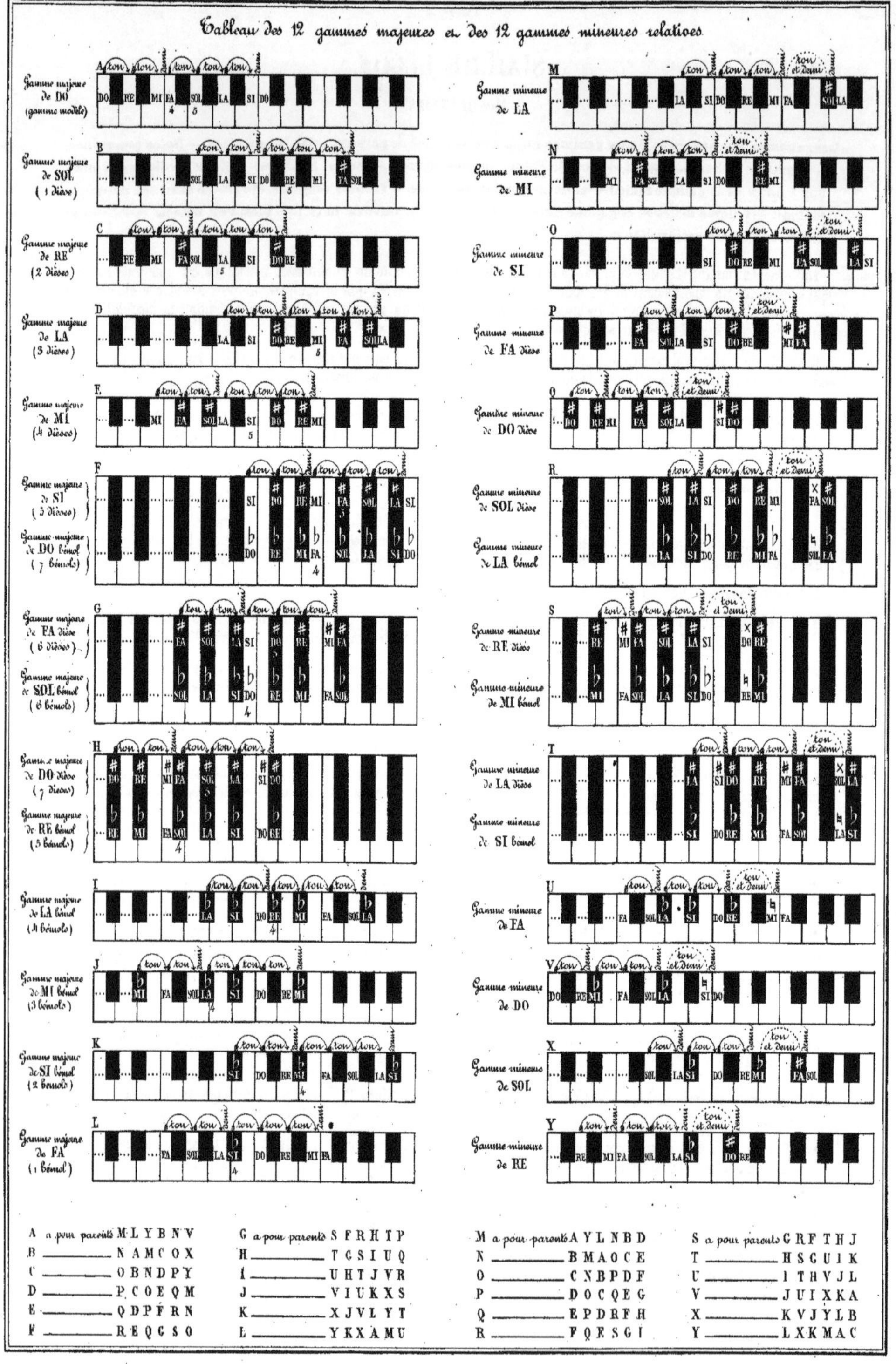
Tableau des 12 gammes majeures et des 12 gammes mineures relatives
A Gamme majeure de DO (gamme modèle)
B Gamme majeure de SOL (1 dièse)
C Gamme majeure de RE (2 dièses)
D Gamme majeure de LA (3 dièses)
E Gamme majeure de MI (4 dièses)
F Gamme majeure de SI (5 dièses) / Gamme majeure de DO bémol (7 bémols)
G Gamme majeure de FA dièse (6 dièses) / Gamme majeure de SOL bémol (6 bémols)
H Gamme majeure de DO dièse (7 dièses) / Gamme majeure de RE bémol (5 bémols)
I Gamme majeure de LA bémol (4 bémols)
J Gamme majeure de MI bémol (3 bémols)
K Gamme majeure de SI bémol (2 bémols)
L Gamme majeure de FA (1 bémol)
M Gamme mineure de LA
N Gamme mineure de MI
O Gamme mineure de SI
P Gamme mineure de FA dièse
Q Gamme mineure de DO dièse
R Gamme mineure de SOL dièse / Gamme mineure de LA bémol
S Gamme mineure de RE dièse / Gamme mineure de MI bémol
T Gamme mineure de LA dièse / Gamme mineure de SI bémol
U Gamme mineure de FA
V Gamme mineure de DO
X Gamme mineure de SOL
Y Gamme mineure de RE
ton
demi
ton et demi
A a pour parents M L Y B N V
B ——— N A M C O X
C ——— O B N D P Y
D ——— P C O E Q M
E ——— Q D P F R N
F ——— R E Q C S O
G a pour parents S F R H T P
H ——— T G S I U Q
I ——— U H T J V R
J ——— V I U K X S
K ——— X J V L Y T
L ——— Y K X A M U
M a pour parents A Y L N B D
N ——— B M A O C E
O ——— C N B P D F
P ——— D O C Q E G
Q ——— E P D R F H
R ——— F Q E S G I
S a pour parents G R F T H J
T ——— H S G U I K
U ——— I T H V J L
V ——— J U I X K A
X ——— K V J Y L B
Y ——— L X K M A C

La 4e note de la gamme majeure de Si bémol, le *Mi bémol*, devient le point de départ de la *gamme majeure de Mi bémol.* Cette gamme, pour être conforme au modèle, exigera 3 notes bémolisées, dont deux, le *Si bémol* et le *Mi bémol*, figurent déjà dans la gamme précédente, et l'autre, le *La*, nouveau bémol, est encore, comme dans les cas précédents, la 4me *note* de la gamme (clavier J); cette note, ce La bémol, est le seul son non commun avec la gamme majeure de Si bemol qui précède, (clavier K).

Ainsi de suite des autres gammes majeures qui ont 4, 5, 6 et 7 bémols (claviers I, H, G, F), et dont chacune conserve toujours 6 notes de la gamme qui la précède immédiatement (en allant dans le tableau de bas en haut), et prend pour nouveau son bémolisé la 4me *note* de la gamme; cette 4me note est le seul son non commun avec la gamme précédente.

15 gammes majeures réduites à 12.

144. Nous avons vu (142) que les gammes majeures diésées sont au nombre de 7, depuis celle qui a un dièse (clavier B) jusqu'à la gamme majeure de Do dièse qui a 7 dièses (clavier H). De même, dans les gammes majeures bémolisées, nous avons vu (143) que leur nombre s'élève aussi au chiffre 7, ce qui donne un total de 14 gammes majeures, auxquelles il faut ajouter la gamme majeure de Do (7) qui sert de type, de modèle à toutes les autres gammes majeures, ce qui porte leur nombre au chiffre 15. Cependant nous avons dit (17) qu'il n'y a et ne peut y avoir que 12 gammes majeures. En effet:

Si chacune des 12 notes renfermées dans une octave (exemple M 17), n'avait qu'un seul nom (15), il est évident qu'il ne pourrait y avoir qu'une seule manière de noter une gamme. Mais, ainsi que nous le voyons dans les claviers F, G et H, trois de ces gammes sont représentées chacune de deux manières différentes, et ces 6 gammes n'en font en réalité que 3. Si nous les retranchons du chiffre 15, il ne reste que 12 gammes majeures.

Gammes enharmoniques. — Notes ou sons enharmoniques.

145. On donne le nom de *gammes enharmoniques*, à deux gammes qui se fondent pour ainsi dire en une. De même, on appelle *notes* ou *sons enharmoniques*, deux notes ou deux sons qui se confondent l'un dans l'autre. Ainsi, dans les claviers F, G et H, la gamme majeure de *Si*, est l'enharmonique de celle de *Do bémol*, la gamme majeure de *Do dièse*, est l'enharmonique de celle de *Re bémol*, ou réciproquement, la gamme majeure de *Do bémol*, est l'enharmonique de celle de *Si*, etc.; comme aussi, la note ou le son *Fa dièse*, est l'enharmonique du *Sol bémol*; le *Sol dièse*, du *La bémol*; ou réciproquement, le *Sol bémot* est l'enharmonique du *Fa dièse*; le *La bémol*, du *Sol dièse*, etc., etc.

De deux gammes enharmoniques - celle qu'il faut choisir.

146. Lorsque le compositeur écrira un morceau de musique dans une gamme majeure enharmonique, on comprendra facilement qu'il choisisse de préférence, parmi les deux notations qu'il a à sa disposition, celle qui a la moindre quantité de dièses ou de bémols.

Ainsi, il préférera la *gamme majeure de Si*, qui a 5 dièses, à la *gamme majeure de Do bémol*, qui a 7 bémols (clavier F). De même, il se servira de la *gamme majeure de Re bémol*, qui n'a que 5 bémols, plutôt que de la gamme enharmonique *Do dièse*, qui a 7 dièses (clavier H). Quant à la gamme majeure enharmonique de *Fa dièse* et de *Sol bémol*, il n'y a aucune différence dans le choix, car l'une a 6 dièses et l'autre a 6 bémols (clavier G).

Nécessité de connaître les gammes majeures qui ont 7 dièses et 7 bémols.

147. D'après ce que nous venons de dire, on serait tenté de croire qu'il est inutile de connaître les gammes majeures qui ont, l'une 7 dièses et l'autre 7 bémols.

On se tromperait, car:

Si, par exemple, le compositeur écrit la musique dans la gamme majeure de *Fa dièse* (clavier G) qui a 6 dièses, nous savons qu'il peut moduler (139) dans les gammes majeures qui ont 6 notes communes, et que ces gammes sont: celle qui précède, (*Si*, clavier F), et celle qui suit, (*Do dièse*, clavier H); or, s'il veut moduler dans celle-ci et y rester seulement quelques instants, il ne change pas pour si peu de temps la notation diésée contre une notation bémolisée; et il se servira, de préférence, de la gamme majeure de *Do dièse*, qui a 7 *dièses*, plutôt que de la gamme majeure de *Re bémol*, qui n'a cependant que 5 *bémols*.

Par la même raison, s'il écrit de la musique dans la gamme majeure de *Sol bémol*, qui a 6 *bémols*, il se servira de la gamme majeure de *Do bémol*, qui a 7 *bémols*, s'il veut moduler dans cette gamme, plutôt que de la gamme enharmonique *Si*, qui cependant n'a que 5 *dièses*.

Comme l'on rencontre quelquefois, pour des raisons analogues, d'autres gammes enharmoniques, il est bon de les connaître.

Suite des gammes majeures enharmoniques. — Double-dièse. Double-bémol.

148. Pour former d'autres gammes majeures enharmoniques, nous n'avons qu'à écrire les gammes bémolisées en *notations diésées*, et les gammes diésées en *notations bémolisées*.

Nous voyons, page 52, dans la colonne des claviers à gauche, sept gammes majeures enharmoniques, parmi lesquelles trois, (claviers F, G, H), qui figurent dans la page 50, nous sont déjà connues. Les quatres autres sont celles de 3 dièses ou de 9 bémols (clavier D), de 4 dièses ou de 8 bémols (E), de 3 bémols ou de 9 dièses (J), de 4 bémols ou de 8 dièses (I).

Nous avons vu:

1° Dans la série successive des gammes majeures diésées, (142) que chacune d'elles, à partir de la gamme de Sol, avait pour point de départ, la 5me *note* de la gamme précédente, qu'elle empruntait à celle-ci 6 notes, et prenait toujours pour nouveau son, la 7me *note* de la gamme.

2° Dans la série successive des gammes majeures bémolisées, (143) que chacune d'elles, à partir de la gamme de Fa, avait pour point de départ, la 4me *note* de la gamme précédente, qu'elle empruntait a celle-ci 6 notes, et prenait toujours pour nouveau son, la 4me *note* de la gamme.

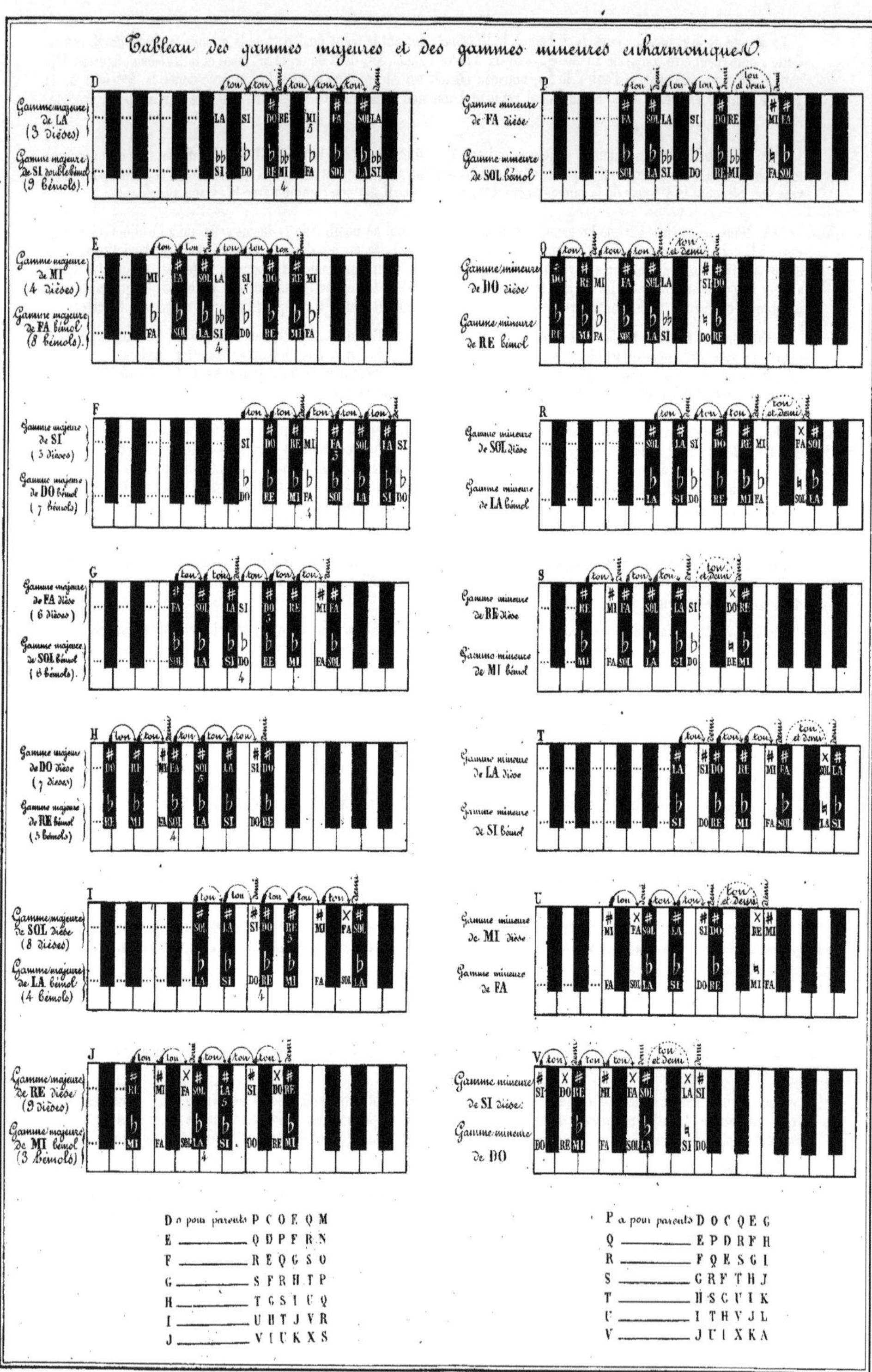

Tableau des gammes majeures et des gammes mineures enharmoniques.
D
Gamme majeure de LA (3 dièses)
Gamme majeure de SI double bémol (9 bémols).
P
Gamme mineure de FA dièse
Gamme mineure de SOL bémol
E
Gamme majeure de MI (4 dièses)
Gamme majeure de FA bémol (8 bémols).
Q
Gamme mineure de DO dièse
Gamme mineure de RE bémol
F
Gamme majeure de SI (5 dièses)
Gamme majeure de DO bémol (7 bémols)
R
Gamme mineure de SOL dièse
Gamme mineure de LA bémol
G
Gamme majeure de FA dièse (6 dièses)
Gamme majeure de SOL bémol (6 bémols).
S
Gamme mineure de RE dièse
Gamme mineure de MI bémol
H
Gamme majeure de DO dièse (7 dièses)
Gamme majeure de RE bémol (5 bémols)
T
Gamme mineure de LA dièse
Gamme mineure de SI bémol
I
Gamme majeure de SOL dièse (8 dièses)
Gamme majeure de LA bémol (4 bémols)
U
Gamme mineure de MI dièse
Gamme mineure de FA
J
Gamme majeure de RE dièse (9 dièses)
Gamme majeure de MI bémol (3 bémols)
V
Gamme mineure de SI dièse
Gamme mineure de DO
D a pour parents P C O E Q M
E ——— Q D P F R N
F ——— R E Q G S O
G ——— S F R H T P
H ——— T G S I U Q
I ——— U H T J V R
J ——— V I U K X S
P a pour parents D O C Q E G
Q ——— E P D R F H
R ——— F Q E S G I
S ——— G R F T H J
T ——— H S G U I K
U ——— I T H V J L
V ——— J U I X K A

Les mêmes principes s'appliquent, en tout point, aux gammes majeures enharmoniques qui ont 6, 7, 8, 9, etc. dièses et 6, 7, 8, 9, etc. bémols. Car:

Nous voyons (clavier I, page 52), que la gamme majeure de *Sol dièse* conserve 6 notes de la gamme majeure de Do dièse qui précède (clavier H), et que la seule note non commune (140) entre ces deux gammes est le *Fa* double dièse. En effet, cette note est simplement diésée dans le clavier H; dans le clavier I, il a fallu lui substituer la touche blanche voisine à droite, afin de conserver la succession d'intervalles musicaux déterminés qui constituent la gamme majeure modèle, c'est-à-dire 2 tons et un demi-ton, puis à la suite 3 tons et un demi-ton (7) ou 2 secondes majeures et une seconde mineure; puis à la suite 3 secondes majeures et une seconde mineure (21, 22, exemples A, B, C).

Cette touche blanche, *Sol*, doit être appelée, dans ce cas, *Fa double dièse* et non *Sol*, parce qu'elle se trouve un demi-ton plus élevée que la touche Fa dièse qu'elle remplace et dont elle doit conserver le nom.

Le *Fa double-dièse*, ainsi que nous venons de le voir, est une note diésée pour la seconde fois; on l'indique dans l'écriture musicale par les signes suivants qui, eux-mêmes, prennent le nom de *doubles-dièses* : ✕ ou 𝄪 , plus rarement ✱ ou ⋇ ou ##. Ainsi, lorsque le lecteur rencontre l'un de ces signes devant une note (43), il est averti que le son doit être de deux demi-tons *plus élevé* que la note naturelle (16).

Un double-dièse, ainsi que nous le voyons, compte pour 2 dièses, de manière que la *gamme majeure de Sol dièse*, (clavier I) a 8 dièses dont 6 simples et un double qui est la 7me note de la gamme (142).

La gamme majeure de *Fa bémol* (clavier E), conserve 6 notes de la gamme majeure de Do bémol (clavier F); la seule note non commune entre ces deux gammes est le *Si*, qui est simplement bémolisé dans F; dans E, il a fallu substituer à cette note la touche blanche voisine à gauche, afin de conserver la succession d'intervalles musicaux déterminés, qui doivent constituer la gamme majeure (7).

Cette touche blanche, *La*, doit être appelée, dans ce cas, *Si double-bémol* et non *La*, parce qu'elle se trouve un demi-ton plus bas (1) que la touche Si bémol qu'elle remplace et dont elle doit conserver le nom.

Le *Si double-bémol*, ainsi que nous venons de le voir, est une note bémolisée pour la seconde fois; on l'indique dans l'écriture musicale par deux bémols figurés ainsi 𝄫, et qu'on appelle *double-bémol*. Lorsque le lecteur rencontre ces deux bémols, placés à côté l'un de l'autre, il est averti que le son doit être deux demi-tons *plus bas* que la note naturelle (16).

Un double-bémol, comme nous le voyons, doit nécessairement compter pour 2 bémols, de manière que la *gamme majeure de Fa bémol* a 8 bémols dont 6 simples et un double qui est la *4me note* de la gamme (143).

Différentes remarques sur les doubles-dièses et doubles-bémols dans les gammes majeures enharmoniques

149. Il est à remarquer que les doubles-dièses et les doubles-bémols trouvent leur emploi devant les mêmes notes et se présentent dans le même ordre que les dièses et bémols simples. Ainsi :

La *gamme majeure de Sol* (clavier B, page 50) a le *Fa* diésé et les 6 autres notes naturelles (16); la *gamme majeure de Sol dièse* (clavier I, page 52) a le *Fa* doublement diésé, et les 6 autres notes simplement diésées.

La *gamme majeure de Re* (clavier C, page 50) a le *Fa* et le *Do* diésés, et les 5 autres notes naturelles; la *gamme majeure de Re dièse* (clavier J, page 52) a le *Fa* et le *Do* doublement diésés, et les 5 autres notes simplement diésées.

Cela se conçoit facilement : toute *note naturelle*, haussée d'un demi-ton (10), devient une *note diésée*, et toute note *diésée*, haussée une seconde fois d'un demi-ton, devient une *note doublement diésée*.

De manière que :

Autant de *notes naturelles* une gamme aura, autant de *notes simplement diésées* aura la gamme de même nom dont tous les sons seront un demi-ton *plus élevés*. Autant de *notes simplement diésées* une gamme aura, autant de *notes doublement diésées* aura la gamme de même nom dont tous les sons seront un demi-ton *plus élevés*.

La *gamme majeure de Fa* (clavier L, page 50) a le *Si* bémolisé et les 6 autres notes naturelles; la *gamme majeure de Fa bémol* (clavier E, page 52) a le *Si* doublement bémolisé et les 6 autres notes simplement bémolisées.

La *gamme majeure de Si bémol* (clavier K, page 50) a le *Si* et le *Mi* bémolisés, et les 5 autres notes naturelles; la *gamme majeure de Si double-bémol* (clavier D, page 52) a le *Si* et le *Mi* doublement bémolisés, et les 5 autres notes simplement bémolisées.

Cela se conçoit facilement : toute *note naturelle*, baissée d'un demi-ton (12), devient une *note bémolisée*, et toute *note bémolisée*, abaissée une seconde fois d'un demi-ton, devient une *note doublement bémolisée*.

De manière que :

Autant de *notes naturelles* une gamme aura, autant de *notes simplement bémolisées* aura la gamme de même nom dont tous les sons seront un demi-ton *plus bas*. Autant de *notes simplement bémolisées* une gamme aura, autant de *notes doublement bémolisées* aura la gamme de même nom dont tous les sons seront un demi-ton *plus bas*.

Une note doublement diésée ou doublement bémolisée est toujours une touche blanche, parce qu'on ne met jamais un double-dièse devant les deux notes *Si* et *Mi* qui ont pour dièse une touche blanche, et qui auraient pour double-dièse une touche noire; de même, on ne rencontrera pas de double-bémol devant les deux notes *Fa* et *Do* qui ont pour bémol une touche blanche (vérifiez page 52), et qui auraient pour double-bémol une touche noire.

Il est encore à remarquer qu'en additionnant ensemble les *dièses* et les *bémols* de deux gammes enharmoniques quelconques, on obtient toujours un total de 12 de ces signes (vérifiez dans le tableau, page 52).

Toutes les gammes majeures produisent invariablement une même mélodie.

150. Nous voilà bien familiarisés avec les 12 gammes majeures ou avec les 15 et même plus, si nous voulons compter les gammes majeures enharmoniques (145), qui sont présentées chacune en 2 notations différentes.

Si nous faisons résonner successivement l'un après l'autre les 8 sons de chacune de ces gammes, notre oreille entend invariablement une même mélodie, qui sera seulement, plus ou moins élevée, selon que le point de départ de chacune d'elles aura été pris dans une région plus ou moins élevée de la série des 85 sons (1) qu'un clavier de piano de 7 octaves met à notre disposition.

Gammes mineures.

151. Occupons-nous maintenant des gammes mineures. Les compositeurs les emploient aussi bien que les gammes majeures, selon le caractère qu'ils veulent imprimer à la musique.

Ainsi que nous l'avons dit (8), la gamme mineure est une modification de la gamme majeure. Comme nous connaissons bien cette dernière, il nous sera facile de la transformer en gamme mineure.

Transformation d'une gamme majeure en gamme mineure. — Notes modales. — Mode majeur, mode mineur.

152. *Pour rendre mineure une gamme majeure, il faut remplacer la 3*[me] *et la 6*[me] *note de la gamme majeure par la touche qui se trouve immédiatement au-dessous à gauche de chacune de ces deux notes*, ou comme on dit le plus généralement :

Pour rendre mineure une gamme majeure, il faut abaisser d'un demi-ton la 3me *et la 6*[me] *note de cette dernière gamme.*

Ces deux notes caractéristiques, la 3me et la 6me, changeant ainsi le *mode*, la manière d'être d'une gamme, ont reçu le nom de *notes modales*. Par la même raison, on dit aussi *mode majeur* pour dire gamme majeure, et *mode mineur* pour gamme mineure.

Dans le tableau suivant page 55, nous voyons que les notes modales, dans les deux gammes qui ont une même note pour point de départ, sont toujours un demi-ton *plus bas* dans la gamme mineure que dans la gamme majeure.

Signes modificatifs du son au nombre de cinq : dièse, double-dièse, bémol, double-bémol, bécarre.

153. Nous avons vu (5) que l'étude de tous les sons employés (1) dans la musique, se réduit à celle des 12 sons compris dans une octave (17). Le nombre des sons est donc plus considérable que celui des sept noms *Do, Re, Mi*, etc. (6), employés pour les désigner.

On comprend alors facilement qu'il y avait nécessité, ainsi que nous l'avons déjà vu (10, 12, 148), d'imaginer des signes qui permissent de désigner et de représenter aux yeux, sur la portée musicale, les douze sons avec ces sept noms de notes seulement.

Ces signes modificatifs à la fois du son et du nom, qui font qu'une note (43), sans changer de position sur la portée peut exprimer plusieurs sons distincts, ces signes, disons-nous, sont au nombre de 5, dont un seul nous est encore inconnu, c'est le bécarre ♮ : nous verrons ci-après sa fonction.

Hausser, baisser et rendre naturelle une note.

154. L'usage a consacré les mots : *hausser la note, baisser ou abaisser la note, rendre naturelle la note*, tout en conservant à cette note la même place dans la portée ; en réalité, le *son* seul est un ou deux demi-tons plus haut, ou un ou deux demi-tons plus bas que la note naturelle (10, 16), suivant l'emploi de l'un ou de l'autre des signes modificatifs (153) placé devant la note modifiée.

Ainsi :

Pour *abaisser* d'un demi-ton une note	naturelle	on la fait précéder	d'un bémol ♭
	déjà bémolisée..................		d'un double-bémol ♭♭
	dièsée........................		d'un bécarre ♮
	doublement dièsée...............		des deux signes ♮♯
Pour *hausser* d'un demi-ton une note	naturelle......................	on la fait précéder	d'un dièse ♯
	déjà dièsée		d'un double-dièse X
	bémolisée		d'un bécarre ♮
	doublement bémolisée............		des deux signes ♮♭

Pour *abaisser*	de deux demi-tons ou d'un ton une *note naturelle*, on la fait précéder	d'un double-bémol ♭♭
Pour *hausser*		d'un double-dièse X

Pour *rendre naturelle* une note précédemment *dièsée* ou *doublement dièsée*, *bémolisée* ou *doublement bémolisée*, on la fera précéder par le bécarre ♮ ; ce signe unique, à lui seul, a la propriété de détruire l'effet du ♯ , du X , du ♭ et du ♭♭.

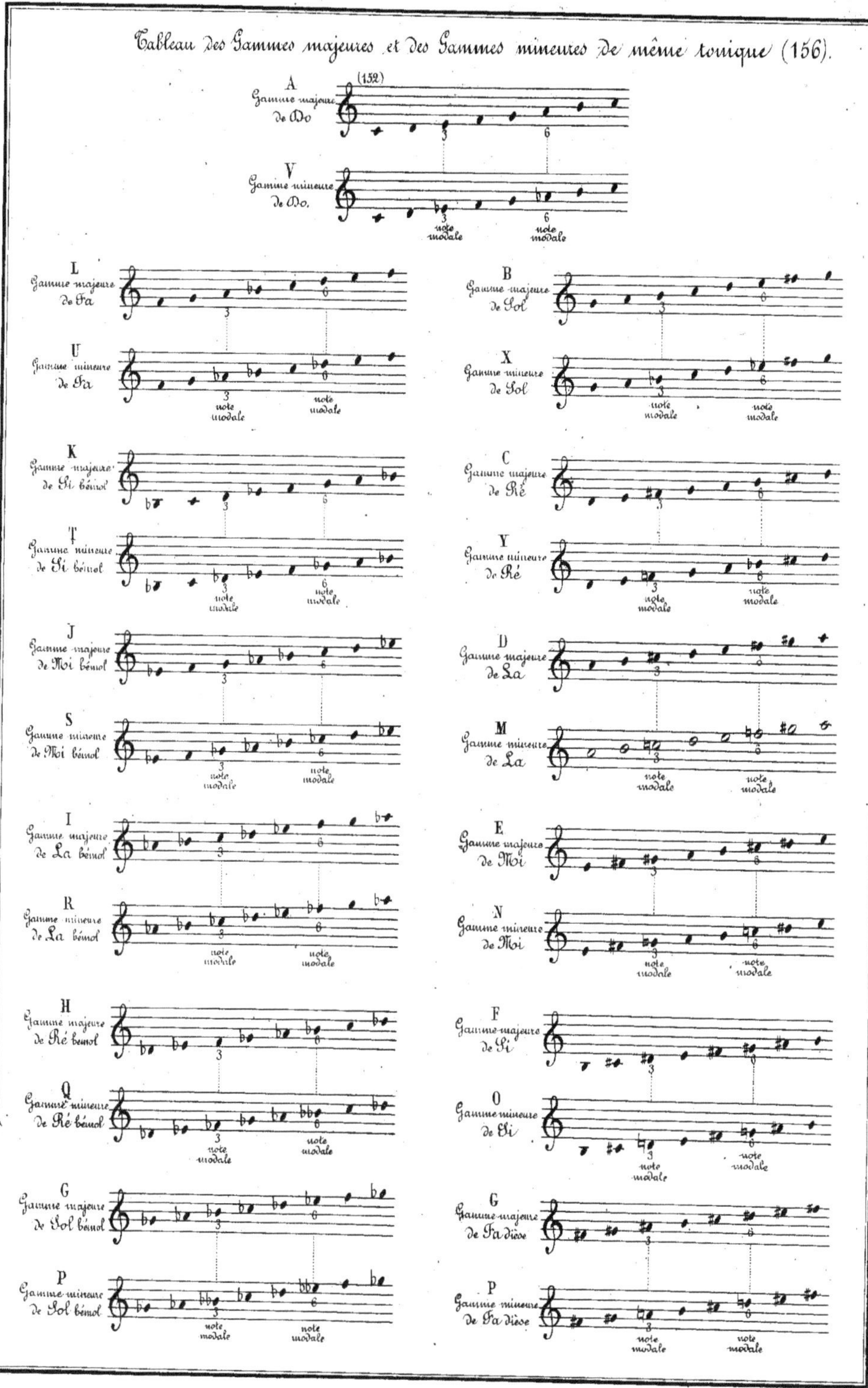
Tableau des Gammes majeures et des Gammes mineures de même tonique (156).
(152)
A
Gamme majeure de Do
V
Gamme mineure de Do.
note modale
note modale
L
Gamme majeure de Fa
U
Gamme mineure de Fa
B
Gamme majeure de Sol
X
Gamme mineure de Sol
K
Gamme majeure de Si bémol
T
Gamme mineure de Si bémol
C
Gamme majeure de Ré
Y
Gamme mineure de Ré
J
Gamme majeure de Mi bémol
S
Gamme mineure de Mi bémol
D
Gamme majeure de La
M
Gamme mineure de La
I
Gamme majeure de La bémol
R
Gamme mineure de La bémol
E
Gamme majeure de Mi
N
Gamme mineure de Mi
H
Gamme majeure de Ré bémol
Q
Gamme mineure de Ré bémol
F
Gamme majeure de Si
O
Gamme mineure de Si
G
Gamme majeure de Sol bémol
P
Gamme mineure de Sol bémol
G
Gamme majeure de Fa dièse
P
Gamme mineure de Fa dièse

Noms ordinaux des 7 notes de la gamme majeure et de la gamme mineure. — Origine de ces noms. — Ton. — Tonalité.

155. Chacune des 7 notes d'une gamme majeure ou mineure est désignée par un nom *ordinal*, qui fait connaître sa situation par rapport à toutes les autres. Ainsi dans toute gamme majeure et dans toute gamme mineure :

La 1re note ou le 1er degré se nomme *tonique*.
La 2me note ou le 2me degré se nomme *sus-tonique*.
La 3me note ou le 3me degré se nomme *médiante*.
La 4me note ou le 4me degré se nomme *sus-médiante* ou *sous-dominante*.
La 5me note ou le 5me degré se nomme *dominante*.
La 6me note ou le 6me degré se nomme *sus-dominante*.
La 7me note ou le 7me degré se nomme *sensible*.

Tonique. L'ensemble des 8 sons qui composent une gamme majeure ou mineure, est aussi désigné par le mot *ton*. Dans le langage musical usuel, on dit très-bien *ton d'Ut majeur*, *ton d'Ut mineur*, *ton de Sol majeur*, *ton de Sol mineur* etc., pour dire gamme majeure ou gamme mineure *d'Ut*, gamme majeure ou gamme mineure de Sol etc. C'est pour cette raison que la 1re note, celle qui sert de point de départ à cet ensemble de sons appelé *gamme* (7), *ton*, *tonalité*, a été désignée par le nom de *tonique*.

Le mot ton, ainsi qu'on le voit, a ici une toute autre signification qu'au paragraphe 3.

Médiante. Le nom de *médiante* a été donné à la 3me note d'une gamme, parce que cette note occupe le milieu dans le premier et principal accord de 3 sons de la gamme. Par exemple, le premier accord de la gamme majeure de Do (33) est *Do*, *Mi*, *Sol* ; le *Mi* occupe le milieu.

Dominante. Ce nom a été donné à la 5me note d'une gamme, parce que ce 5me son domine tous les sons harmoniques fournis par une corde vibrante.

Sensible ou *note sensible*. Ce nom a été donné à la 7me note d'une gamme, parce que cette note tend vers le 8me son de la gamme et sent, pour ainsi dire, ce 8me son qui n'est autre que la tonique à l'octave (4).

Gamme majeure et gamme mineure de même tonique. Degré de parenté entre ces deux gammes ; leur modulation. Gammes mineures au nombre de 12.

156. Deux gammes qui ont une même note pour point de départ, mais dont l'une est majeure et l'autre est mineure, comme nous le voyons dans les exemples A et V, B et X, etc., page 55, sont appelées *gammes de même tonique*.

Deux gammes de même tonique, tout en ayant seulement 5 notes communes (140) entre elles, sont souvent alternativement employées par les compositeurs, la modulation (139) de l'une à l'autre de ces deux gammes étant très-agréable.

Parmi les 13 gammes mineures, page 55, nous en voyons une qui est écrite en 2 notations différentes appelée gamme enharmonique (145), c'est celle de *Fa dièse* et de *Sol bémol* (Ex. P à droite et Ex. P à gauche dans le bas de la page), de manière que ces 13 gammes mineures se réduisent a 12.

Gamme majeure et gamme mineure relative. — Modulation dans une gamme relative.

157. Examinons maintenant attentivement ces 12 gammes mineures, et cherchons celle qui a la moindre quantité de dièses et la moindre quantité de bémols (page 55).

Nous voyons qu'il n'y en a pas une seule qui n'ait ni dièse, ni bémol ; nous remarquons même que la gamme mineure *de La* (Ex. M), est la seule qui a 6 notes naturelles, et a par conséquent 6 notes communes avec la gamme majeure modèle de Do. (Ex. A). Alors parmi toutes les gammes mineures, c'est assurément celle de *La*, qui doit être en rapport le plus direct, en relation la plus intime avec la gamme majeure modèle de Do. En effet, et c'est aussi pour cette raison que ces deux gammes, l'une majeure et l'autre mineure, sont *relatives* l'une de l'autre. La *gamme mineure de La* est relative de la *gamme majeure de Do*, et la *gamme majeure de Do* est relative de la *gamme mineure de La*. La modulation (139), de l'une à l'autre de ces deux gammes est très-fréquemment employée.

On comprendra facilement que comme la gamme majeure de Do a une gamme mineure relative, de même toute autre gamme majeure doit aussi avoir une gamme relative et réciproquement.

Points de comparaison qui permettent de trouver la gamme mineure relative d'une gamme majeure quelconque.

158. Pour pouvoir trouver facilement la gamme mineure relative d'une gamme majeure quelconque, nous n'avons qu'à écrire parallèlement les deux gammes relatives que nous connaissons, l'une au-dessous de l'autre, et les comparer ensemble. Les points de comparaison nous guideront ensuite dans la recherche des autres gammes relatives. (Ex. Z)

Comparaison de la gamme majeure de Do avec la gamme mineure de La (A et M, page 50).

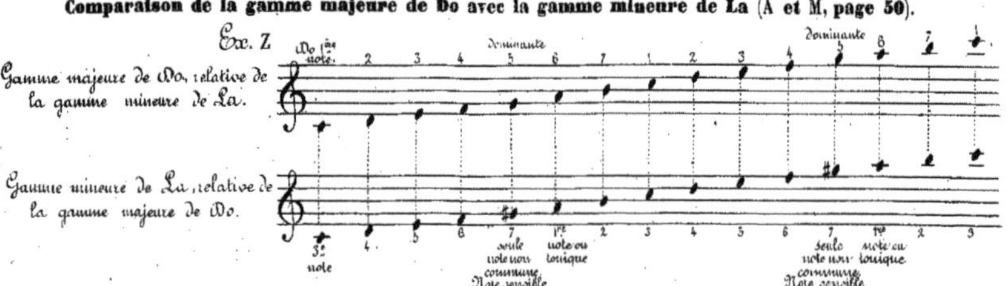

La dominante de la gamme majeure se convertit en note sensible dans la gamme mineure relative.

159. Nous voyons que ces deux gammes ont leurs notes semblables, excepté le *Sol*, la 5me note de la gamme majeure, la *dominante* (155) qui se trouve *haussée* (154) d'un *demi-ton* et se convertit en 7me note ou en *note sensible* (155) dans la *gamme mineure de La*.

Alors, pour trouver la gamme mineure relative d'une gamme majeure quelconque, nous n'avons qu'à hausser (154) d'un demi-ton la 5me note, la *dominante* (155) de la gamme majeure, et laisser toutes les autres notes telles qu'elles sont dans cette gamme; la note ainsi haussée deviendra la 7me note, la *note sensible*, et la note suivante, la 6me de la gamme majeure, deviendra la 1re, la *tonique* (155) de la gamme mineure relative. Cette dernière gamme prendra toujours le nom (18) de sa 1re note, de sa tonique. (Ex. AA et BB.)

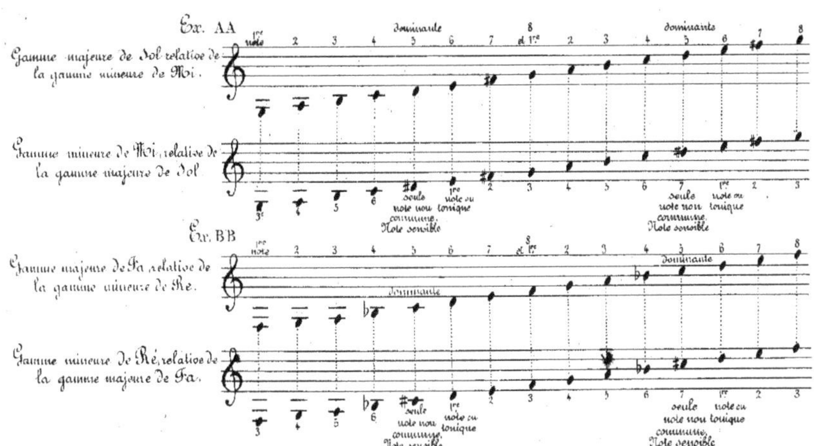

D'après ce que nous venons de dire et d'après les exemples que nous venons de donner, l'élève pourra facilement trouver les gammes relatives de toutes les gammes majeures.

Toutes les gammes relatives sont d'ailleurs en regard les unes des autres dans les deux tableaux, pages 50 et 52.

Les instructions concernant les gammes majeures enharmoniques s'appliquent aussi aux gammes mineures enharmoniques.

160. Les instructions données concernant :

1° Les gammes enharmoniques (145); 2° le choix dans leur emploi (146); 3° la nécessité de les connaître (147); 4° la manière de les former (148); 5° les remarques sur les doubles-dièses et les doubles-bémols (149), s'appliquent aux *gammes mineures* aussi bien qu'aux gammes majeures.

Toutes les gammes mineures produisent invariablement une même mélodie. — Caractère plaintif de cette mélodie. — Seconde augmentée.

161. Si nous faisons résonner successivement, l'une après l'autre, les 8 notes de chacune des 12 gammes mineures, pages 50 et 52, notre oreille entend invariablement une même mélodie.

Le caractère plaintif qui est propre à la gamme mineure, résulte des 3 secondes mineures (21) et surtout de la seconde composée *d'un ton* et *d'un demi-ton* que nous voyons de la 6me à la 7me note de cette gamme : on l'appelle *seconde augmentée*.

Résumé des modulations.

162. La seule loi des modulations ou du changement de gamme dans le courant d'un morceau de musique consiste, avons-nous dit (140), dans le plus grand nombre possible de notes communes entre les deux gammes qu'on veut faire succéder l'une à l'autre.

Or, dans la page 50, toutes les gammes figurent dans un ordre de succession tel que *chacune d'elles*, dans quelque région qu'elle puisse se trouver, a toujours pour plus proche parente :

1° Sa gamme relative (157);
2° La gamme qui figure dans le clavier immédiatement au-dessus ;
3° La gamme relative de celle qui figure dans le clavier immédiatement au-dessus ;
4° La gamme qui figure dans le clavier immédiatement au-dessous ;
5° La gamme relative de celle qui figure dans le clavier immédiatement au-dessous ;
6° La gamme de même tonique (156).

Nous venons de dire que parmi les gammes parentes d'une gamme quelconque, page 50, il y en a deux qui se trouvent, l'une dans le clavier immédiatement *au-dessus* et l'autre dans le clavier immédiatement *au-dessous*. Nous voyons cependant que les claviers A et M n'ont pas de claviers *au-dessus* d'eux, et que les claviers L et Y n'ont pas de claviers *au-dessous* d'eux.

Nous répondons à cela qu'il faut considérer cette filiation de gammes comme faisant un cercle de manière que le clavier L serait contigu au clavier A et le clavier Y au clavier M, ainsi que le démontre la figure suivante où il y a dans chacun des 13 petits cercles les deux gammes relatives (157) : Ex. CC.

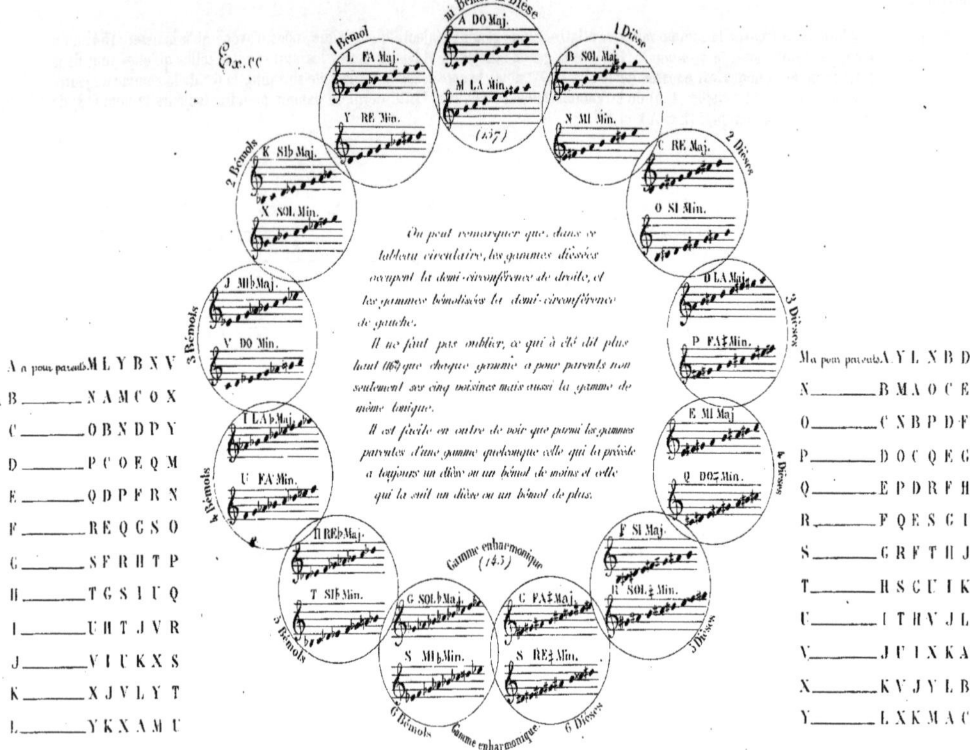

A a pour parents	M	L	Y	B	N	V
B ———	N	A	M	C	O	X
C ———	O	B	N	D	P	Y
D ———	P	C	O	E	Q	M
E ———	Q	D	P	F	R	N
F ———	R	E	Q	G	S	O
G ———	S	F	R	H	T	P
H ———	T	G	S	I	U	Q
I ———	U	H	T	J	V	R
J ———	V	I	U	K	X	S
K ———	X	J	V	L	Y	T
L ———	Y	K	X	A	M	U

M a pour parents	A	Y	L	N	B	D
N ———	B	M	A	O	C	E
O ———	C	N	B	P	D	F
P ———	D	O	C	Q	E	G
Q ———	E	P	D	R	F	H
R ———	F	Q	E	S	G	I
S ———	G	R	F	T	H	J
T ———	H	S	G	U	I	K
U ———	I	T	H	V	J	L
V ———	J	U	I	X	K	A
X ———	K	V	J	Y	L	B
Y ———	L	X	K	M	A	C

Afin qu'il n'y ait point d'erreur possible de la part de l'élève dans cette parenté des gammes, nous avons écrit ci-dessus, ainsi qu'aux pages 50 et 52, au moyen de lettres de l'alphabet, les 6 gammes parentes de chacune des 24 gammes.

Nous verrons plus loin comment on peut moduler dans une gamme n'ayant que 4, 3 ou même 2 notes communes seulement, c'est-à-dire le moins que deux gammes puissent avoir (140).

Dièses ou bémols constitutifs. — Armure de la clef.

163. Afin d'éviter la répétition du dièse ou du bémol devant chaque note qui doit constamment être diésée ou bémolisée dans le courant d'un morceau de musique, et pour faciliter ainsi la lecture des notes, on est convenu d'écrire en tête du morceau, entre la clef et les chiffres indicateurs de la mesure (106), les dièses ou les bémols qu'exige la gamme dans laquelle ce morceau est écrit (142, 143). Ces dièses ou ces bémols, appelés *dièses* ou *bémols constitutifs*, sont placés dans la portée (53) à l'endroit même qu'occupent dans cette portée les notes qui doivent être diésées ou bémolisées. Mais on n'écrit chaque dièse et chaque bémol que dans une seule octave (5), et l'exécutant est averti que ce dièse ou ce bémol agit sur toutes les notes de même nom placées dans l'une quelconque des 7 octaves :

La clef (52), les dièses ou les bémols, les chiffres fractionnaires sont appelés *armure de la clef*. Cette armure doit être répétée en tête de chacune des portées, à l'exception des chiffres indicateurs de la mesure qui ne s'inscrivent qu'au commencement du morceau ou dans l'endroit où le compositeur veut adopter une autre mesure (115).

Une gamme mineure prend toujours la même armure que sa gamme majeure relative.

164. Lorsqu'on écrit de la musique dans une gamme mineure, il est d'usage d'inscrire à l'armure (163) les dièses ou les bémols de la gamme majeure relative (157). Toutefois, comme la gamme mineure a toujours sa 7me note élevée (159) d'un demi-ton, et que le signe qui hausse (154) cette note n'est pas indiqué à l'armure, le compositeur a le soin de répéter ce signe d'élévation dans le courant du morceau devant la 7me note dans chaque mesure dans laquelle il veut l'employer.

Dièses ou bémols accidentels.

De même, lorsque le compositeur passe dans une autre gamme ou module (139) pendant peu de temps seulement, il ne change pas l'armure, mais il répète dans chaque mesure (101) le signe d'élévation ou d'abaissement devant la note ou devant les notes qui doivent être haussées ou baissées dans la gamme dans laquelle il a modulé. Dans ce cas, les signes d'élévation ou d'abaissement prennent le nom de *dièses* ou *bémols* accidentels.

On n'inscrit jamais un double-dièse ou un double-bémol à l'armure.

165. Par les raisons que nous avons fait connaître (146), on trouvera rarement 7 dièses ou 7 bémols à l'armure (163) et jamais plus de 7 ; de manière qu'un double-dièse ou un double-bémol (148) ne peut être employé qu'accidentellement, dans le courant d'un morceau de musique.

Armure de la clef de toutes les gammes majeures et de toutes les gammes mineures relatives.

166. Voici d'ailleurs, à l'exception de l'indication de la mesure (106), l'armure de toutes les gammes majeures et de toutes les gammes mineures relatives (157). (Ex. DD.)

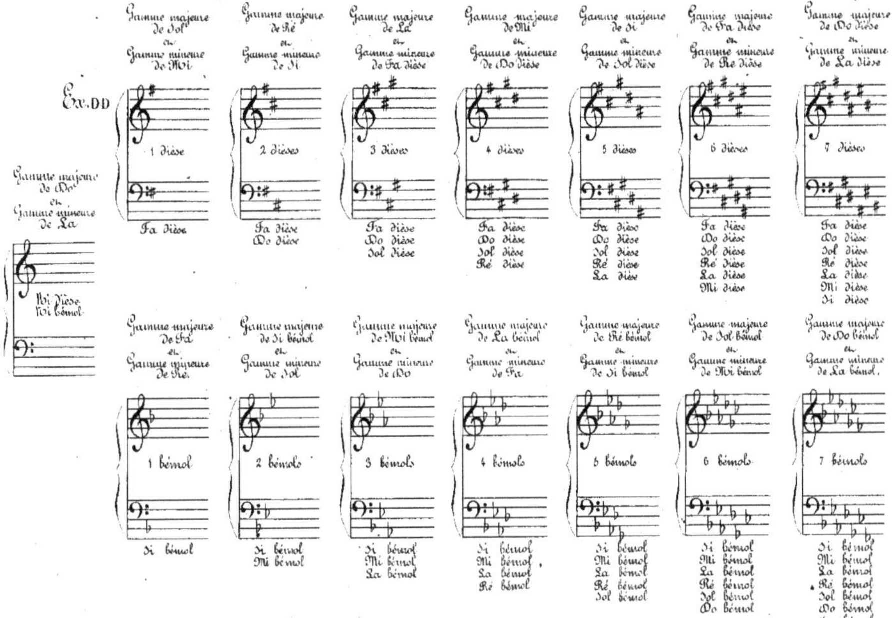

Dans le petit tableau ci-dessus nous remarquons :

1° Que dans les gammes diésées, le	Fa est partout le	1er	dièse en partant de la gamme qui a	1 dièse.
	Do	2me		2 dièses.
	Sol	3me		3
	Re	4me		4
	La	5me		5
	Mi	6me		6
	Si est enfin le	7me	et dernier dièse dans la gamme qui a	7
2° Que dans les gammes bémolisées, le	Si est partout le	1er	bémol en partant de la gamme qui a	1 bémol.
	Mi	2me		2 bémols.
	La	3me		3
	Re	4me		4
	Sol	5me		5
	Do	6me		6
	Fa est enfin le	7me	et dernier bémol dans la gamme qui a	7

Nous voyons que la série des notes bémolisées se présente dans un ordre tout opposé à celles des notes diésées : Le *Si*, le 1er *bémol*, est le 7me *et dernier dièse*; le *Fa*, le 1er *dièse*, est le 7me *et dernier bémol*.

SEPTIÈME LEÇON.

COMPOSITION MUSICALE.

Rhythme. — Symétrie dans le rhythme. — Divisions d'une composition musicale : pièce, morceau, période, phrase, membre de phrase et mesure. — Cadences mélodiques. — Étendue qu'une phrase et une période musicales peuvent avoir. — Accompagnement. — Accord arpégé, accord plaqué. — Mélodies à composer par l'élève. — Mélodies à accompagner par l'élève.

Ce qu'on entend par composition musicale.

167. La *composition musicale* a une grande analogie avec la *composition littéraire* ou *oratoire*. Elle offre, comme celle-ci, un ensemble, une suite d'idées musicales, enchaînées les unes aux autres, dans un certain ordre symétrique et suivant certaines règles qu'il importe de connaître.

Les deux éléments les plus importants dans une composition musicale quelconque : La gamme et le rhythme.

168. Il y a deux éléments essentiels et fondamentaux sans lesquels il n'y a point de musique possible. Ces deux éléments sont :

1° *La gamme*. Elle nous est connue; nous avons vu dans la 1re et la 6me leçon qu'elle n'est autre chose qu'une suite de sons se succédant, les uns aux autres, dans un certain ordre déterminé et formant deux mélodies différentes; l'une appelée gamme majeure, et l'autre gamme mineure.

2° *Le rhythme*. On désigne sous ce nom les différentes durées des sons (78) et des silences (86), tantôt lentes et tantôt précipitées qui se succèdent régulièrement, les unes aux autres, dans une composition musicale quelconque.

Il est à remarquer que les personnes qui ne connaissent même pas une note de musique ni aucun principe de cet art, mais que la nature a favorisées du don de créer des mélodies, obéissent à leur insu à la loi de la gamme et du rhythme : les sons composant leurs chants, sont toujours empruntés à la gamme et régulièrement rhythmés. Ainsi le forgeron fait du rhythme en frappant l'enclume de son marteau; le tambour en fait aussi en battant une marche ou la charge. Ce sont des preuves évidentes que les deux éléments, la gamme et le rhythme, n'ont pas été inventés par les théoriciens, mais qu'ils nous ont été donnés directement par la nature.

Symétrie dans le rhythme.

169. Pour être agréable à l'oreille, le rhythme doit être *symétrique*. Il y a *symétrie* lorsqu'à des *distances égales* on répète les mêmes durées de sons et de silences, c'est-à-dire les mêmes valeurs de notes et de silences.

Cette répétition, qui s'applique indistinctement aux 10 espèces de mesures en usage (115), peut avoir lieu, soit toutes les 2 mesures, soit toutes les 3 mesures, soit toutes les 4, 5, 6, 7 et 8 mesures, et pas au-delà.

Prenons des exemples de mélodies et extrayons-en le rhythme dans lequel elles sont composées; il deviendra ensuite facile à chacun de prendre le rhythme de telle musique qu'il voudra.

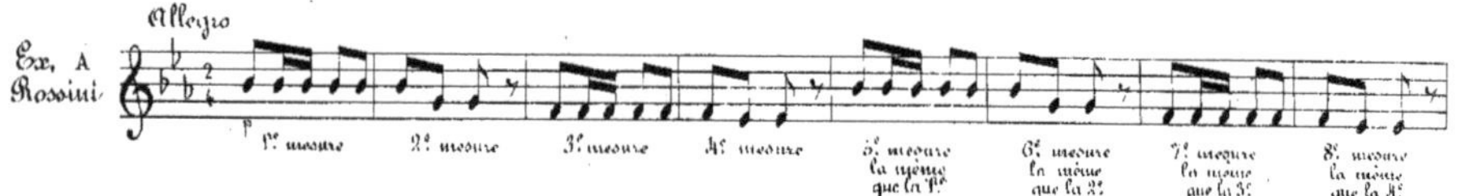

Rhythme symétrique de 2 en 2 mesures extrait de la mélodie de l'exemple A.

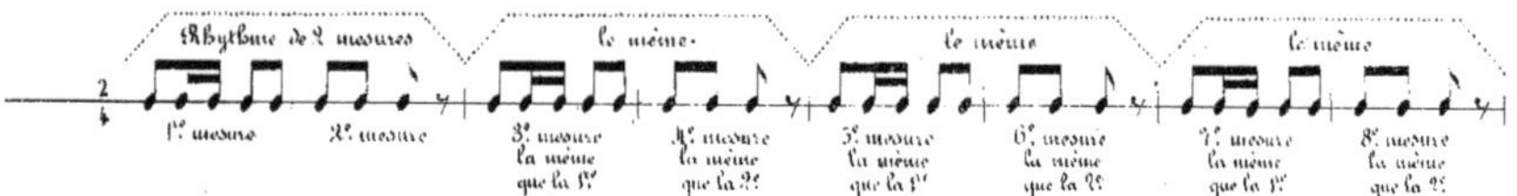

Cet exemple nous montre que dans les 1re, 3me, 5me et 7me mesures (mesures impaires), les valeurs de notes sont semblables; il en est de même dans les 2me, 4me, 6me et 8me mesures (mesures paires), dans chacune desquelles nous voyons 3 *croches* suivies d'un *demi-soupir*. Ainsi, de 2 mesures en 2 mesures, c'est-à-dire à des distances égales, les valeurs de notes sont toujours les mêmes, et présentent par conséquent un rhythme parfaitement symétrique.

Les rhythmes symétriques, de 2 en 2 mesures, sont d'un usage très fréquent dans toutes espèces de compositions musicales. Pour créer ces sortes de rhythmes, dans quelque espèce de mesure que ce soit (115), il n'y a qu'à assembler des valeurs de notes et de silences quelconques, formant ensemble 2 mesures de l'espèce de mesure adoptée, et de les répéter ensuite autant de fois qu'on le voudra.

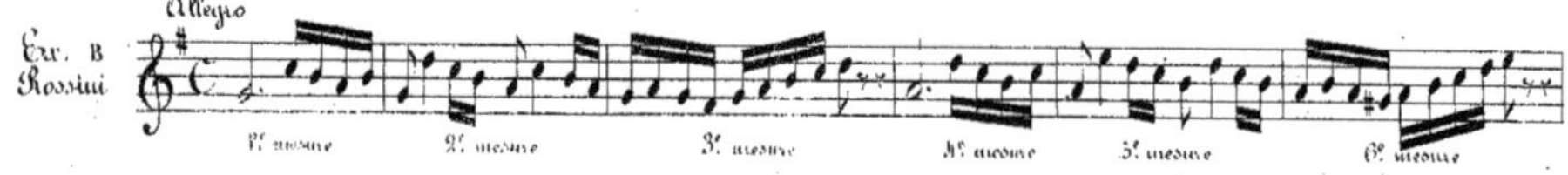

Rhythme symétrique de 3 en 3 mesures extrait de la mélodie de l'exemple B.

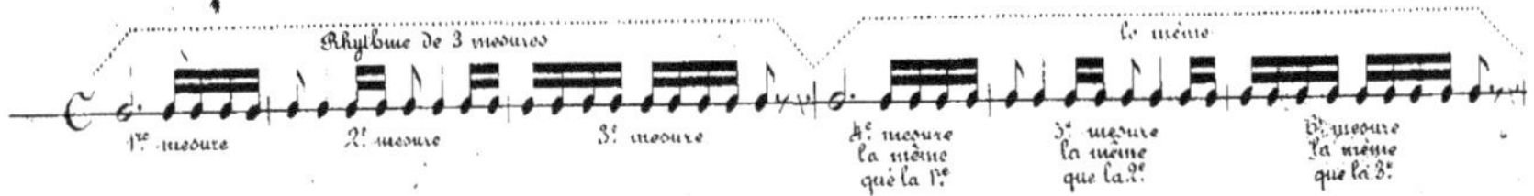

Les rhythmes symétriques de 3 en 3 mesures sont d'un usage moins fréquent.

Il est presque superflu de répéter que pour créer ces sortes de rhythmes, dans quelque espèce de mesure que ce soit, il n'y a qu'à assembler des valeurs de notes et de silences quelconques, formant ensemble 3 mesures de l'espèce de mesure adoptée, et de les répéter ensuite autant de fois qu'on le voudra.

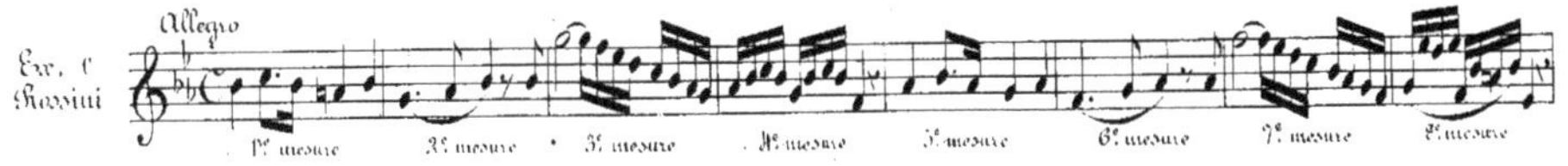

Rhythme symétrique de 4 en 4 mesures extrait de la mélodie de l'exemple C.

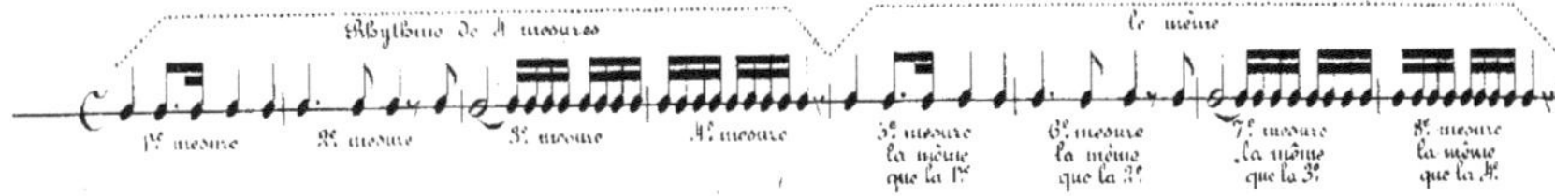

Les rhythmes symétriques de 4 en 4 mesures, comme ceux de 2 en 2 mesures, sont d'un usage très fréquent.

Nous croyons inutile de donner des rhythmes symétriques de 5 en 5, de 6 en 6, de 7 en 7 et de 8 en 8 mesures. D'après ce qu'on vient de voir, chacun sera à même d'en créer; il n'aura qu'à assembler des valeurs de notes et de silences quelconques formant ensemble 5, 6, 7 et 8 mesures de l'espèce de mesure (115) qu'il adoptera et de les répéter ensuite. Ces rhythmes longs sont d'ailleurs d'un usage moins fréquent, surtout ceux de 5 et 7 mesures, qui ne s'emploient que rarement. Celui de 8 mesures est encore d'un usage assez fréquent, mais seulement dans les morceaux d'un mouvement vif (129) et écrits dans la mesure à 2 ou à 3 temps.

Rhythme ayant une ou plusieurs mesures semblables.

170. Dans les rhythmes d'une certaine étendue comme ceux de 4, 5, 6, 7 et 8 mesures, les compositeurs ont le soin de faire une ou plusieurs mesures semblables; l'oreille retient ainsi plus facilement les mélodies que si les valeurs de notes étaient différentes dans toutes les mesures.

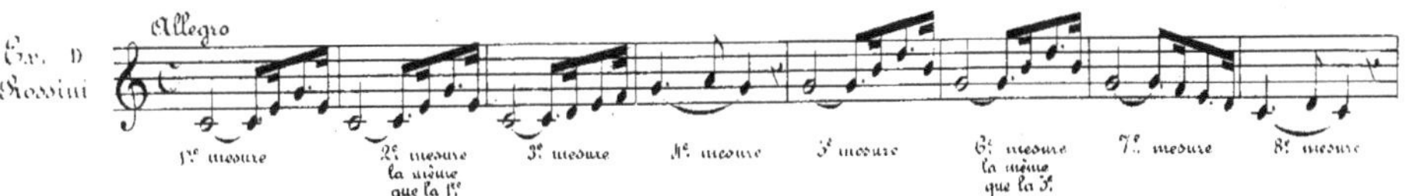

Rhythme symétrique de 4 en 4 mesures extrait de la mélodie de l'exemple D, et ayant les trois premières mesures semblables.

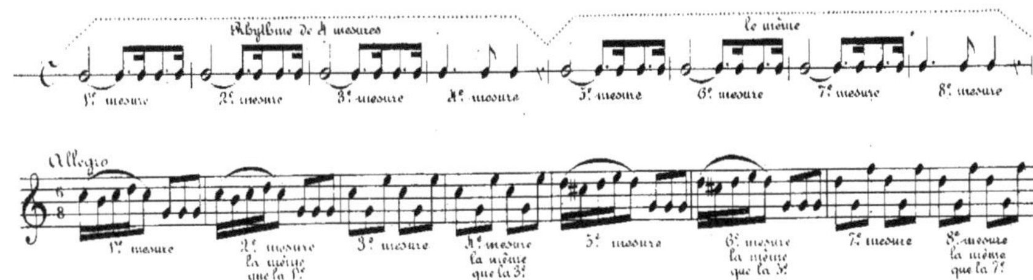

Rhythme symétrique de 4 en 4 mesures extrait de la mélodie de l'exemple E, et ayant la 1re et la 2e, la 3e et la 4e mesures semblables.

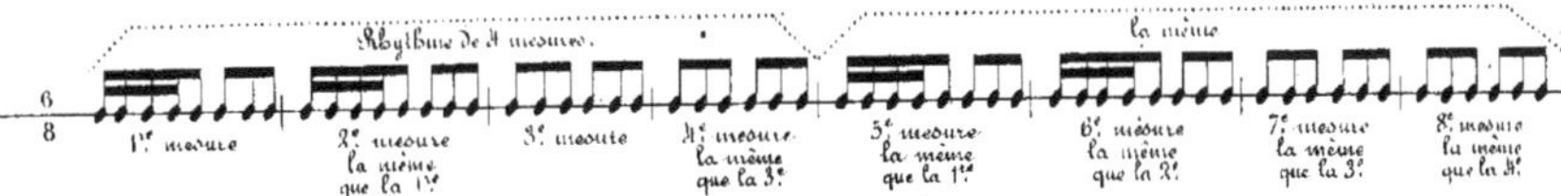

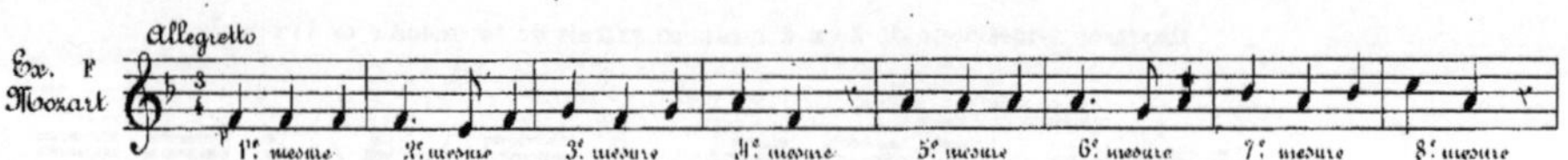

Rhythme symétrique de 4 en 4 mesures extrait de la mélodie de l'exemple F, et ayant la 1re et la 3e mesures semblables.

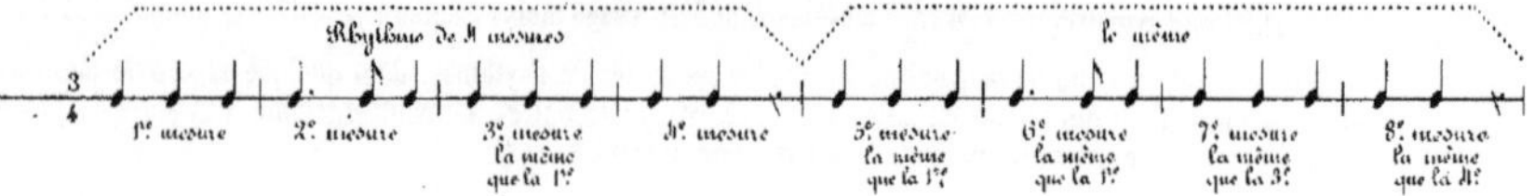

Dans les rhythmes d'une grande étendue, les mesures semblables doivent être placées à des distances égales.

171. Dans les rhythmes d'une grande étendue, comme par exemple dans ceux de 8 mesures, les mesures semblables doivent être placées à des distances égales, dans les *mesures paires* ou dans les *mesures impaires*, ou même si l'on veut, dans les mesures paires et impaires, alternativement comme celui de l'exemple G suivant.

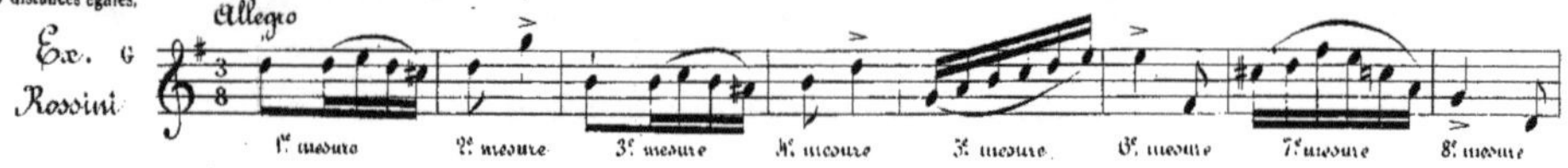

Rhythme symétrique de 8 mesures extrait de la mélodie de l'exemple G, et ayant la 1re et la 3e, la 2e et la 4e, la 5e et la 7e, la 6e et la 8e mesures semblables.

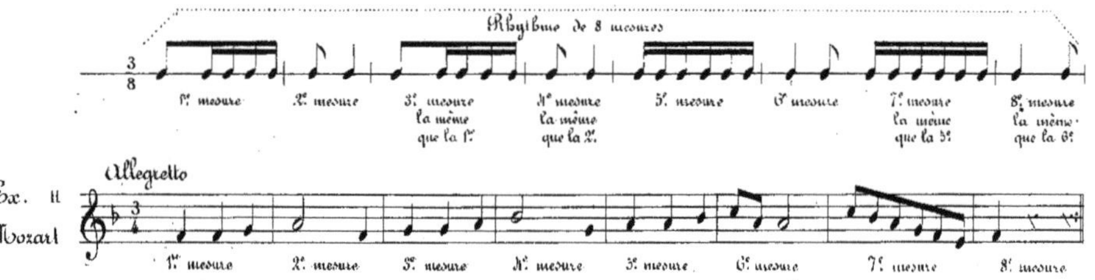

Rhythme symétrique de 8 mesures extrait de la mélodie de l'exemple H, et ayant les 1re 3e et 5e, les 2e et 4e mesures semblables.

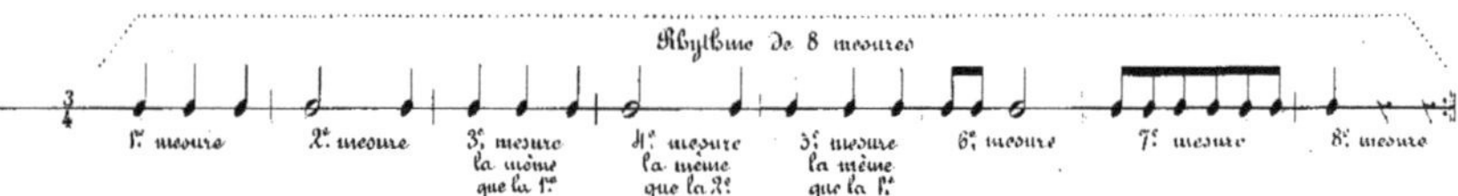

La symétrie n'est point détruite par un léger changement dans les valeurs de quelques notes du rhythme répété.

172. Il est essentiel de remarquer que la symétrie (169) du rhythme n'est point détruite par un léger changement dans les valeurs de quelques notes du rhythme répété ; mais le changement doit se faire plutôt à la fin qu'au commencement du rhythme répété. Ex. I.

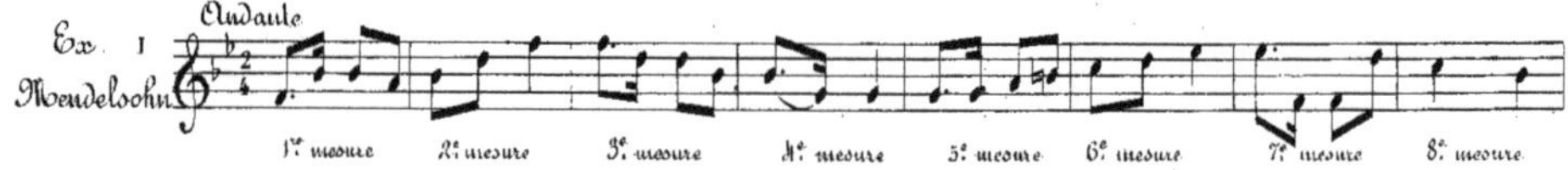

Rhythme symétrique de 4 en 4 mesures extrait de la mélodie de l'exemple I, et dans lequel il y a un changement au 1er temps de la 8e mesure.

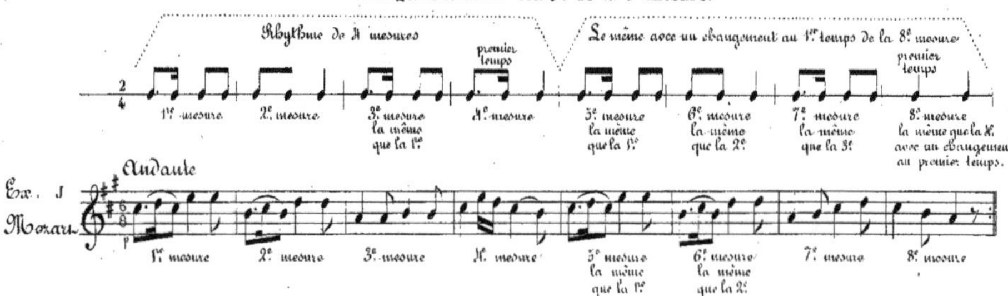

Rhythme symétrique de 4 en 4 mesures extrait de la mélodie de l'exemple J, et dans lequel il y a un changement aux deux temps de la 8e mesure.

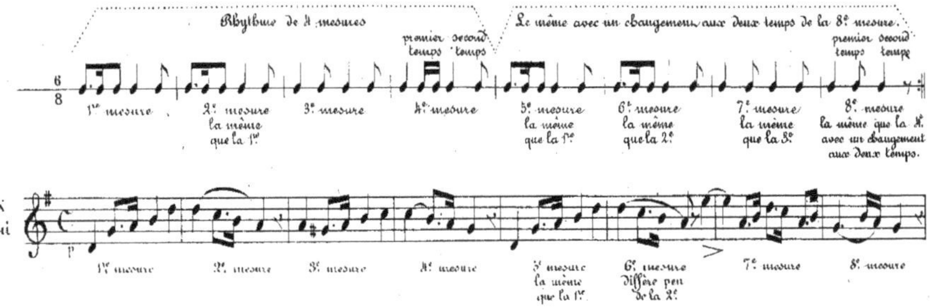

Rhythme symétrique de 2 en 2 mesures extrait de la mélodie de l'exemple K, et dans lequel il y a un changement dans les dernières mesures.

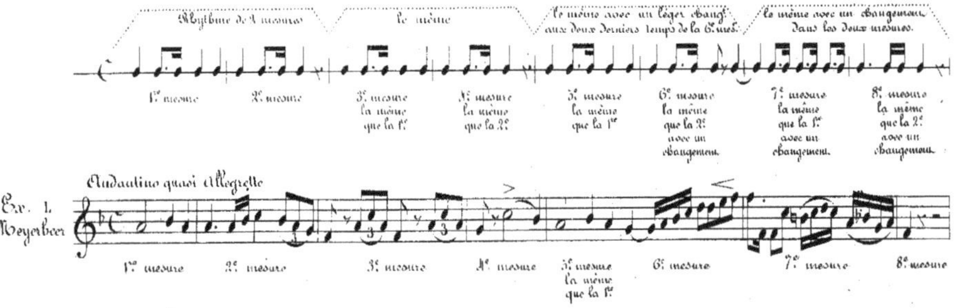

Rhythme symétrique de 4 en 4 mesures extrait de la mélodie de l'exemple L, et ayant un notable changement dans les trois dernières mesures.

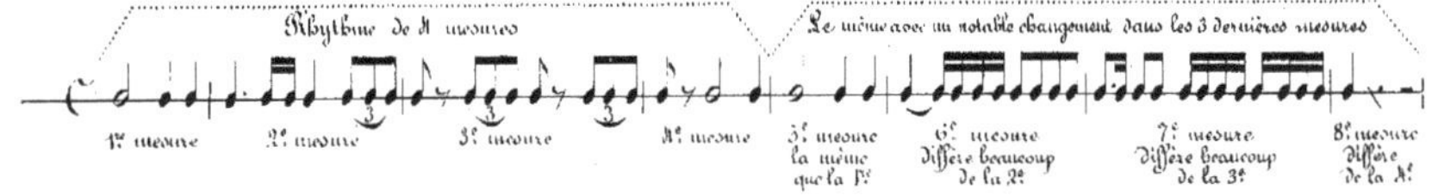

Le rhythme peut commencer par un temps ou un fragment de temps quelconque de la mesure

173. Le rhythme peut commencer par un temps (102) ou un fragment de temps quelconque de la mesure, mais il faut autant que possible que le rhythme répété commence par le même temps ou par le même fragment de temps. Si, par exemple, le rhythme commence par le *second temps* de la mesure, la répétition devra aussi commencer par le *second temps*, etc. ; s'il commence par la *première moitié du temps*, la répétition devra aussi commencer par la *première moitié du même temps* ; enfin, s'il commence par un *quart de temps*, la répétition devra aussi commencer par le *même quart de temps*, etc.

Il peut arriver conséquemment qu'un rhythme ne commence pas par le 1er temps de la mesure. Dans ce cas, il faut que cette fraction de mesure trouve son complément dans la dernière mesure du rhythme répété pour la dernière fois comme dans l'exemple M, où le 3me temps placé en tête du rhythme trouve son complément dans la 8me mesure, — mesure dans laquelle ce temps manque.

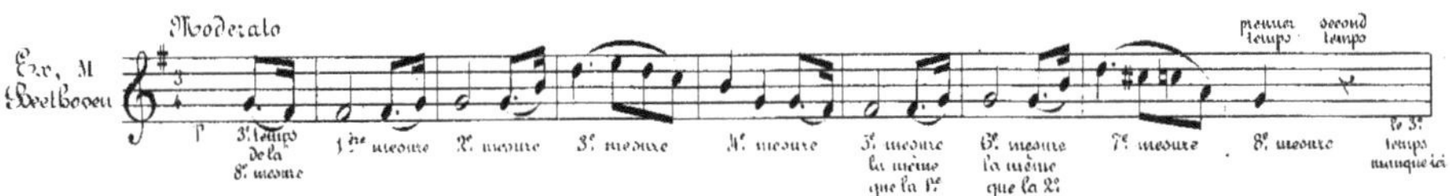

Rhythme symétrique de 4 en 4 mesures extrait de la mélodie de l'exemple M, et qui commence par le 3e temps de la mesure.

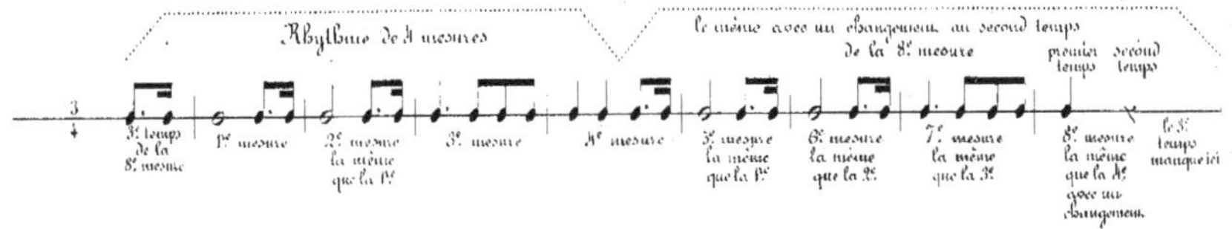

Donnons un autre exemple où le rhythme commence par la *seconde moitié* du *second temps* et où cette fraction de mesure trouve ensuite son complément dans la 16e mesure, dans laquelle la *seconde moitié* du *second temps manque*.

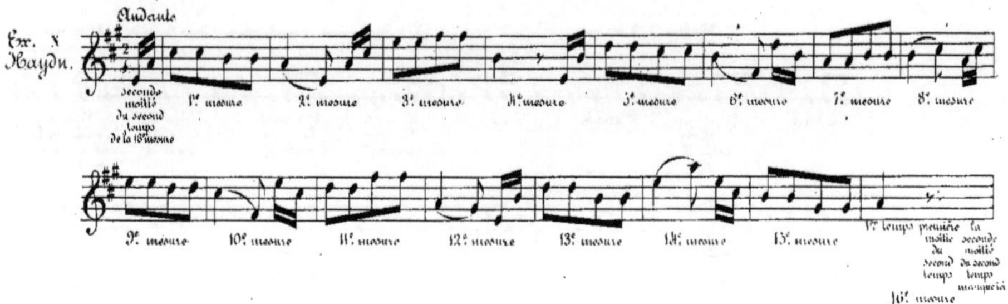

Rhythme symétrique de 2 en 2 mesures extrait de la mélodie de l'exemple N, et qui commence par la seconde moitié du second temps de la mesure.

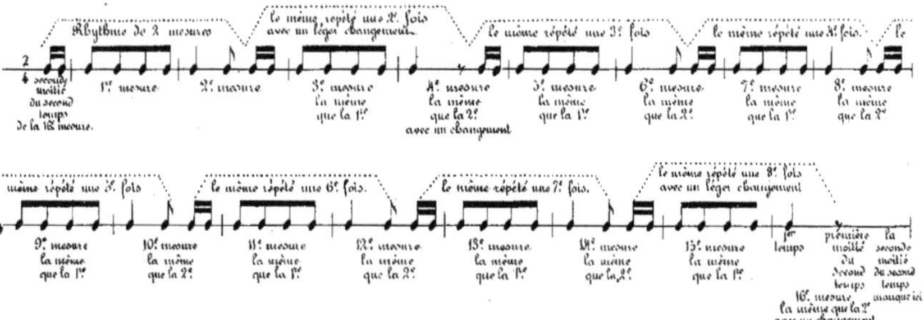

DIVISION D'UNE COMPOSITION MUSICALE : Pièce, morceau, période, phrase, membre de phrase et mesure.

174. Toute composition musicale d'une certaine étendue, que ce soit une *pièce*, comme une sonate, une symphonie, etc., ou un *morceau*, comme les airs détachés d'un opéra, une fantaisie, une romance, une marche, une valse, etc., est nécessairement divisée en un certain nombre de *périodes*, qui sont elles-mêmes subdivisées en *phrases*.

La phrase musicale est tantôt simple, tantôt divisée en plusieurs *membres de phrase*, qui renferment chacun une ou plusieurs *mesures* (101).

Parmi ces diverses divisions, celle qui doit d'abord fixer notre attention, est la *période* ; car de même que dans le discours oratoire, la période est un fragment du discours qui à lui seul forme déjà une espèce de tout ; de même aussi dans un morceau de musique, la période est une petite composition à la fin de laquelle notre oreille paraît être complètement satisfaite.

CADENCES MÉLODIQUES : quart de cadence, demi-cadence, cadence parfaite.

175. La séparation des phrases et des membres de phrase dans lesquels une période est divisée, est distinguée dans la mélodie par des repos qu'on appelle *cadences mélodiques*.

Les cadences peuvent être assimilées aux repos de la ponctuation grammaticale ; elles sont indiquées dans la musique par des silences (86) ou par des notes de durée (81) plus longue. Ces cadences sont :

1° Le *quart de cadence* ou le *quart de repos* qui correspond à la *virgule* et sépare les *membres de phrase* ;

2° La *demi-cadence* ou le *demi-repos* qui correspond au *point et virgule* ou au *double point* et sépare *les phrases* ;

3° La *cadence parfaite* ou le *repos complet* qui correspond au *point* et termine les *périodes*.

La séparation des phrases et des membres de phrase est distinguée aussi très souvent, soit par la répétition du même rhythme (168), soit par la répétition de la même mélodie ou d'un même fragment de mélodie.

Les mélodies des exemples A, C, D, H, I, J, K, L, M et N qui précèdent, constituent chacune une période, parce qu'à la fin de chacune d'elles l'oreille paraît être complètement satisfaite. La terminaison de chacune de ces 10 périodes donne par conséquent lieu à une cadence parfaite. Les 4 autres exemples, c'est-à-dire B, E, F et G ne forment point de périodes, parce qu'à la fin de chacune d'elles l'oreille attend la suite de la mélodie : aussi la terminaison de chacun de ces 4 exemples ne donne-t-elle lieu qu'à une demi-cadence.

Période de 8 mesures divisée en 2 phrases semblables.

176. La période de l'exemple A précité, qui a une étendue de 8 mesures, est divisée en deux phrases semblables comprenant chacune 4 mesures : c'est la répétition de la même mélodie dans les quatre dernières mesures, comme dans les quatre premières, qui indique la division de cette période en deux phrases.

Chaque phrase est partagée en deux membres différents renfermant chacun deux mesures. Deux indications différentes nous font connaître cette séparation : 1° le *demi-soupir* placé de 2 en 2 mesures ; 2° le retour du *même rhythme* (168) toutes les 2 mesures. Ex. O.

Période de 8 mesures divisée en 2 phrases partagées chacune en 2 membres.

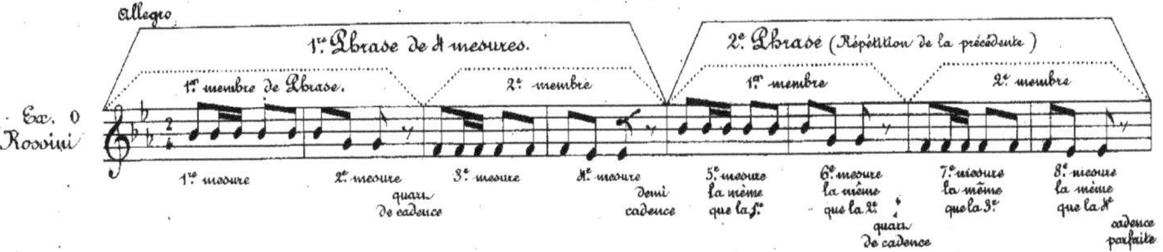

Période de 8 mesures divisée en 2 phrases qui ne sont pas tout à fait semblables.

177. Les périodes des exemples K, L et M ont aussi une étendue de 8 mesures divisées en 2 phrases de même longueur, c'est-à-dire chacune de 4 mesures ; mais ces phrases ne sont pas tout à fait semblables. Ainsi dans M, les 7me et 8me mesures diffèrent des 3me et 4me ; dans K et L, les 6me, 7me et 8me mesures diffèrent des 2me, 3me et 4me. (Vérifiez.)

Période de 8 mesures divisée en 2 phrases semblables.

178. Les périodes des exemples C, D et I ont de même une étendue de 8 mesures divisées en 2 phrases de 4 mesures chacune ; mais dans la seconde phrase, aucune des 4 premières mesures n'est répétée. (Vérifiez.)

Période de 16 mesures divisée en 4 phrases qui ne sont pas tout à fait semblables.

179. La période de l'exemple J a une étendue de 16 mesures. Il n'y en a que 8 écrites, mais les deux points (138) placés à la fin de la 8me mesure, indiquent qu'il faut répéter les 8 mesures. Ces 8 mesures forment 2 phrases de 4 mesures chacune ; les 5me et 6me de la seconde phrase sont la répétition des 1re et 2me mesures de la 1re phrase, mais les 7me et 8me mesures diffèrent un peu des 3me et 4me. (Vérifiez.)

Période de 16 mesures divisée en 4 phrases non semblables.

180. La période de 16 mesures de l'exemple N est divisée en 4 phrases non semblables comprenant chacune 4 mesures. (Vérifiez.)

Période de 16 mesures divisée en 2 phrases semblables.

181. La période de l'exemple H a une étendue de 16 mesures, puisque les 8 mesures écrites doivent être répétées 2 fois. Ces 8 mesures ne composent qu'une seule phrase divisée en 4 membres de 2 mesures chacun. (Vérifiez.)

Etendue qu'une phrase et une période musicales peuvent avoir.

182. Les exemples de mélodies qui précèdent nous montrent que les phrases d'une période sont tantôt semblables et tantôt dissemblables, mais que cependant les compositeurs les font très souvent semblables ou introduisent un changement plus ou moins notable à la fin des phrases répétées.

Dans la composition littéraire, le nombre de mots qui doivent former une phrase, et le nombre de phrases qui doivent former une période n'est point déterminé, tandis que dans la composition musicale, le nombre de mesures qui doivent concourir à la formation d'une phrase, et le nombre de phrases qui doivent concourir à la formation d'une période est pour ainsi dire limité.

La phrase la plus brève n'a jamais moins de 2 mesures ; elle est d'un usage rare, et ne peut être employée que dans les morceaux d'un mouvement (129) lent, écrits dans la mesure à 4 temps. La phrase la plus longue n'a jamais plus de 8 mesures ; elle est d'un usage assez fréquent, mais ne peut être employée, au contraire, que dans les morceaux d'un mouvement vif, écrits dans la mesure à 2 ou à 3 temps.

La phrase la plus généralement employée dans tous les genres de musique, soit religieuse, soit de théâtre, soit de salon, soit militaire est celle qui est composée de 4 mesures ; on l'appelle vulgairement la *phrase carrée*. C'est la seule phrase qui a reçu un nom particulier. Elle est de rigueur dans la musique dansante, à l'exception des valses qui, en raison de leur mouvement rapide, ont le plus souvent leurs phrases de 8 mesures et quelquefois de 4, mais ne les ont jamais autrement.

Les phrases de 3 et de 6 mesures se rencontrent quelquefois dans les compositions musicales.

Les phrases de 5 mesures sont d'un usage rare, et celles de 7 mesures ne sont presque jamais employées.

Les périodes le plus généralement employées sont celles qui sont composées de 2, de 3 ou de 4 phrases ; passé ce nombre, elles deviennent déjà longues. L'étendue de chacune des diverses divisions d'une composition musicale dépend d'ailleurs du mouvement (129) ; plus celui-ci est lent, moins il leur faut d'étendue ; plus il est vif, plus il leur faut d'étendue.

Par quelles notes on doit conclure une phrase et une période mélodiques. — Temps sur lequel les périodes doivent se terminer.

183. Nous connaissons maintenant les éléments essentiels (168) qui constituent la musique ; nous sommes à même de composer des mélodies, c'est-à-dire nous pouvons prendre dans une gamme quelconque des notes, et les rhythmer symétriquement. Seulement, il est à remarquer que le choix de ces notes n'est pas toujours arbitraire. Ainsi, par exemple, la conclusion d'une phrase doit se faire par une note appartenant au 1er ou au 5me accord, comme dans la gamme majeure de Do, le 1er (Do, Mi, Sol), et le 5me (Sol, Si, Re) ; la terminaison d'une période doit se faire par la note fondamentale (33) du 1er accord, autrement dit par la 1re note de la gamme dans laquelle on termine la période ; en effet, cette note seule qui, dans ce cas, doit toujours être articulée sur le temps fort ou sur la partie forte du temps (116 et suivants), donne lieu à une cadence parfaite (175).

Or, comme il en est ainsi, et puisque les notes composant les accords (32 et suivants) sont elles-mêmes empruntées à la gamme, il est bien plus simple et surtout plus facile aux commençants de former des mélodies (19), en prenant les notes dans les accords mêmes. Les mélodies composées de cette manière seront toujours correctes; elles auront naturellement plus ou moins de charme, selon que la succession des sons aura été plus ou moins heureuse.

Accompagnement.

184. Ces mélodies produiront plus d'effet si, en même temps qu'on fait entendre les sons de la mélodie, on les soutient, on les accompagne par les accords mêmes qui ont donné naissance à la mélodie. C'est ce qu'on appelle *accompagnement.*

Dans la musique de piano ou d'orgue (69 et suivants), l'accompagnement s'écrit ordinairement sur la portée de la clef de Fa; mais il peut aussi être placé sur la portée de la clef de Sol et, dans ce cas, la mélodie est écrite sur la portée de la clef de Fa; de même on peut l'écrire sur les deux portées à la fois comme, par exemple, dans l'accompagnement d'une romance.

Le rhythme de l'accompagnement peut différer du rhythme de la mélodie.

185. Le rhythme (168) de l'accompagnement peut différer du rhythme de la mélodie. Il n'y a point de règles précises à donner à cet égard. L'expérience et le bon goût seuls peuvent guider dans le choix des deux rhythmes simultanés de la mélodie et de l'accompagnement. Cependant il faut dire, que l'accompagnement est moins susceptible de changement de rhythme que la mélodie. On n'a qu'à ouvrir un livre quelconque de musique de piano, et on s'apercevra tout de suite que les valeurs de notes dans l'accompagnement, placées ordinairement sur la portée de la clef de Fa, sont souvent uniformes durant toute une période, quelquefois même pendant plusieurs périodes.

Accord arpégé. Accord plaqué.

186. Les sons des accords, servant d'accompagnement, peuvent à leur tour être entendus successivement; dans ce cas, les accords sont dits *arpégés* ou *brisés.* Par opposition, on donne le nom *d'accords plaqués* à ceux où les notes sont entendues simultanément, ainsi que nous le voyons dans l'accompagnement de l'exemple P suivant. Les accords arpégés, exécutés par les instruments à cordes, produisent un accompagnement plus nourri et généralement plus agréable que les accords plaqués; le contraire a lieu lorsqu'ils sont exécutés par les instruments à vent.

Un accord ne cesse pas d'être appelé arpégé, lorsque les notes ne sont pas toutes entendues séparément, comme dans l'exemple Q suivant.

Mélodies composées avec les notes du 1er et du 5me accord de la gamme majeure de Do.

187. Formons l'accompagnement (184) des exemples suivants de deux accords seulement, par exemple du 1er et du 5me de la gamme majeure de Do (page 8, Ex. I), dont nous avons parlé au paragraphe 183. Plaçons sur la portée de la clef de Fa le 1er (Do, Mi, Sol) dans les 2 premières mesures, et le 5me (Sol, Si, Re) dans la 3me mesure, et de nouveau le 1er (Do, Mi, sol) dans la 4me mesure, ce qui nous donne l'accompagnement de la première phrase. Nous répéterons ensuite les accords de cette phrase une seconde fois, et nous aurons un accompagnement d'une période de 8 mesures (176, 177 et 178).

Quant à la composition de la mélodie (183) de chacun des exemples, nous écrirons sur la portée de la clef de Sol, dans un ordre quelconque, à notre gré, tantôt l'une et tantôt l'autre des 3 notes formant l'accompagnement que nous venons de placer sur la portée de la clef de Fa. Seulement, nous aurons le soin de donner aux notes que nous puiserons ainsi dans l'accompagnement, les valeurs (81) indiquées, ou pour mieux dire le rhythme (168) indiqué dans les exemples au-dessus de la portée de la clef de Sol. Nous ferons la seconde phrase semblable à la première (176), ou, si nous voulons, nous ferons un léger changement à la fin de la seconde phrase (177); mais toujours faut-il que nous terminions la mélodie par la 1re note de la gamme, c'est-à-dire par le Do, ainsi que nous l'avons dit (183).

Nota. Pour bien faire comprendre au lecteur, que quel que soit l'ordre dans lequel les notes d'un accord se succèdent, les unes aux autres, dans une mélodie où la seconde phrase est semblable à la première, ou dans laquelle il y a un léger changement à la fin de la seconde phrase, et qu'une mélodie faite de cette manière sera toujours correcte, nous ne ferons pas nous-même le choix dans cet ordre de succession des notes, c'est-à-dire nous ne composerons pas nous-même les mélodies, nous les ferons faire par des personnes étrangères à la composition musicale, mais qui, nécessairement, connaissent les notes. Toutefois nous ferons à ces personnes les deux recommandations suivantes :

Il faut éviter dans une mélodie d'écrire les notes à une trop grande distance les unes des autres.

188. 1° Il faut éviter, dans une mélodie, d'écrire les notes à une trop grand distance les unes des autres comme, par exemple, dans la première phrase de la mélodie suivante. Les grands sauts gênent beaucoup l'exécutant, et ces intervalles composés (30) forment nécessairement des mélodies bizarres qui sont bien loin de flatter agréablement l'oreille. En arrivant par gradation à de grands intervalles, soit en montant, soit en descendant comme, par exemple, dans la deuxième phrase, les mélodies deviennent d'une exécution facile et parfois peuvent devenir encore très agréables. (Ex. P)

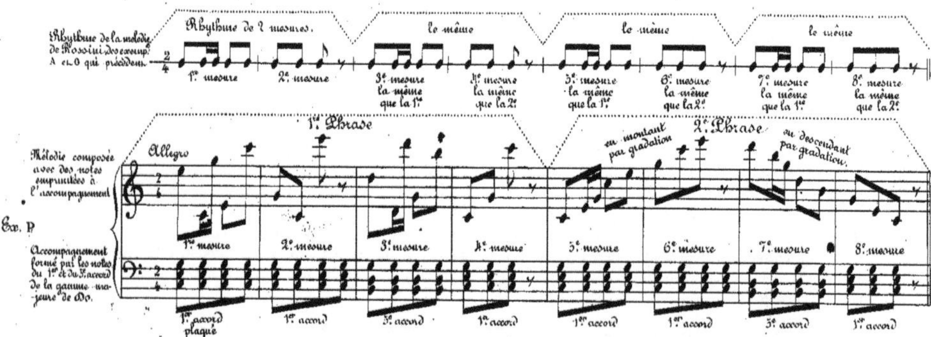

Lorsqu'on compose de la musique pour le piano ou pour l'orgue, il faut éviter d'écrire des unissons.

189. 2° Lorsque l'on compose de la musique pour le piano ou pour l'orgue, il faut éviter d'écrire dans la mélodie une même note que la main droite et la main gauche devraient exécuter simultanément sur une même touche comme, par exemple, dans la mélodie suivante, où les deux mains doivent faire simultanément un *Mi* dans la 1re mesure et un *Re* dans

la 3me mesure. Pour bien comprendre que le *Mi* de l'acccompagnement et le *Mi* dans la mélodie, dans la 1re mesure, font réellement une seule et même note, un seul et même son qu'on appelle *unisson*, consultez la 3me leçon, et principalement les paragraphes 70, 71 et 72. On écrira, par exemple, dans la mélodie, la note qui ferait unisson avec l'accompagnement, une octave plus haut ainsi que nous le voyons dans la seconde phrase de la même mélodie. (Ex. Q)

Mélodie composée dans le même rhythme que celle des exemples A, O et P qui précèdent.

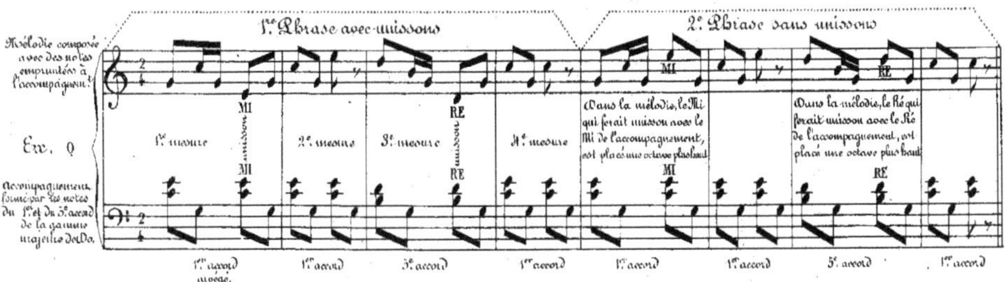

Mélodie composée dans le même rhythme que celle des exemples A, O, P et Q qui précèdent.

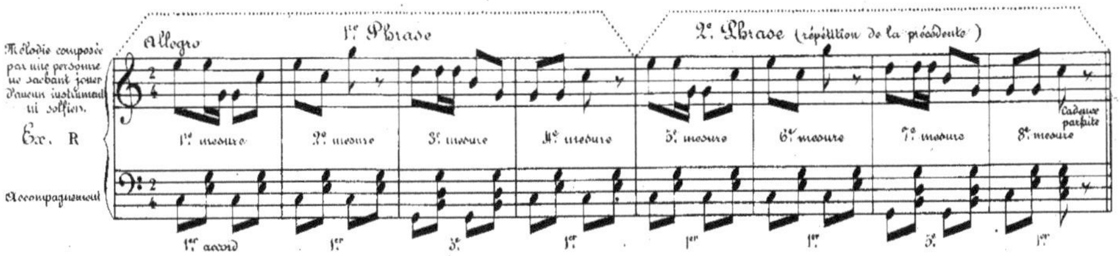

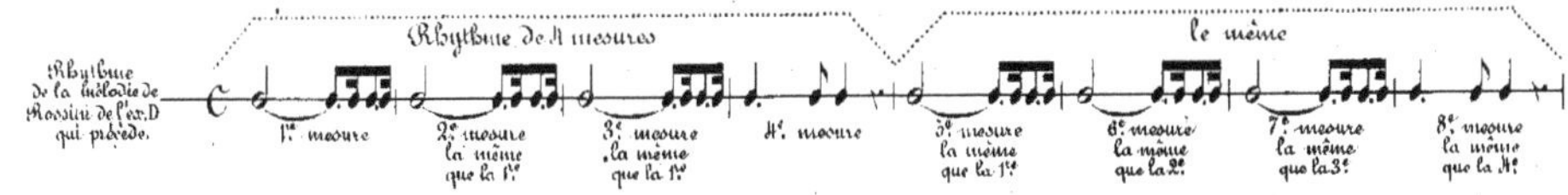

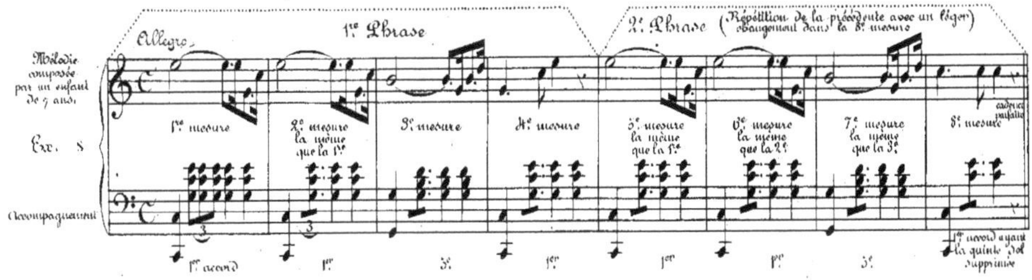

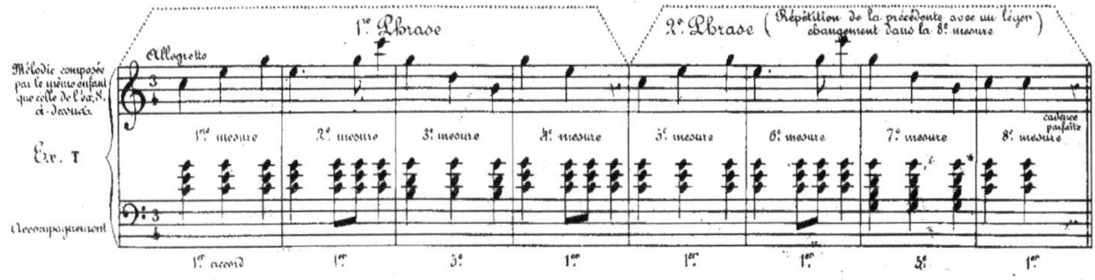

Allegro — 1re Phrase — 2e Phrase (répétition de la précédente)

Mélodie composée par une personne ne sachant jouer d'aucun instrument ni solfier.

Ex. R

1re mesure, 2e mesure, 3e mesure, 4e mesure, 5e mesure, 6e mesure, 7e mesure, 8e mesure — cadence parfaite

Accompagnement — 1er accord, 1er, 3e, 1er, 1er, 1er, 3e, 1er

Rhythme de 4 mesures — le même

Rhythme de la mélodie de Rossini de l'ex. D qui précède.

1re mesure — 2e mesure la même que la 1re — 3e mesure la même que la 1re — 4e mesure — 5e mesure la même que la 1re — 6e mesure la même que la 2e — 7e mesure la même que la 3e — 8e mesure la même que la 4^e^

Allegro — 1re Phrase — 2e Phrase (Répétition de la précédente avec un léger changement dans la 8e mesure)

Mélodie composée par un enfant de 7 ans.

Ex. S

1re mesure — 2e mesure la même que la 1re — 3e mesure — 4e mesure — 5e mesure la même que la 1re — 6e mesure la même que la 2e — 7e mesure la même que la 3e — 8e mesure — cadence parfaite

Accompagnement — 1er accord, 1er, 3e, 1er, 1er, 1er, 3e — 1er accord ayant la quinte Sol supprimée

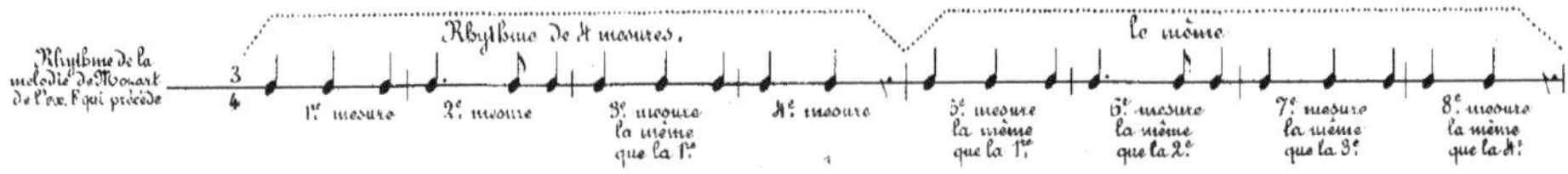

Rhythme de 4 mesures. — le même

Rhythme de la mélodie de Mozart de l'ex. F qui précède

1re mesure — 2e mesure — 3e mesure la même que la 1re — 4e mesure — 5e mesure la même que la 1re — 6e mesure la même que la 2e — 7e mesure la même que la 3e — 8e mesure la même que la 4^e^

1re Phrase — 2e Phrase (Répétition de la précédente avec un léger changement dans la 8e mesure)

Allegretto

Mélodie composée par le même enfant que celle de l'ex. S, ci-dessus.

Ex. T

1re mesure, 2e mesure, 3e mesure, 4e mesure, 5e mesure, 6e mesure, 7e mesure, 8e mesure — cadence parfaite

Accompagnement — 1er accord, 1er, 3e, 1er, 1er, 1er, 3e, 1er

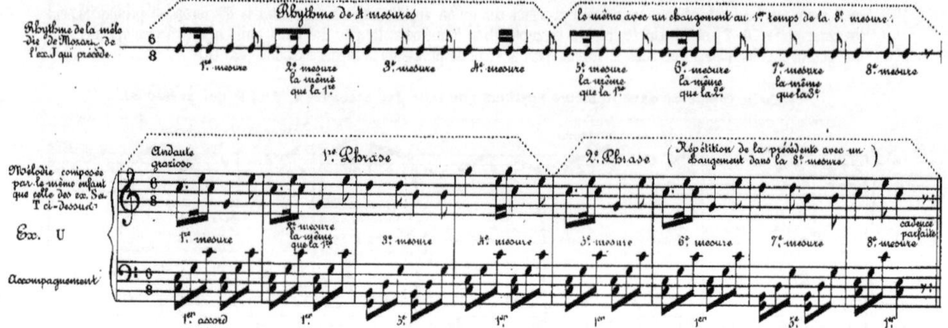

PREMIER DEVOIR : Composition de mélodies avec des notes empruntées à l'accompagnement.

190. On comprend facilement qu'il est possible de composer, avec les quelques accompagnements qui précèdent, une infinité de mélodies différentes, soit en les écrivant dans le même rhythme (168), soit en changeant la valeur des notes. Il est à remarquer que le moindre changement dans l'ordre de succession des sons, et même le changement du mouvement (129) peuvent imprimer à une mélodie un tout autre caractère.

L'élève copiera les accompagnements depuis l'exemple P et composera d'autres mélodies dessus, d'après les préceptes contenus dans cette leçon.

DEUXIÈME DEVOIR. Mélodies à accompagner.

191. L'élève placera un accompagnement sous chacune des mélodies suivantes, qui, de même que les mélodies précédentes depuis l'exemple P, sont composées avec les trois notes du 1er accord de la gamme majeure de Do (Do, Mi, Sol), et avec les 3 notes du 5me accord (Sol, Si, Re). En composant cet accompagnement, lorsque l'élève verra dans la mélodie un *Do*, ou un *Mi*, ou un *Sol*, il écrira naturellement le 1er accord dans la portée de la clef de Fa, et lorsqu'il verra dans la mélodie un *Sol*, ou un *Si*, ou un *Re*, il écrira le 5me accord (Sol, Si, Re).

On remarque que la note *Sol* peut recevoir pour accompagnement l'un ou l'autre des deux accords. Dans la 1re mesure de l'exemple V, où il y a cette note *Sol*, l'élève choisira le 1er accord, parce que l'oreille le préfère au 5me au commencement d'une mélodie. Quant au *Sol* placé dans la 5me mesure du même exemple V, il faudra se servir du même accord que dans la 1re mesure, puisque dans cet exemple, la seconde phrase n'est que la répétition de la première.

L'élève donnera à ces accompagnements le même rhythme que celui des accompagnements des mélodies précédentes. Ainsi, pour l'exemple V et W, il peut se servir indifféremment de l'un ou de l'autre des accompagnements des exemples P, Q ou R. Pour l'exemple X, il prendra l'accompagnement de l'exemple S ; pour l'exemple Y, celui de l'exemple T ; et enfin pour l'exemple Z, celui de l'exemple U. Toutefois, l'ordre de succession des deux accords ne sera plus le même que celui des exemples précédents, ainsi que l'élève le verra facilement par les notes de la mélodie.

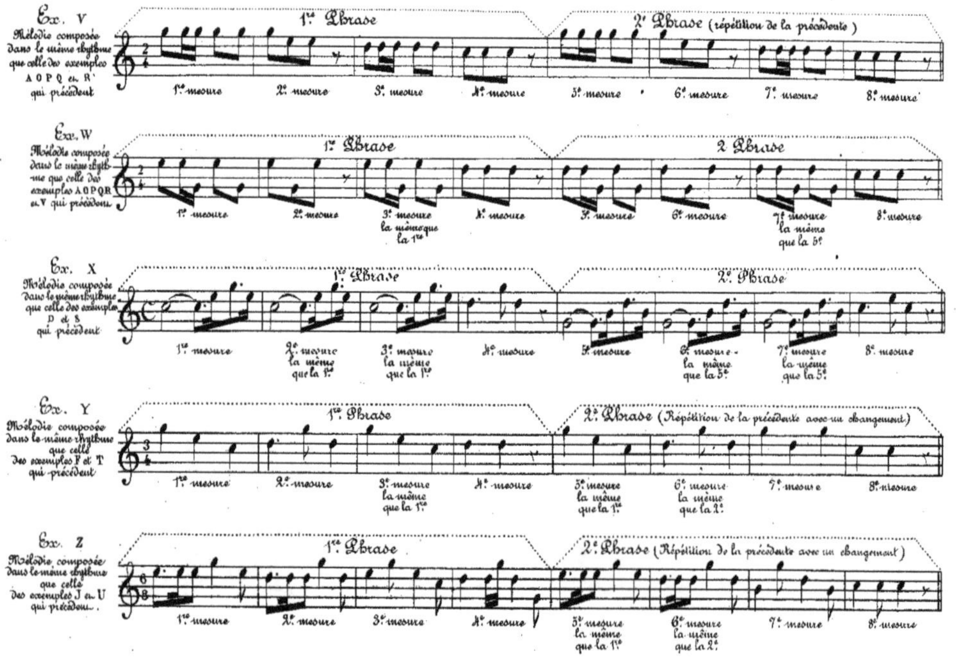

HUITIÈME LEÇON.

NOTES DE PASSSAGE.

Notes étrangères aux accords dans la mélodie. — Notes de passage. — Accords de 3 sons dans les gammes mineures. — Utilité d'un clavier de piano pour l'analyse des accords. — Renversement et enchaînement des accords. — Comment on peut développer un motif, un thème. — Phrases incidentes. — Comment avec les mêmes notes, on peut composer de la musique dans les 24 gammes. — Comment avec un même rythme, décomposé et recomposé, on peut en faire une quantité d'autres. — La coda. — Immenses ressources pour composer des mélodies avec notes de passage. — Modification de la 6me et de la 7me note des gammes mineures.

Notes réelles. — Notes étrangères.

192. Les mélodies précédentes que nous avons composées, ou que nous avons fait composer, sont formées exclusivement avec des notes empruntées aux accords; mais on peut aussi faire des mélodies dans lesquelles il y a des notes étrangères aux accords.

Les notes d'une composition musicale quelconque se divisent donc en deux catégories : 1° Celles comprises dans les accords et qu'on désigne sous le nom de *notes réelles*, *notes essentielles*, *notes principales*, etc.; 2° celles non comprises dans les accords et qu'on appelle généralement *notes étrangères*, *notes accidentelles*, *notes passagères.*

Diverses espèces de notes étrangères aux accords.

193. Les notes étrangères aux accords sont de différentes espèces : 1° Les *notes de passage*; 2° les *notes voisines*; 3° les *appogiatures*; 4° les *anticipations*; 5° les *prolongations* appelées aussi *suspensions* ou *retards*; 6° la *pédale*.

Celles qu'on rencontre le plus fréquemment dans les compositions musicales de tous les maîtres, sont les notes de passage.

Notes de passage. Elles ne peuvent avoir lieu que lorsqu'on fait une gamme ou un fragment de gamme.

194. En allant d'une note réelle (192) quelconque à une autre note réelle quelconque, et en passant toujours successivement d'une note de la gamme à la note suivante de la même gamme, soit en montant, soit en descendant, les notes qui, dans ce parcours, ne sont point réelles, sont appelées *notes de passage.*

Les notes de passage ne peuvent avoir lieu que lorsqu'on fait une gamme ou seulement un fragment de gamme. Dans cette gamme ou ce fragment de gamme, il faut au moins une série successive ascendante ou descendante de 3 notes, comme dans les exemples suivants, où il y a une seule note de passage entre 2 notes réelles dans les séries de 3 notes (nos 1, 2, 3 et 4); 2 notes de passage successives dans les séries de 4 notes (nos 5 et 6); 2 notes de passage non successives dans les séries de 5 notes (nos 7, 8, 9, 10, 11 et 12); etc., etc.

Si l'on voulait faire des séries de notes plus considérables que celles qu'il y a dans les exemples suivants, on n'aurait qu'à continuer la marche ascendante ou descendante dans la gamme, et s'arrêter à volonté à une note réelle quelconque, selon l'étendue qu'on désirerait donner à ces séries non interrompues de sons.

Ainsi que les exemples suivants nous le montrent, il y a toujours une seule note de passage entre la note fondamentale et la tierce, une seule note de passage entre la tierce et la quinte, et enfin 2 notes de passage successives entre la quinte et l'octave de la note fondamentale. Il en est de même dans tous les accords de 3 sons, quelle que soit la gamme à laquelle ils appartiennent, le rang (34) qu'ils occupent dans cette gamme, et l'octave (4) dans laquelle les notes sont exécutées.

Dans nos exemples, nous indiquerons les notes de passage par la lettre P.

Série de notes faites sur le 1er ACCORD de la gamme majeure de Do (page 8).

Les 3 notes Do, Mi, Sol, sont réelles, et les 4 autres, Re, Fa, La et Si, sont des notes de passage.

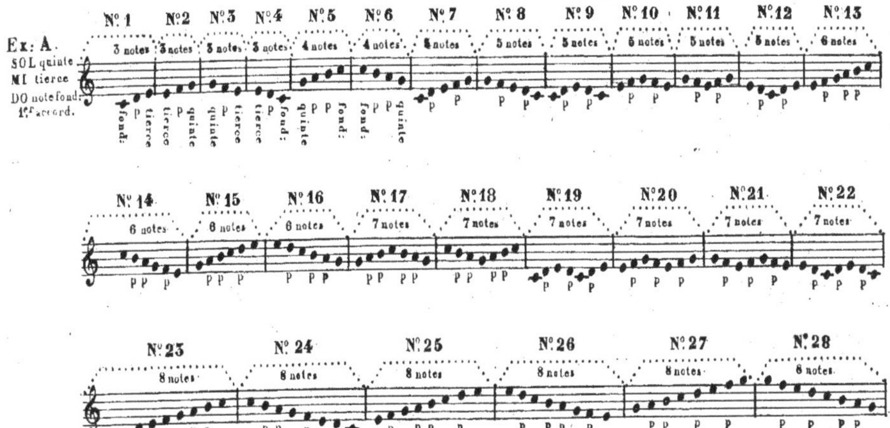

Mêmes séries transposées sur le 2me ACCORD de la même gamme.

Les 3 notes Re, Fa, La, sont réelles, et les 4 autres, Mi, Sol, Si et Do, sont des notes de passage.

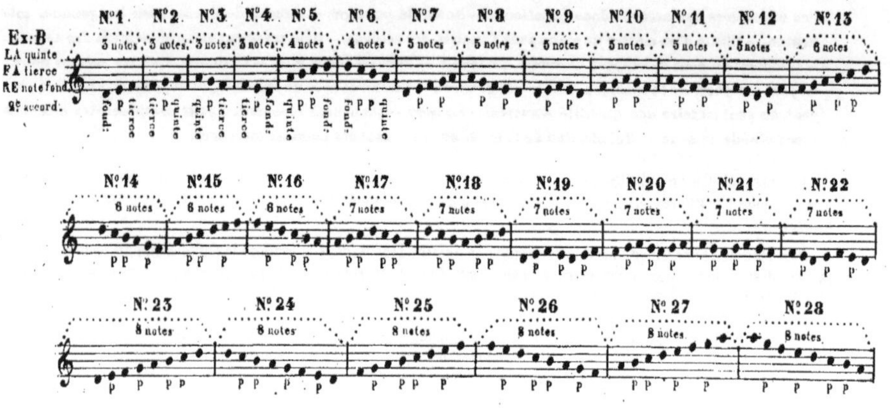

Mêmes séries transposées sur le 3me ACCORD de la même gamme.

Les trois notes Mi, Sol, Si, sont réelles, et les 4 autres, Fa, La, Do et Re, sont des notes de passage.

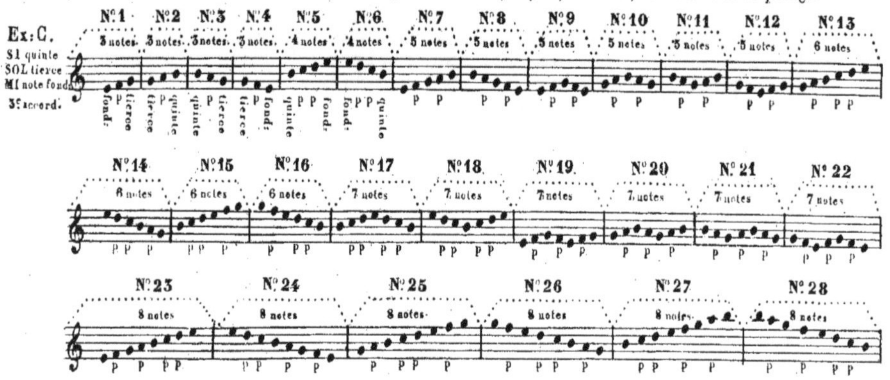

Mêmes séries transposées sur le 4me ACCORD de la même gamme.

Les 3 notes Fa, La, Do, sont réelles, et les 4 autres, Sol, Si, Re et Mi, sont des notes de passage.

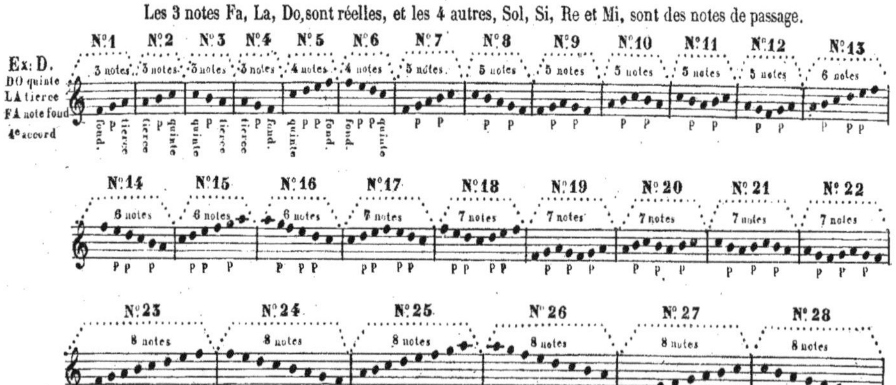

Mêmes séries transposées sur le 5me ACCORD de la même gamme.

Les 3 notes Sol, Si, Re, sont réelles, et les 4 autres, La, Do, Mi et Fa, sont des notes de passage.

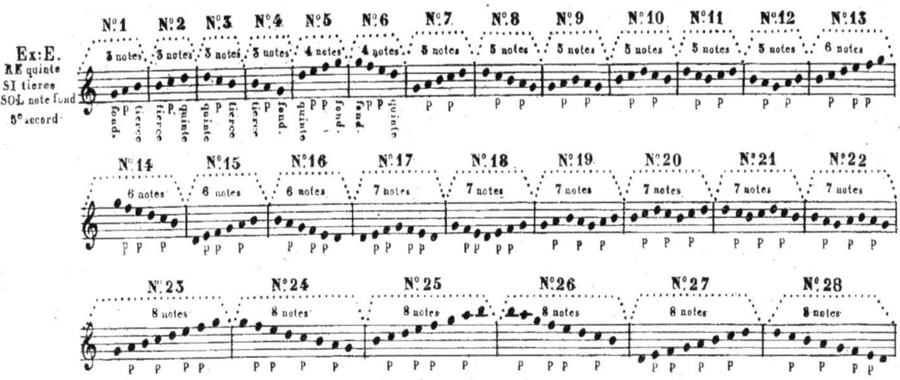

Mêmes séries transposées sur le 6me ACCORD de la même gamme.

Les 3 notes La, Do, Mi, sont réelles, et les 4 autres, Si, Re, Fa et Sol, sont des notes de passage.

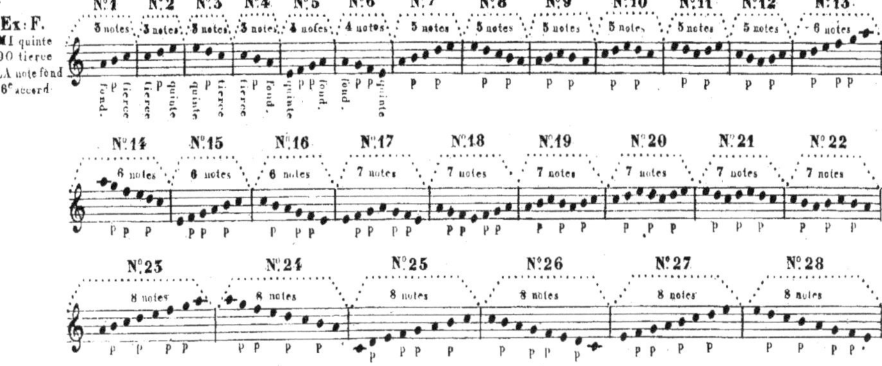

Mêmes séries transposées sur le 7me ACCORD de la même gamme.

Les 3 notes Si, Re, Fa, sont réelles, et les 4 autres, Do, Mi, Sol et La, sont des notes de passage.

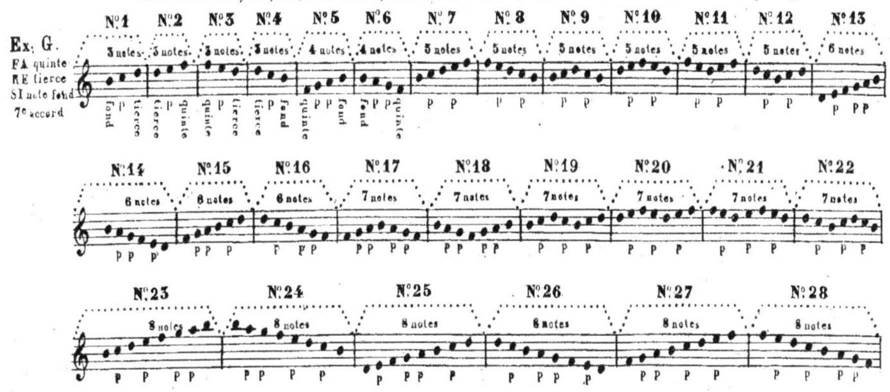

Les notes de passage doivent être articulées de préférence sur les temps faibles et sur la partie faible des temps.

195. Les notes de passage doivent être articulées de préférence sur les temps faibles et sur la partie faible des temps; cependant, lorsque ces notes sont de durée brève, elles peuvent aussi être faites sur les temps forts et sur la partie forte des temps (116 et suivants).

Composition de mélodies avec des fragments de gamme, dans lesquels il y a des notes de passage.

196. Il nous sera maintenant facile de composer des mélodies dans lesquelles il y des notes de passage; nous n'avons qu'à réunir quelques unes des séries de notes des exemples précédents, et les écrire dans des rhythmes (168), symétriques (169) quelconques, soit dans les mesures (101) à temps binaires, soit dans les mesures à temps ternaires (105), en observant toutefois ce qui a été dit aux paragraphes 183 et 195. Une seule série de notes d'un des 28 numéros suffit même déjà pour pouvoir en former un grand nombre de mélodies différentes, si nous empruntons cette série aux divers exemples qui précèdent et que nous la rhythmions de différentes manières.

Prenons les 3 notes du n° 1 de l'ex. A, et les 3 notes du n° 1 de l'ex. E. Écrivons ensuite les notes de ces deux numéros dans le rhythme de la mélodie de Mozart de l'ex. F, page 62, et dans lequel il y a précisément des mesures renfermant les 3 notes nécessaires pour pouvoir faire une note de passage (194). Quant à la 4me mesure du rhythme, dans laquelle il n'y a que 2 notes, nous ne pourrons faire de celles-ci que des notes réelles (192).

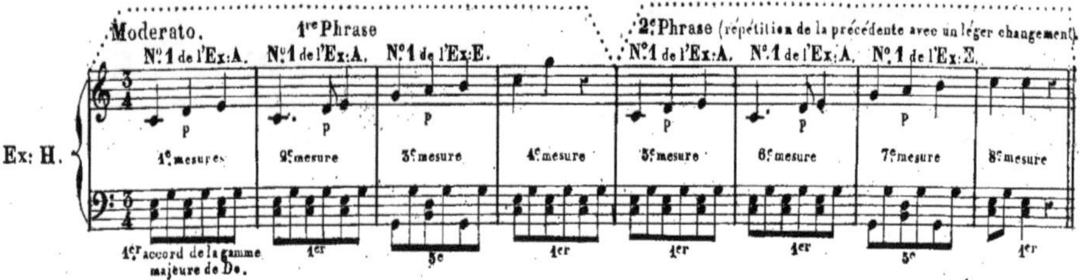

Deux mélodies ayant les mêmes notes peuvent être néanmoins d'un caractère opposé.

197. Deux mélodies ayant les mêmes notes, et celles-ci se succédant dans le même ordre, peuvent être néanmoins d'un caractère opposé, lorsque le rhythme (168) diffère. Ainsi, la mélodie suivante, dans laquelle les notes sont les mêmes, et se succèdent dans le même ordre que dans l'exemple précédent, ne ressemble nullement à la mélodie de ce dernier exemple.

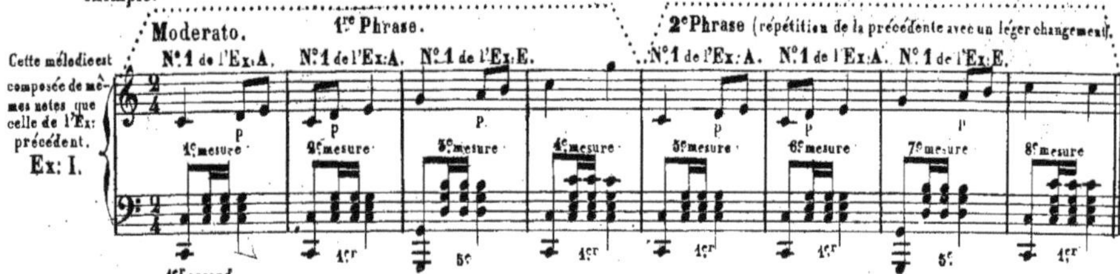

Composons un troisième exemple de mélodie en employant des séries de 3 et de 4 notes. Écrivons-les dans le rhythme de la mélodie de Mendelsohn de l'exemple I, page 62.

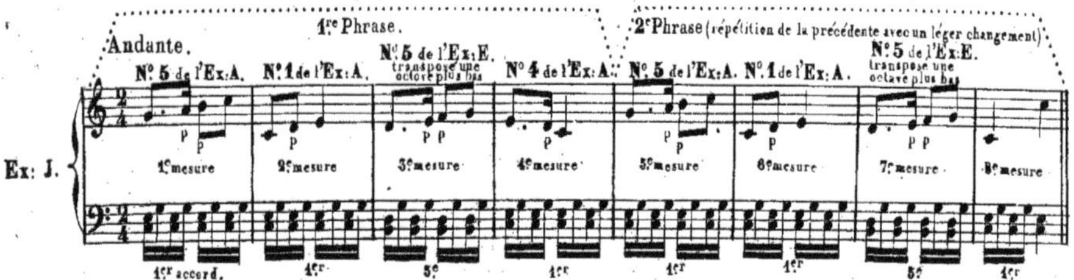

Composons un quatrième exemple de mélodie. Employons encore les mêmes notes, et faisons-les succéder dans le même ordre que celles de l'exemple précédent, en ayant soin toutefois de les rhythmer différemment, et nous aurons un tout autre air.

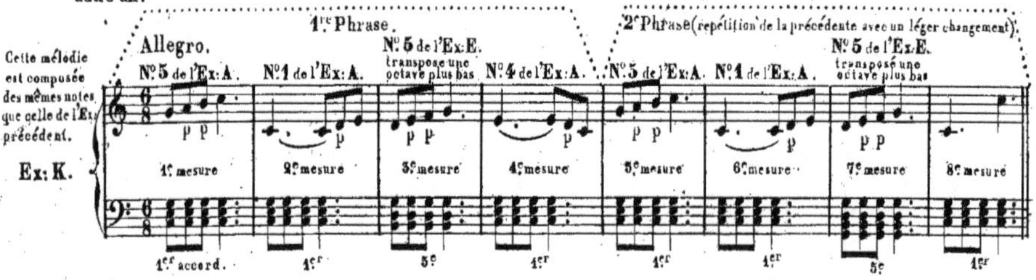

Composons un cinquième exemple de mélodie, en nous servant encore des mêmes notes que celles contenues dans les deux exemples précédents, et en les écrivant dans un rhythme de la mesure à 4 temps.

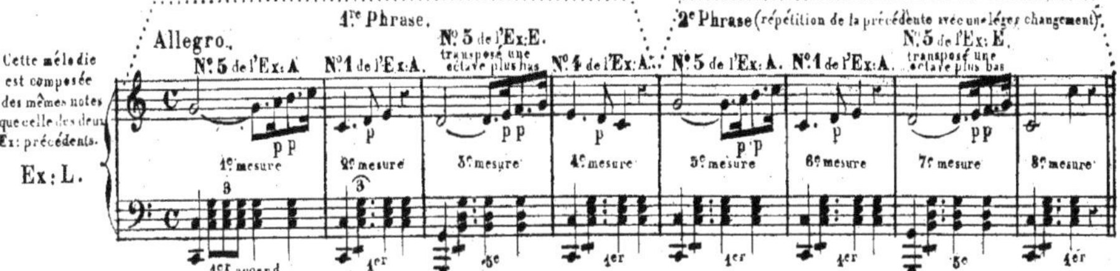

Dans les 3 exemples J, K et L ci-dessus, les mélodies ne sont formées que de 3 séries différentes de notes, c'est-à-dire des nos 1, 4 et 5 des exemples A, et E. On s'aperçoit facilement que si l'on voulait faire usage de toutes les combinaisons rhythmiques possibles, ainsi que de la transposition dans les diverses octaves, on pourrait obtenir encore un nombre considérable de mélodies différentes, et toujours à l'aide de ces 3 séries de notes seulement.

Ce qui précède nous donne déjà une idée de la puissance du rhythme. Nous voyons que dans la musique il a une fonction non moins importante à remplir que les sons eux-mêmes; et, conséquemment, il est très-urgent de l'étudier avec soin.

Accords de 3 sons dans deux gammes de même tonique.

198. Dans tous les exemples de composition que nous avons donnés jusqu'ici, nous n'avons fait usage que de deux accords, c'est-à dire du 1er et du 5me de la gamme majeure de Do. Il est maintenant nécessaire que nous nous familiarisions aussi avec les autres accords de la gamme majeure, et que nous nous occupions aussi des accords de la gamme mineure, desquels nous n'avons pas encore parlé.

Nous avons vu (32 et suivants) comment on forme les accords dans la gamme majeure. Dans la gamme mineure, la construction des accords se fait absolument de la même manière que dans la gamme majeure; seulement, ces accords doivent présenter entre eux des différences, puisque les deux gammes, majeure et mineure, ne se ressemblent pas (152 et suivants).

Pour pouvoir juger facilement la différence qu'il y a entre les 7 accords de 3 sons de la gamme majeure, et entre les 7 accords de 3 sons de la gamme mineure, nous construirons ces accords dans deux gammes de même tonique (156), Ex. M. et N.

Dans les exemples, l'abréviation *maj.*, signifie *majeure*; et *min.*, *mineure*.

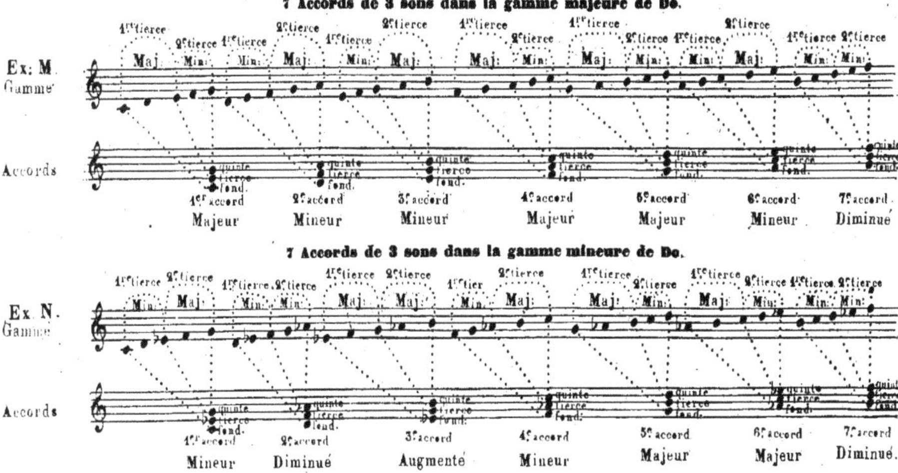

Différence entre les 7 accords de 3 sons dans deux gammes de même tonique.

199. Ces deux exemples nous montrent qu'il n'y a que les 5me et les 7me accords des deux gammes qui se ressemblent : le 5me est majeur dans le mode (152) majeur comme dans le mode mineur, et le 7me est diminué dans les deux modes. La raison de cette ressemblance est bien simple : aucun de ces accords ne comprend ni l'une ni l'autre des deux notes modales (152), c'est-à-dire ni le *Mi*, ni le *La*, tandis que tous les autres accords renferment chacun l'une ou l'autre de ces deux notes, ou même les deux à la fois, comme le 6me, qui, en effet, contient le *Mi* et le *La*.

On comprend facilement qu'il doit en être ainsi des accords de 3 sons dans toutes les gammes de même tonique (156), puisque les 12 gammes majeures ressemblent, par leurs intervalles, à la gamme majeure de Do, et les 12 gammes mineures à la gamme mineure de Do.

Dans toutes les gammes majeures, le 1er, le 4me et le 5me accord sont majeurs.

200. Ainsi, dans toutes les gammes majeures, l'accord de 3 sons qui a pour point de départ la 1re, la 4me et la 5me note de la gamme est toujours *majeur* (35), parce que la 1re tierce est *majeure* et la 2me *mineure* (Ex. M plus haut).

Dans toutes les gammes majeures, le 2me, le 3me et le 6me accord sont mineurs.

201. Dans toutes les gammes majeures, l'accord de 3 sons qui a pour point de départ la 2me, la 3me et la 6me note de la gamme est toujours *mineur*, parce que la 1re tierce est *mineure* et la 2me *majeure* (Ex. M plus haut).

Dans toutes les gammes majeures, le 7me accord est diminué.

202. Dans toutes les gammes majeures, l'accord de 3 sons qui a pour point de départ la 7me note de la gamme est toujours *diminué*, parce que les 2 tierces sont *mineures* (Ex. M plus haut).

Dans toutes les gammes mineures, le 5me et le 6me accord sont majeurs.

203. Dans toutes les gammes mineures, l'accord de 3 sons qui a pour point de départ la 5me et la 6me note de la gamme est toujours *majeur*, parce que la 1re tierce est *majeure* et la 2me *mineure* (Ex. N plus haut).

Dans toutes les gammes mineures, le 1er et le 4me accord sont mineurs.

204. Dans toutes les gammes mineures, l'accord de 3 sons qui a pour point de départ la 1re et la 4me note de la gamme est toujours *mineur*, parce que la 1re tierce est *mineure* et la 2me *majeure* (Ex. N plus haut).

Dans toutes les gammes mineures le 2me et le 7me accord sont diminués.

205. Dans toutes les gammes mineures, l'accord de 3 sons qui a pour point de départ la 2me et la 7me note de la gamme est toujours *diminué*, parce que les deux tierces sont *mineures*.

Dans toutes les gammes mineures, le 3me accord est augmenté.

206. Dans toutes les gammes mineures, l'accord de 3 sons qui a pour point de départ la 3me note de la gamme est toujours *augmenté*, parce que les deux tierces sont *majeures*.

Comment on peut distinguer facilement la nature d'un accord. — Utilité d'un clavier de piano ou d'orgue pour l'analyse des accords.

207. Nous voyons que pour reconnaître facilement la nature d'un accord de 3 sons, il importe qu'on arrive à distinguer promptement une tierce majeure d'une tierce mineure. Malheureusement, sur les portées les yeux ne voient aucune différence entre ces deux tierces, car l'une et l'autre y occupent ou deux lignes successives, ou bien deux interlignes successifs (40). Mais il n'en est pas de même sur un clavier de piano ou d'orgue; là, il y a un moyen plastique, un moyen matériel et palpable de les distinguer sans peine, et le moindre exercice suffit aux yeux pour apprécier instantanément si une tierce est majeure ou mineure.

1° Une tierce est *majeure*, lorsqu'entre les deux touches qui la composent, il y a 3 *touches intermédiaires*, dont tantôt 2 *blanches* et *une noire*, et tantôt, au contraire, 2 *noires* et *une blanche*, et jamais autrement.

2° Une tierce est *mineure*, lorsqu'entre les deux touches qui la composent, il n'y a que 2 *touches intermédiaires*, dont tantôt *une blanche* et *une noire*, et tantôt 2 *blanches*, mais jamais autrement.

Il en est ainsi des tierces dans toutes les gammes, qu'elles soient majeures, ou qu'elles soient mineures. (Verifiez aux claviers de piano les exemples D, E et F, page 6.)

Ainsi qu'on le voit, le clavier est un véritable trésor pour l'analyse des accords; il permet aux plus jeunes enfants, dès le début de leurs études musicales, de se familiariser avec les accords, et peut leur aplanir singulièrement les premières difficultés.

Accords de 3 sons classés dans l'ordre de leur emploi le plus fréquent. — Nécessité du 1er et du 5me accord.

208. Bien que les compositeurs aient dans chaque gamme 7 accords de 3 sons à leur disposition (198), ils utilisent rarement toutes ces ressources. Très souvent, au contraire, ils n'emploient que deux accords, tant dans les gammes majeures que dans les gammes mineures, ainsi que nous le verrons plus tard, lorsque nous analyserons la musique de différents compositeurs. Ces deux accords sont le 1er et le 5me, c'est-à-dire ceux que nous avons employés dans nos compositions précédentes. Ils sont indispensables dans quelque espèce de musique que ce soit, et l'on ne trouvera aucune mélodie dont l'accompagnement puisse se passer de l'un ou de l'autre de ces deux accords. Voici d'ailleurs les 7 accords de chacune des deux gammes des exemples M et N qui précèdent, classés par rang d'importance, et à peu près dans l'ordre où on les rencontre le plus fréquemment, lorsqu'on analyse de la musique écrite dans ces deux gammes; ce classement est le même dans les autres gammes. (Ex. O et P.)

Accords de 3 sons de la gamme majeure de Do, classés dans l'ordre de leur emploi le plus fréquent.

Ex: O.

1er accord Maj: (Indispensable) dans toute mélodie écrite dans la Gamme Maj: de DO. — 5e Maj: (Indispensable) — 4e Maj: (très fréquent) — 2e Min: (très fréquent) — 6e Min: (assez fréquent) — 7e Diminué. (moins fréquent) — 3e Min: (rare)

Accords de 3 sons de la gamme mineure de Do, classés dans l'ordre de leur emploi le plus fréquent.

Ex: P.

1er accord Min: (Indispensable) dans toute mélodie écrite dans la Gamme Min. de DO. — 5e Maj: (Indispensable) — 4e Min: très fréquent — 2e Diminué. (très fréquent) — 6e Maj: (assez fréquent) — 7e Diminué. (moins fréquent) — 3e Augmenté. jamais employé dans aucune Gamme Min.

Le 3me accord de la gamme mineure n'est employé que dans les gammes majeures.

209. Ces deux exemples nous montrent que le classement des accords de 3 sons, dans l'ordre le plus fréquent de leur emploi, est le même dans la gamme majeure que dans la gamme mineure, avec la seule différence que, dans cette dernière gamme, le 3me accord n'est jamais employé. En effet, c'est seulement dans les gammes majeures que les compositeurs se servent de cet accord qui, au premier abord, paraît si discordant, mais devient agréable, lorsqu'il est employé selon certaines règles que nous donnerons en temps utile.

Renversement des accords.

210. En écrivant les accompagnements sous nos exemples de mélodies, nous n'avons pas toujours placé les notes des accords dans leur ordre primitif, comme nous les voyons dans les exemples M et N plus haut, et où la note fondamentale est la plus basse, la tierce immédiatement au-dessus de la note fondamentale, et la quinte immédiatement au-dessus de la tierce. Nous avons quelquefois dérangé cette disposition naturelle des notes dans les accords. Cet intervertissement dans l'ordre primitif des notes d'un accord, en les plaçant les unes au-dessus des autres, est désigné sous le nom de *renversement*.

Accord de 3 sons non renversé.

211. Tout accord présentant *deux tierces superposées* (33), est dit accord de 3 sons *non renversé*; le son le plus bas est la *note fondamentale*, celui du milieu *la tierce*, et le plus élevé *la quinte*. (Ex. Q.)

1er renversement d'un accord de 3 sons.

212. Un accord de 3 sons est dans son 1er *renversement*, quand la *tierce* (de l'accord non renversé) est la note la plus basse de l'accord. Les intervalles successifs que présente un accord de 3 sons renversé pour la 1re fois, sont : une *tierce* (23) et une *quarte* (26); dans ce cas, le *son fondamental* de l'accord est invariablement la note la *plus élevée* des 2 notes qui forment quarte. (Ex. R.)

2me renversement d'un accord de 3 sons.

213. Un accord de 3 sons est dans son 2me *renversement*, quand la *quinte* (de l'accord non renversé) est la note la plus basse de l'accord. Les intervalles successifs que présente un accord de 3 sons renversé pour la 2me fois, sont : une *quarte* et une *tierce*; dans ce cas, le son fondamental de l'accord est invariablement, comme dans le 1er renversement, la note la *plus élevée* des 2 notes qui forment quarte. (Ex. S.)

Ex: Q
Accords de 3 sons non renversés (Deux tierces superposées)
1er accord de la Gamme Majeure de DO — 1er accord de la Gamme Mineure de DO
DO, note fondamentale, parcequ'il est dans les deux accords le son le plus bas de 2 tierces superposées.

Ex: R.
Mêmes accords dans leur 1er renversement (une tierce et une quarte, la quarte en haut)
1er accord de la Gamme Majeure de DO — 1er accord de la Gamme Mineure de DO
DO, note fondamentale, parcequ'il est dans les deux accords le son le plus élevé des 2 notes qui forment quarte.

Ex: S.
Mêmes accords dans leurs 2me renversement (une quarte et une tierce, la quarte en bas)
1er accord de la Gamme Majeure de DO — 1er accord de la Gamme Mineure de DO
DO, note fondamentale, parcequ'il est dans les deux accords le plus élevé des 2 notes qui forment quarte.

Résumé du renversement des accords de 3 sons.

214. En résumé : 1° Un accord de 3 sons non renversé, quelle que soit la gamme à laquelle il appartienne, quel que soit le rang (34) qu'il occupe dans la gamme, a constamment pour *note fondamentale* la plus basse de 2 tierces superposées (211); 2° un accord de 3 sons renversé, et dans lequel les notes sont rapprochées les unes des autres comme celles des deux exemples R et S ci-dessus, présente toujours une *tierce* et une *quarte* : tantôt la quarte est *au-dessus* de la tierce (1er renversement), et tantôt elle est *au-dessous* de la tierce (2me renversement); mais dans les deux cas, la *note fondamentale* est invariablement la *plus élevée* des 2 notes qui forment quarte.

Remarque importante concernant le renversement des accords.

215. Les accords servant d'accompagnement peuvent être placés, ainsi que nous l'avons dit (184), sur plusieurs portées différentes; ensuite une ou plusieurs notes d'un accord peuvent être répétées, de même qu'il peut y en avoir de supprimées; dans tous ces cas, il est essentiel de remarquer que dans l'accord de 3 sons, soit qu'il n'ait aucune note répétée comme dans l'exemple T suivant, soit qu'il en offre une ou plusieurs répétées comme dans l'exemple U, quelle que soit l'octave (4) dans laquelle les différentes notes se trouvent placées et quelle que soit l'interversion de ces notes; lorsque le *son fondamental* est la note la plus basse, l'accord est toujours dit *non renversé*; lorsque *la tierce* est la note la plus basse, l'accord est dans son 1er *renversement*; lorsque *la quinte* est la note la plus basse, l'accord est dans son 2me *renversement*. Ces mêmes principes s'appliquent à un accord quelconque de 3 sons, quelle que soit la gamme à laquelle il appartienne et quel que soit le rang (34) qu'il occupe dans la gamme.

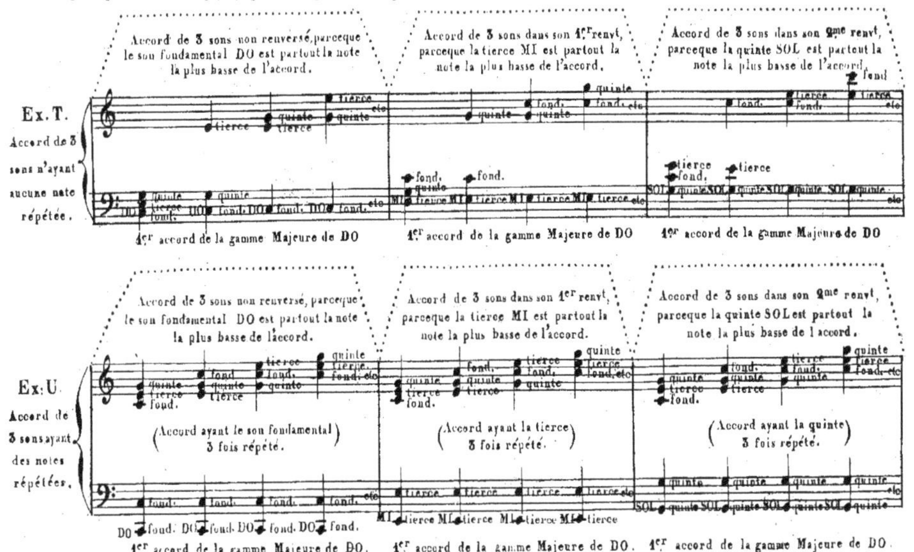

Enchaînement des accords.

216. En faisant succéder l'un à l'autre deux accords différents qui ont une note commune (140) comme ceux de l'exemple suivant où la note commune est *Sol*, il faut, autant que possible, dans cet enchaînement d'accords, laisser la note commune *en haut*, si dans le 1er des deux accords la note commune est en haut, et au *milieu*, si dans le 1er des deux accords la note commune est au milieu, et enfin *en bas*, si dans le 1er des deux accords la note commune est en bas. (Ex. V.)

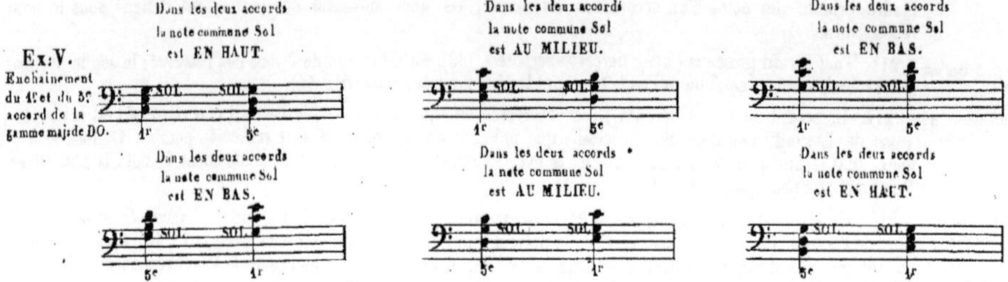

Nous venons d'acquérir des connaissances plus étendues sur les accords, reprenons maintenant la composition musicale. Nous nous familiariserons ensuite avec les accords de 4 sons et avec les notes voisines (193), etc., pour revenir de nouveau à la composition et ainsi de suite, c'est-à-dire, nous mettrons en pratique les accords au fur et à mesure que nous les étudierons.

Comment on peut allonger une mélodie de 4 ou de 8 mesures. — Motif, sujet, thème. — Episode, phrase incidente. — Développer un motif.

217. Jusqu'ici nos mélodies n'avaient que 8 mesures. Occupons-nous maintenant de donner à nos compositions une plus grande étendue.

Ordinairement les 4 ou les 8 premières mesures d'un air contiennent tout le corps d'une mélodie de 16, 20, 30, ou d'un plus grand nombre de mesures, quelquefois même de tout un morceau. Ces premières mesures qui renferment ainsi l'idée mélodique principale, l'idée mère ou la mélodie type d'une ou de plusieurs périodes, prennent le nom de *motif*, *sujet*, ou *thème*. A cette idée mère viennent ensuite se joindre d'autres idées accessoires qu'on appelle *épisodes* ou *phrases incidentes*. Ces phrases incidentes, afin d'être dans l'esprit du motif et refléter son caractère, doivent émaner de l'idée mère. A cet effet, les compositeurs transposent quelquefois le thème dans d'autres gammes; mais, le plus souvent, ils le démembrent, et en répètent un ou plusieurs fragments, avec ou sans aucune modification de notes, soit dans la gamme même dans laquelle le motif a pris naissance, soit dans une ou plusieurs autres gammes. Cette manière d'étendre une mélodie s'appelle *développer* un motif.

Les épisodes n'ont pas seulement pour but de faire abandonner momentanément le thème pour le reprendre ensuite, mais ils ont principalement pour objet de bien graver le fond de la pensée mélodique dans la mémoire de l'auditeur.

C'est en ceci que le discours musical a une grande analogie avec le discours oratoire; car, de même que l'orateur cherche à pénétrer l'auditoire de son sujet, et cela en variant ces moyens, de même aussi, le compositeur utilise tout ce que la science et surtout son génie lui offrent pour rendre une mélodie gracieuse, intéressante, agréable, et cela par le moyen des développements dont il s'inspire.

Motif de 4 mesures, avec lequel le compositeur a fait une mélodie de 16 mesures.

218. Prenons un exemple de mélodie où le compositeur, avec un motif de 4 mesures, a fait un air de 16 mesures au moyen de développements (Ex. W).

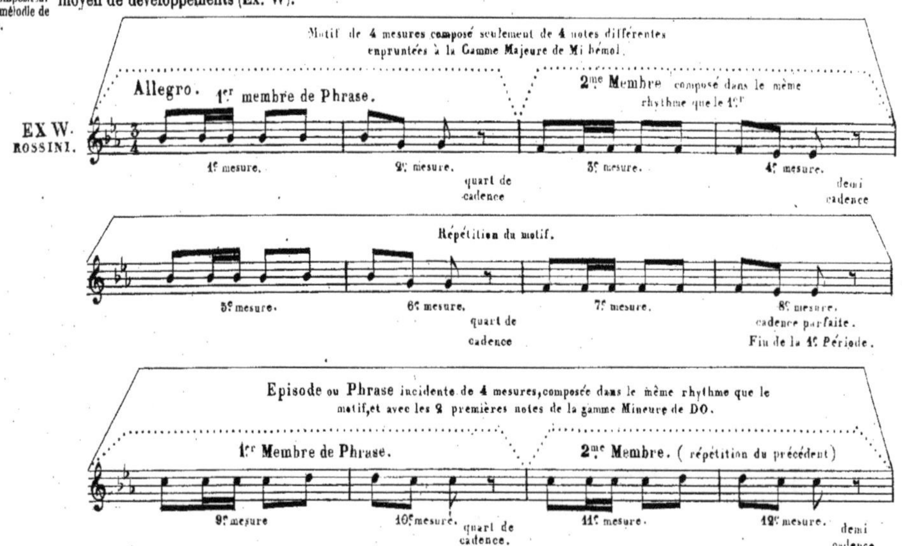

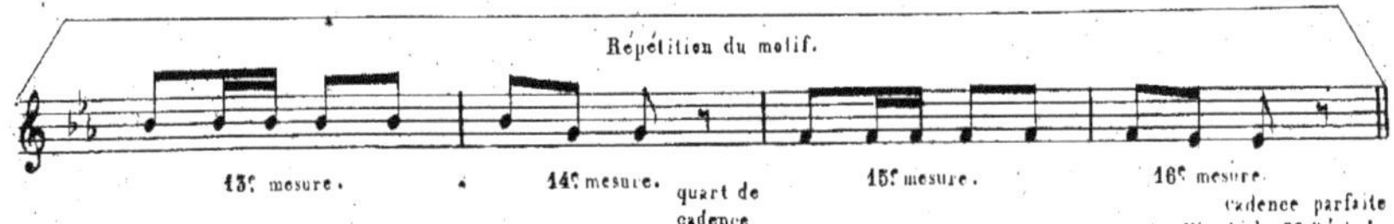

Cet exemple nous montre que l'idée mère ou le motif de l'air, contient 4 mesures. Le compositeur a eu soin de répéter celles-ci immédiatement deux fois de suite, afin de bien déterminer le fond de la pensée mélodique. Il a ensuite fait une phrase incidente de 4 mesures; dans cette phrase le second membre n'est que la répétition du premier; en sorte que l'épisode (217) n'a réellement que 2 mesures différentes. Ces 2 mesures (la 9me et la 10me ou la 11me et la 12me) ne sont autre chose que la répétition du second membre du motif, c'est-à-dire de la 3me et de la 4me mesure de l'air. En effet, les notes dans la 9me mesure sont répétées, avec une légère modification à la fin de la mesure, une quinte (27) plus haut que celles dans la 3me mesure, ou encore, une seconde (20) plus haut que celles dans la 1re mesure; les notes dans la 10me mesure sont répétées, sans aucun changement, une sixte plus haut que celles dans la 4me mesure. Nous voyons que cette phrase incidente, qui est le développement du sujet, émane parfaitement bien de l'idée principale ou du motif, et qu'elle doit conséquemment refléter aussi le même caractère.

Le motif ne se compose que de 4 notes différentes empruntées à la gamme majeure de *Mi bémol* (page 50, ex. J), ainsi que l'armure (163 et 166) et la 5me note de la gamme, *Si bémol*, qui n'est point haussée (159) nous l'indique. Ces 4 notes sont : la 1re (Mi bémol, dans la 4me mesure), la 2me (Fa, dans les 3me et 4me mesures), la 3me (Sol, dans la 2me mesure), et enfin la 5me (Si bémol, dans les 1re et 2me mesures).

La phrase incidente ne se compose que de 2 notes différentes; elles sont empruntées à la gamme mineure de Do (page 50, ex. V), relative (157) de la gamme majeure de Mi bémol dans laquelle le sujet est écrit. Ces deux notes sont : la 1re et la 2me, le *Do* et le *Re* placés dans chacune des 9me, 10me, 11me et 12me mesures; en somme, toute la mélodie ne se compose que de 6 notes différentes.

Composition de mélodies suivant un modèle donné.—7 accords de 3 sons dans la gamme mineure de La.

219. Prenons maintenant pour modèle la mélodie de Rossini que nous venons d'analyser, et donnons à nos compositions la même facture, c'est-à-dire créons d'abord, dans une gamme majeure quelconque, un motif (217) de 4 mesures, et répétons-le une seconde fois, avec ou sans changement. Formons ensuite dans la gamme relative mineure une phrase incidente (217) de 4 ou même d'un plus grand nombre de mesures, et terminons enfin la mélodie en répétant de nouveau le motif.

Servons-nous, par exemple, des motifs de nos compositions précédentes qui toutes sont écrites dans la gamme majeure de Do. Nous serons obligés conséquemment d'écrire la phrase incidente dans la gamme mineure de *La* (157), puisqu'elle est relative de Do. Voici cette gamme mineure ainsi que les sept tierces et les sept accords de trois sons qu'elle nous offre, Ex. X.

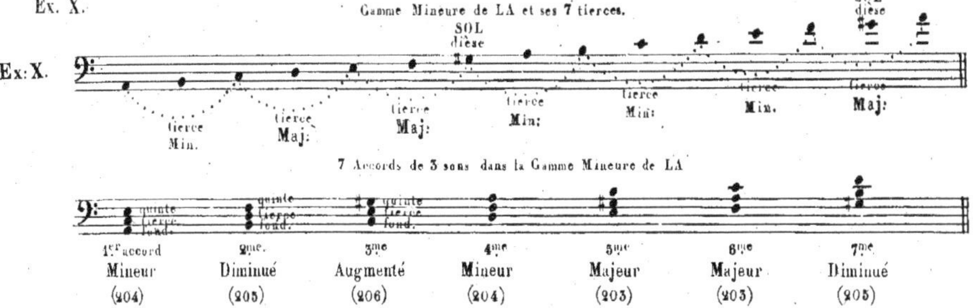

Nous voyons de nouveau (198) que pour former les accords de trois sons dans une gamme quelconque, on n'a qu'à superposer deux tierces successives (32 et suivants) sur chacune des sept notes de la gamme, et placer les dièses ou les bémols devant les notes qui doivent être dièsées ou bémolisées de la gamme dans laquelle on forme les accords.

Les diverses séries de notes, placées au commencement de cette leçon, peuvent servir pour composer des mélodies dans les 24 gammes.

220. Nous avons maintenant sous les yeux les accords de la gamme mineure dans laquelle nous voulons former des phrases incidentes. Toutefois, avant de composer ces phrases, nous devons instruire l'élève d'un fait très-important lequel lui permettra, toujours à l'aide des mêmes éléments, de pouvoir composer des mélodies dans toutes les gammes majeures et mineures, quel que soit le nombre de dièses ou de bémols de ces gammes, et cela avec une facilité remarquable.

Nous avons vu (153) qu'une même note, sans changer de position sur la portée, peut exprimer plusieurs sons distincts, à l'aide des dièses et des bémols. Ainsi, à la page 55, nous voyons que pour écrire toutes les gammes, tant majeures que mineures, il ne faut que sept positions ou sept séries différentes de notes. Ces séries ont successivement pour point de départ : 1° le *do* (Ex. A et V, page 55); 2° le *re* (Ex. C, Y, H et Q); 3° le *mi* (Ex. E, N, J et S); 4° le *fa*; 5° le *sol*; 6° le *la*; 7° le *si*.

Il doit évidemment en être de même des accords; et sept groupes différents de notes doivent nécessairement suffire pour représenter aux yeux, sur la portée, les sept accords de trois sons dans chacune des vingt-quatre gammes.

Or, puisqu'il en est ainsi, les séries de notes transposées sur sept accords différents, dans les exemples A, B, C, D, E, F et G qui précèdent, peuvent parfaitement bien nous servir pour composer des mélodies dans toutes les gammes, sans aucune exception, et nous n'aurons qu'à placer devant les notes les dièses ou les bémols, que la gamme dans laquelle nous composerons, exige.

Donnons un exemple et employons, à cet effet, la série de notes du n° 23 de l'exemple A qui précède.

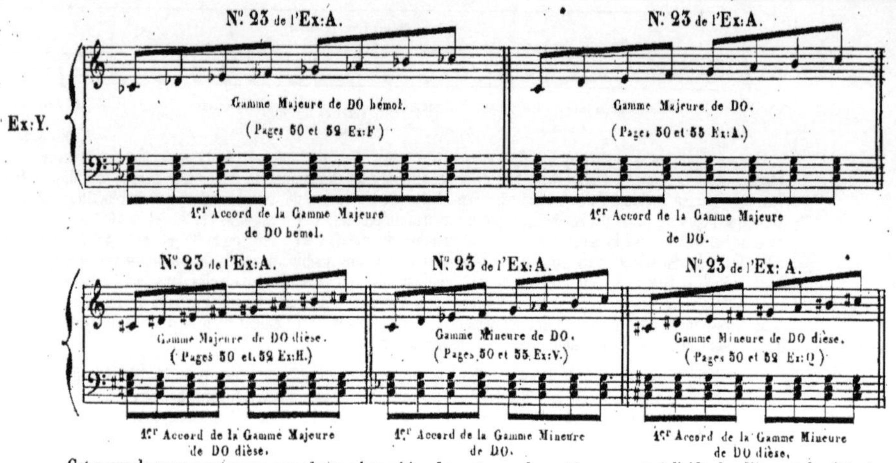

Cet exemple nous montre que sans changer la position des notes sur la portée, on peut, à l'aide des dièses et des bémols, exprimer des sons successifs et simultanés (19), appartenant à différentes gammes.

Mélodies écrites dans la gamme majeure de Do, et ayant des phrases incidentes écrites dans la gamme relative mineure de La.

221. Prenons maintenant le motif deux fois répété de l'exemple H qui précède. Composons la phrase incidente, ainsi que nous l'avons dit (219), dans la gamme mineure de La. Employons dans cette gamme seulement les deux accords indispensables (208), c'est-à-dire le 1er et le 5me; le 1er (La, Do, Mi), est le même que le 6me de la gamme majeure de Do, de manière que toutes les fois que nous ferons usage de cet accord, les séries de notes de l'exemple F qui précède, conviennent parfaitement bien, sauf à placer un dièse devant le *Sol* dans toutes les mesures (164) où cette note est de passage (194). Le 5me accord (Mi, Sol dièse, Si) est le même que le 3me de la gamme majeure de Do, avec la seule différence que dans cette dernière gamme le *Sol* est naturel, de manière que toutes les fois que nous ferons usage de ce 5me accord de la gamme de La, les séries de notes de l'exemple C qui précède, peuvent être utilisées, sauf à placer encore un dièse devant le *Sol*.

Le motif de l'exemple Z suivant est formé de la série de trois notes du n° 1 des exemples A et E qui précèdent; nous pouvons donc, pour composer la phrase incidente (217), copier le n° 1 de l'exemple F toutes les fois que l'accord est (La, Do, Mi), et le n° 1 de l'exemple C toutes les fois que l'accord est (Mi, Sol dièse, Si); et cette phrase émanera parfaitement bien de la mélodie mère (217). Nous n'avons employé cette série de notes que sur le 1er accord (La, Do, Mi), parce que nous voulions développer seulement le 2me membre de phrase du motif, c'est-à-dire la 3me et la 4me mesure.

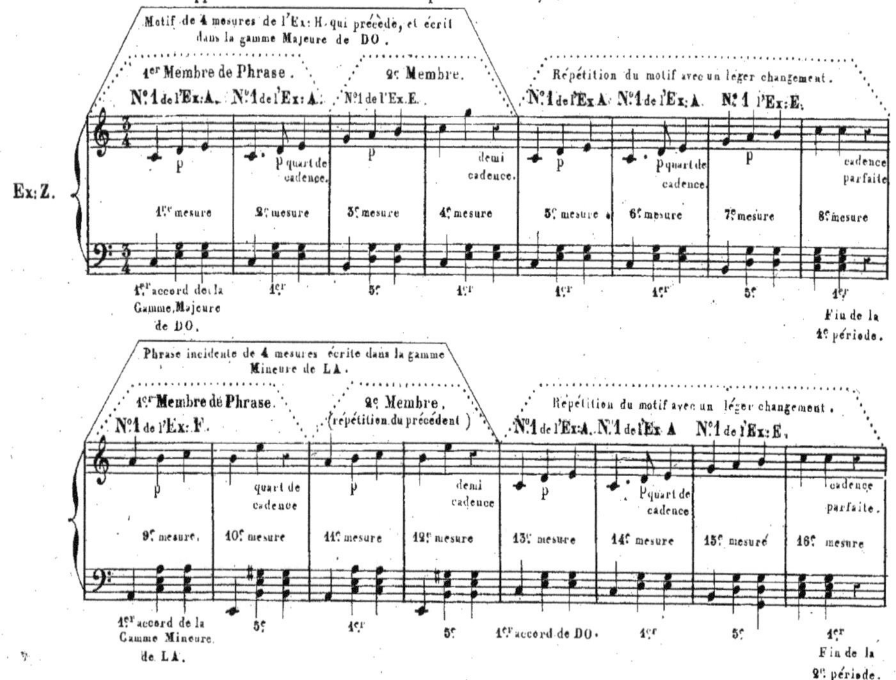

Accords qu'on peut employer pour moduler à la gamme relative.

222. Prenons un autre motif, par exemple, celui deux fois répété de l'exemple J qui précède, et employons encore, pour composer la phrase incidente, les deux mêmes accords que ceux que nous avons employés dans la phrase incidente de l'exemple précédent. Toutefois, si nous voulons, plaçons ces accords dans un ordre inverse, c'est-à-dire d'abord le 5me (Mi, Sol dièse, Si, dans la 9me mesure), et ensuite le 1er (La, Do, Mi, dans la 10me mesure). Nous les répèterons ensuite dans ce même ordre dans les 11me et 12me mesures.

En modulant (139) d'une gamme majeure à sa gamme mineure relative, ou d'une gamme mineure à sa gamme majeure relative (157), on peut, au moment de la transition, faire un accord quelconque (208) de la gamme que l'on quitte et un accord quelconque de la gamme dans laquelle on entre, à l'exception du 3me de la gamme mineure (209).

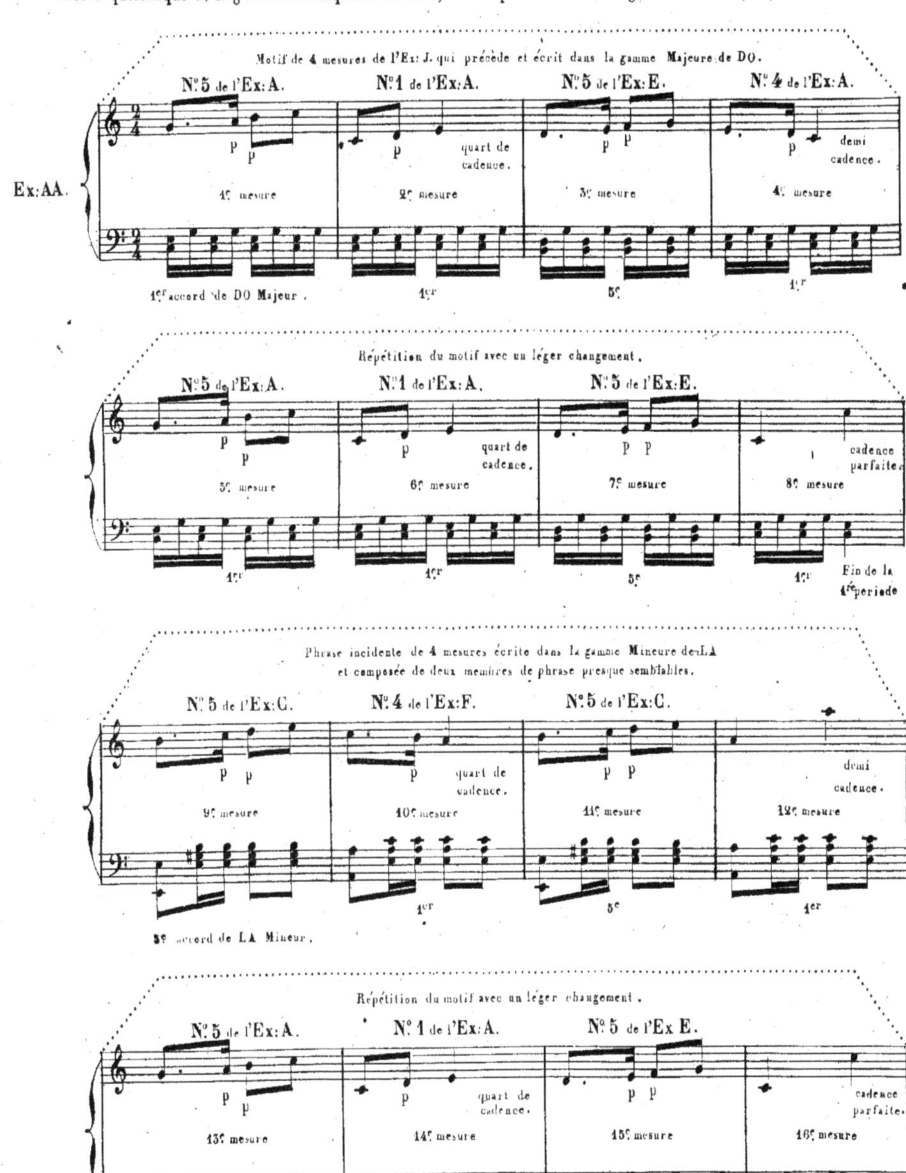

Composition d'une mélodie, dans laquelle la phrase incidente de 4 mesures est répétée 2 fois.

223. Composons de nouveaux motifs (217), et répétons les phrases incidentes une seconde fois, afin de leur donner un peu plus d'étendue; terminons ensuite la mélodie en répétant le motif une ou même deux fois, si nous voulons, comme nous le faisons dans la 1re période.

Servons-nous de nouveau du rhythme (168) de la mélodie de Rossini de l'exemple A (7me leçon) ou de l'exemple W qui précède, afin de nous persuader de plus en plus qu'avec un même rhythme on peut composer une infinité d'airs différents. Employons aussi, dans la gamme mineure de La un nouvel accord, par exemple, le 2me (Si, Re, Fa), dans la 9me et la 13me mesure. Cet accord est le même que le 7me dans la gamme majeure de Do; de manière que toutes les fois que nous voulons en faire usage, les séries de notes de l'exemple G qui précède peuvent parfaitement bien nous servir.

Ex BB

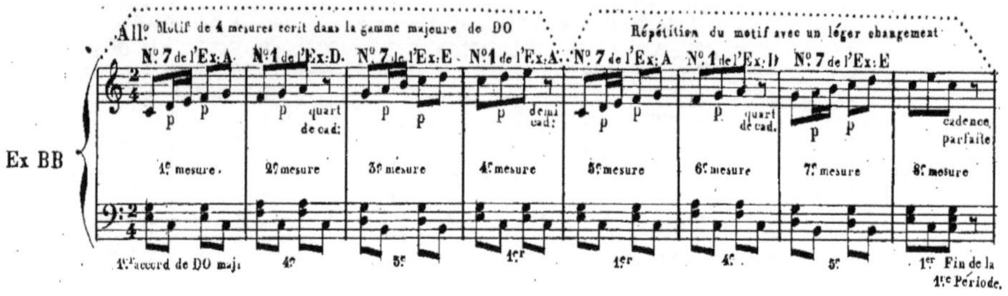

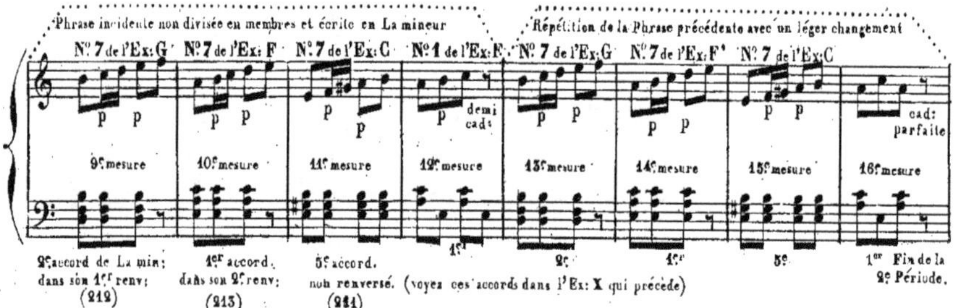

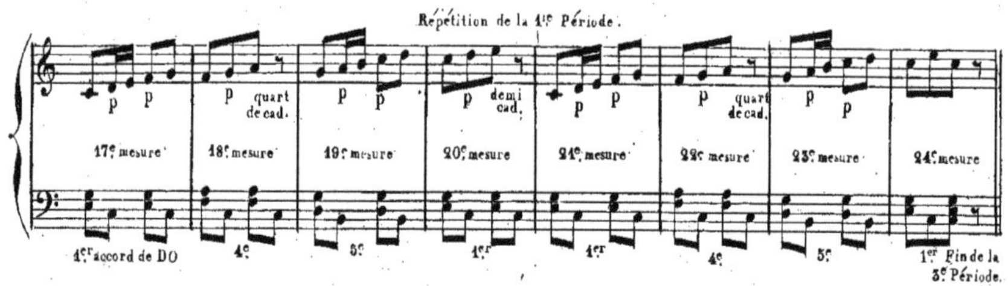

Instruction concernant l'emploi du 2me accord, ainsi que l'emploi du 1er et du 5me, lorsque ceux-ci succèdent au 2me.

224. Le 2me *accord* d'une gamme majeure et d'une gamme mineure est ordinairement employé par tous les compositeurs dans son *premier renversement* (212); et le 1er *accord*, lorsqu'il succède au 2me, est le plus souvent employé dans son *second renversement* (213); enfin, le 5me *accord*, est habituellement *non renversé* (211), lorsqu'il succède, soit au 1er, soit au 2me accord, et que ceux-ci sont employés de la manière que nous venons de le dire.

Ainsi, dans l'exemple BB ci-dessus, nous voyons (9me mesure, portée de la clef de Fa), que dans le 2me accord (Si, Re, Fa), la tierce de l'accord non renversé, c'est-à-dire le *Re*, est la note la plus basse de l'accord; dans la 10me mesure, le 1er accord, La, Do, Mi) est parfaitement bien dans son second renversement, puisque sa quinte *Mi* est la note la plus basse; dans la 11me mesure, le 5me accord (Mi, Sol dièse, Si) est non renversé, puisque sa note fondamentale *Mi* est la note la plus basse de l'accord (214).

Comment avec un même rhythme, décomposé et recomposé, on peut en créer une quantité d'autres.

225. Nous avons vu (197) combien il est important de bien se familiariser avec tout ce qui a rapport au rhythme (168). Examinons maintenant comment avec un seul rhythme, on peut en composer une quantité d'autres, et prenons le rhythme de la mélodie de Rossini de l'exemple A, page 60, pour faire cette démonstration. Ce rhythme, ainsi que nous l'avons vu (169), n'a que deux mesures, dont l'une renferme cinq et l'autre trois notes. Ex. CC. (page 81).

Rhythme de la mélodie de Rossini de l'exemple A, page 60.

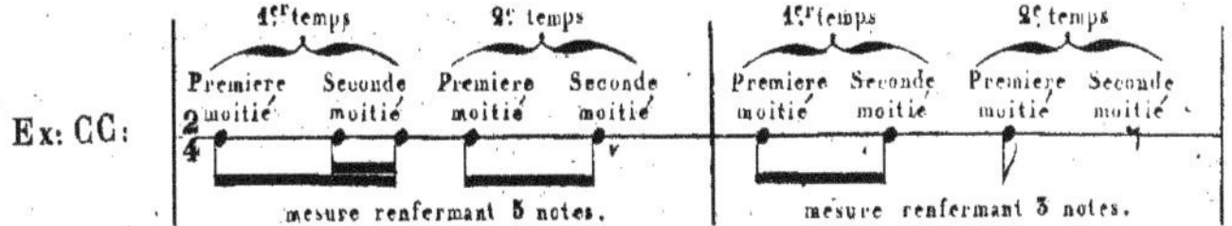

Occupons-nous d'abord de la 2me mesure qui n'a que trois croches et un demi-soupir. En plaçant ce demi-soupir d'abord au commencement du 1er temps (1re mesure); ensuite, à la fin de ce même temps (2me mesure); puis au commencement du 2me temps (3me mesure); et enfin à la seconde moitié de ce même temps (4me mesure), nous obtiendrons quatre mesures. Ex. DD.

Mesures renfermant chacune trois notes.

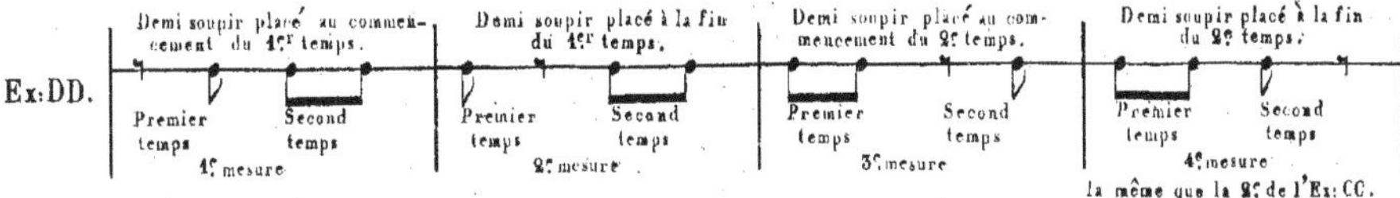

Cet exemple nous montre qu'en conservant les mêmes valeurs de notes et de silences, et en changeant seulement le demi-soupir de place, nous avons pu former, d'une seule mesure, quatre mesures différentes.

Prenons maintenant la mesure qui a cinq notes de l'exemple CC ci-dessus, et voyons quelles sont les diverses décompositions que nous pouvons en faire pour recomposer d'autres mesures. En remplaçant les deux doubles-croches par une croche, nous obtiendrons une mesure de quatre croches. Ex. EE.

Mesure renfermant quatre notes.

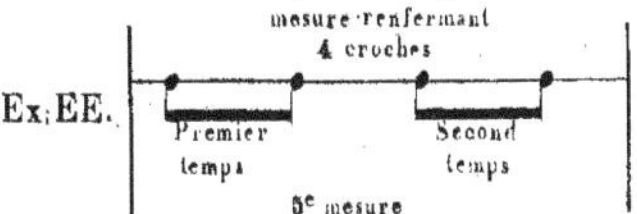

En changeant les deux doubles-croches de place, c'est-à-dire en les mettant: 1° au commencement du 1er temps (6me mesure); 2° à la fin de ce même temps (7me mesure); 3° au commencement du 2me temps (8me mesure); 4° à la fin de ce même temps (9me mesure), nous obtiendrons quatre nouvelles mesures. Ex. FF.

Mesures renfermant chacune cinq notes.

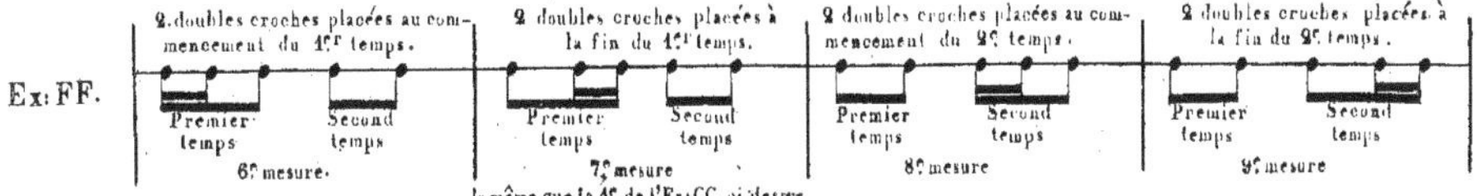

Si nous remplaçons l'une des trois croches par deux doubles-croches, et que nous mettions ensuite successivement les quatre doubles-croches que nous aurons dans chaque mesure: 1° au 1er temps (10me mesure); 2° au 2me temps (11me mesure); 3° deux doubles-croches au commencement de chaque temps (12me mesure); 4° deux doubles-croches à la fin de chaque temps (13me mesure); 5° deux doubles-croches au commencement du 1er temps et les deux autres à la fin du 2me temps (14me mesure); 6° enfin deux doubles-croches à la fin du 1er temps et les deux autres au commencement du 2me temps (15me mesure), nous obtiendrons six nouvelles mesures. Ex. GG.

Mesures renfermant chacune six notes.

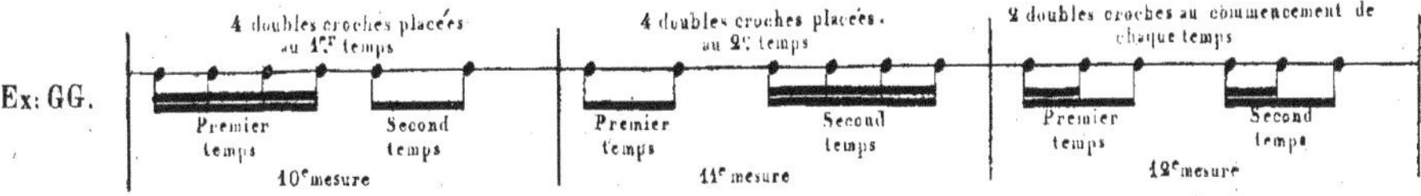

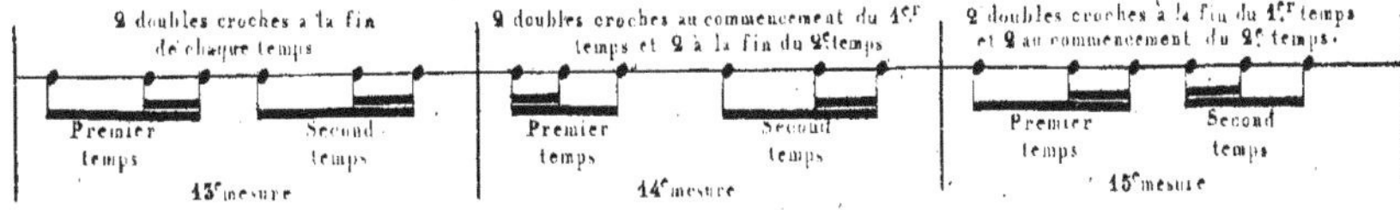

Si nous remplaçons encore une autre croche par deux doubles-croches et que nous mettions ensuite la seule croche qui nous reste : 1° au commencement du 1er temps (16me mesure) ; 2° à la fin de ce même temps (17me mesure) ; 3° au commencement du 2me temps (18me mesure); 4° à la fin de ce même temps (19me mesure), nous obtiendrons quatre nouvelles mesures. Ex. HH.

Mesures renfermant chacune sept notes.

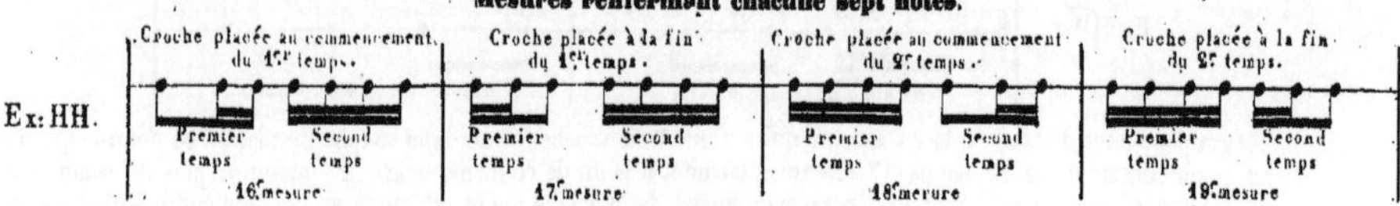

Enfin, si nous remplaçons la dernière croche qui reste par deux doubles-croches, nous obtiendrons encore une nouvelle mesure. Ex. II.

Mesure renfermant huit notes.

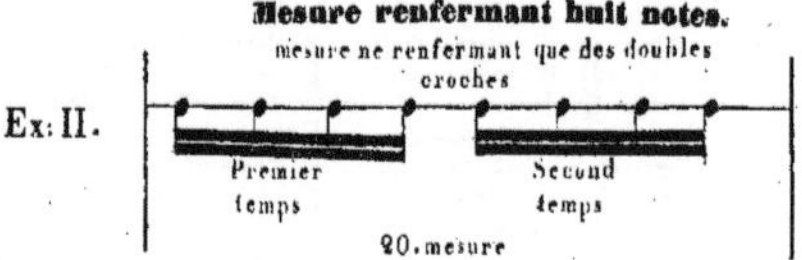

Nous voyons qu'avec les deux mesures du rhythme que nous prenons pour exemple, et qui ne renferment cependant que trois éléments différents, c'est-à-dire : 1° un demi-soupir ; 2° des croches ; 3° des doubles-croches, nous avons déjà pu former vingt mesures différentes, et les ressources sont encore loin d'être épuisées. Ainsi, 1° les deux doubles-croches ou peuvent être séparées par la croche et donner naissance à des mesures syncopées (121) ; 2° le demi-soupir, placé dans la mesure qui renferme trois notes, pourrait être transporté dans la mesure qui a cinq notes et y remplacer tantôt une croche et tantôt deux doubles-croches ; 3° les deux doubles-croches, placées dans la mesure qui renferme cinq notes, pourraient être transportées dans la mesure qui a trois notes et remplacer tantôt l'une et tantôt l'autre de ces trois notes.

En intervertissant de toutes les manières possibles ces trois éléments, on pourrait encore créer une prodigieuse quantité de mesures différentes.

Un rhythme quelconque, pour si petite que soit la différence dans les valeurs de notes et de silences qui le composent, peut, comme celui dont nous venons de faire la démonstration, donner naissance à un grand nombre d'autres mesures.

Comment avec les valeurs de notes des mesures à 2/4 on peut former des mesures à 3/4 et à C.

226. Non-seulement il nous sera maintenant facile de former avec les vingt mesures des exemples ci-dessus une quantité de rhythmes symétriques différents dans la mesure à 2/4, en groupant plusieurs mesures ensemble, ainsi que nous l'avons vu (169 et suivants); mais encore nous pouvons en former des mesures à 3/4, en réunissant ensemble trois temps quelconques, ou bien en répétant trois fois un même temps; comme aussi des mesures à C (109), en réunissant ensemble quatre temps quelconques, ou en répétant quatre fois un même temps, ou deux fois une mesure à 2/4.

Reprenons la composition musicale, et servons-nous, à cet effet, des rhythmes provenant des vingt mesures qui précèdent.

La coda.

227. De même que dans la péroraison d'un discours, l'orateur résume d'une manière vive et concise les principaux arguments employés dans son discours, de même le compositeur, lorsqu'il veut terminer un morceau de musique d'une manière plus complète et avec plus d'éclat, résume plus ou moins brièvement en répétant, avec ou sans changement, un ou plusieurs fragments les plus saillants du morceau, soit dans la gamme même dans laquelle le motif est écrit, soit dans une ou plusieurs gammes parentes (162), ou même quelquefois dans une ou plusieurs gammes non parentes. Cette conclusion du discours musical s'appelle la *coda*, la queue. Il est presque superflu de dire que l'étendue de la coda doit être proportionnée à l'étendue du morceau. Les compositeurs ajoutent quelquefois dans le milieu même du morceau et à la fin d'une période une coda d'une ou de quelques mesures.

Mélodie écrite dans la gamme majeure de Sol, et modulant dans la gamme mineure de Mi. — Accords de 3 sons dans la gamme mineure de Mi.

228. Ecrivons le motif de l'exemple KK suivant dans la gamme majeure de *Sol* et la phrase incidente dans la gamme relative mineure de *Mi*. Dans la première de ces deux gammes, nous avons déjà construit les accords de trois sons, page 8, exemple J ; formons aussi ceux de la gamme mineure de Mi qui a le *Fa dièse* et le *Re dièse* (page 50, exemple N.)

Gamme Mineure de Mi et ses 7 tierces.

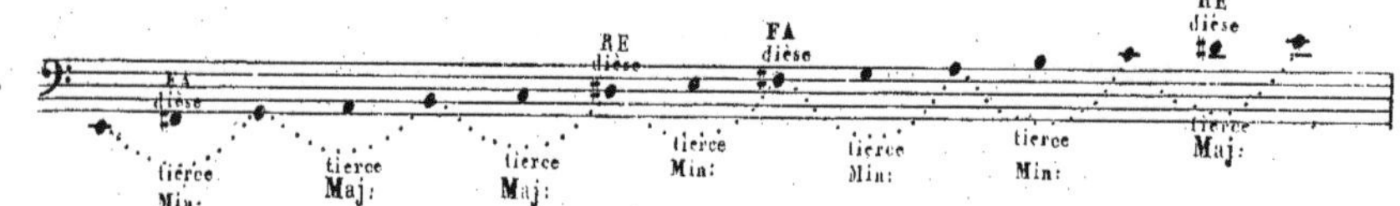

7 accords de 3 sons dans la Gamme Mineure de Mi.

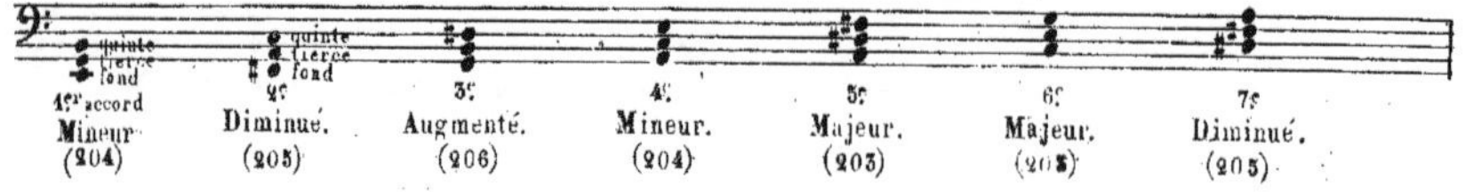

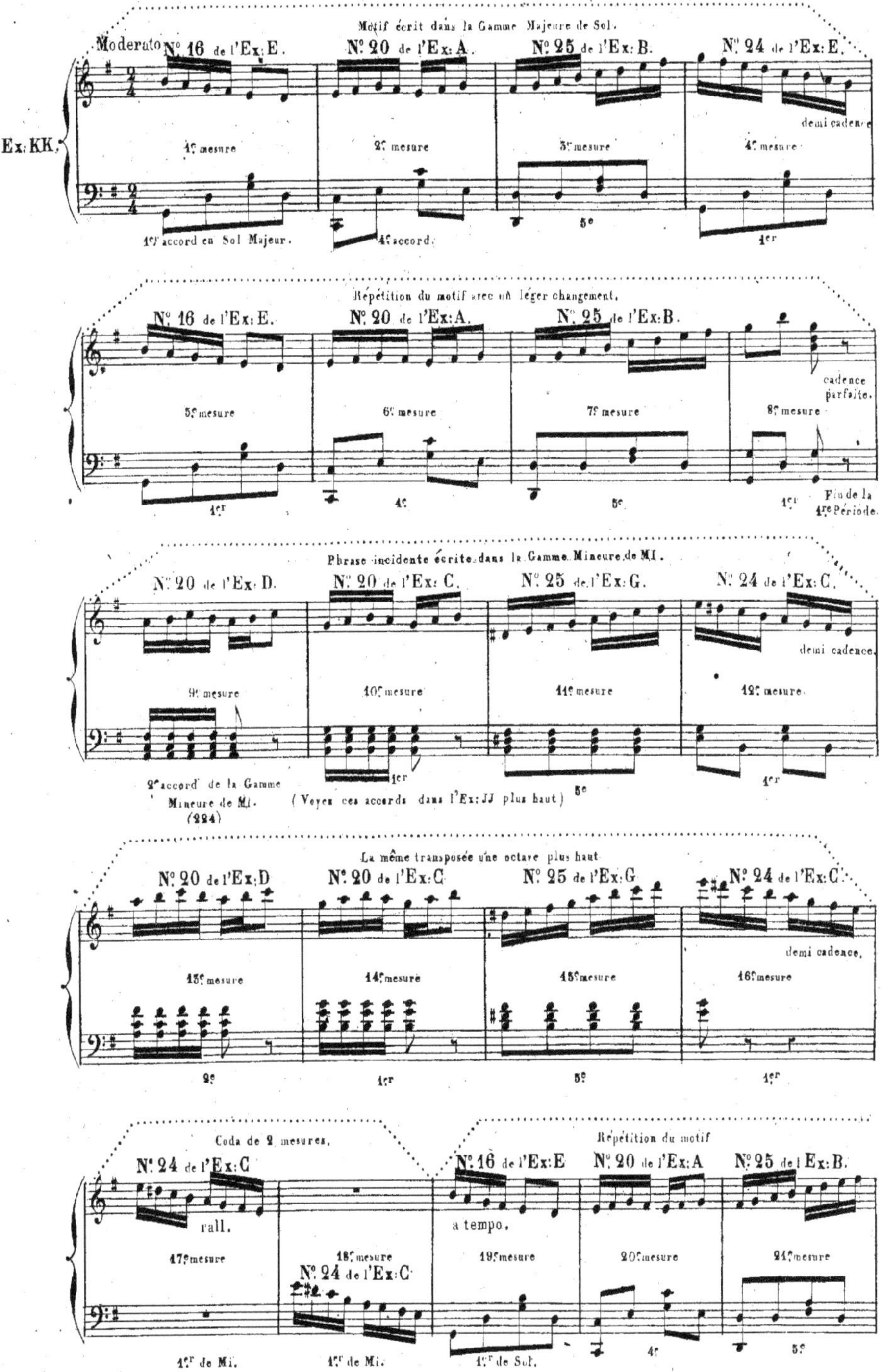
Motif écrit dans la Gamme Majeure de Sol.
Moderato
N° 16 de l'Ex: E.
N° 20 de l'Ex: A.
N° 25 de l'Ex: B.
N° 24 de l'Ex: E.
Ex: KK.
1° mesure
2° mesure
3° mesure
4° mesure
demi cadence
1° accord en Sol Majeur.
4° accord.
5°
1er
Répétition du motif avec un léger changement.
5° mesure
6° mesure
7° mesure
8° mesure
cadence parfaite.
Fin de la 1re Période.
Phrase incidente écrite dans la Gamme Mineure de MI.
N° 20 de l'Ex: D.
N° 20 de l'Ex: C.
N° 25 de l'Ex: G.
N° 24 de l'Ex: C.
9° mesure
10° mesure
11° mesure
12° mesure
demi cadence.
2° accord de la Gamme Mineure de Mi.
(Voyez ces accords dans l'Ex: JJ plus haut)
(224)
La même transposée une octave plus haut
13° mesure
14° mesure
15° mesure
16° mesure
Coda de 2 mesures.
Répétition du motif
rall.
a tempo.
17° mesure
18° mesure
19° mesure
20° mesure
21° mesure
1er de Mi.
1er de Sol.

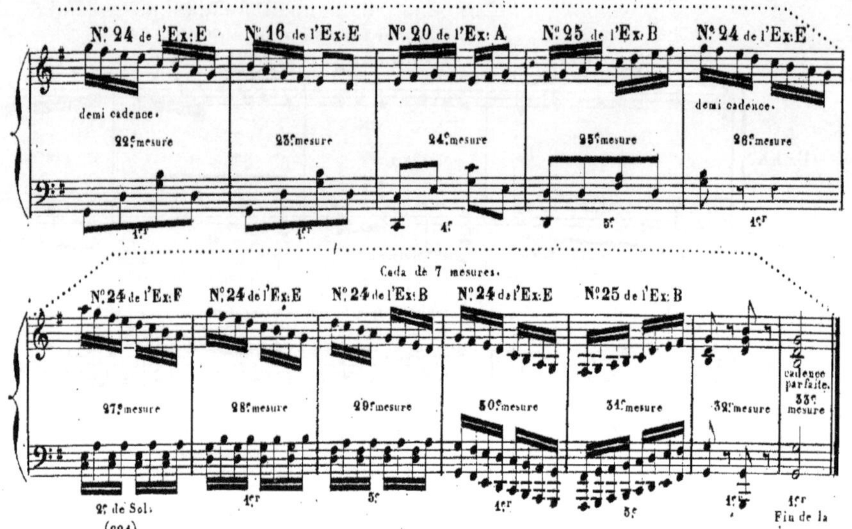

Dans cette mélodie de trente-trois mesures, quatre mesures (les 1er, 5me, 19me et 23me) sont écrites dans les valeurs de notes de la 10me mesure de l'exemple GG qui précède; huit mesures (les 2me, 6me, 9me, 10me, 13me, 14me, 20me et 24me) dans les valeurs de la 19me mesure de l'exemple HH; dix-huit mesures (les 3me, 4me, 7me, 11me, 12me, 15me, 16me, 17me, 18me, 21me, 22me, 25me, 26me, 27me, 28me, 29me, 30me et 31me) dans les valeurs de la 20me mesure de l'exemple II; une mesure (la 8me), dans les valeurs de la 4me mesure de l'exemple DD.

Quant aux sons desquels la mélodie est formée, nous n'avons employé, parmi les vingt-huit séries de notes placées au commencement de cette leçon, que quatre numéros différents, ce sont les nos 16, 20, 24 et 25; de manière que ce petit morceau se compose de très peu d'éléments divers.

Ainsi qu'on le voit, il est facile de composer de la musique, à l'aide de ces vingt-huit séries de notes; on n'a qu'à en prendre deux, trois ou quatre séries différentes de l'exemple AA, quand dans l'accompagnement l'accord est (Do, Mi, Sol); de l'exemple B, quand l'accord est (Re, Fa, La); de l'exemple C, quand l'accord est (Mi, Sol, Si), etc; que les notes soient naturelles, dièsées ou bémolisées, peu importe (220).

Mélodie écrite dans la gamme majeure de Fa, et modulant dans la gamme mineure de Re, et dans la gamme majeure de Do. — Accords de 3 sons dans la gamme mineure de Re.

229. Écrivons le motif de l'exemple MM suivant, dans la gamme majeure de *Fa*, et ensuite la phrase incidente et la coda qui termine le morceau, dans trois gammes différentes: 1° dans la gamme dans laquelle le motif est écrit; 2° dans la gamme mineure de *Re* qui est relative de Fa; 3° dans la gamme majeure de Do. Dans les gammes majeures de *Fa* et de *Do*, nous avons déjà construit les accords de trois sons, page 8, exemples K et I; il nous reste encore à former ceux de la gamme mineure de Re qui a un Si *bémol* et un *Do dièse* (page 50, exemple Y).

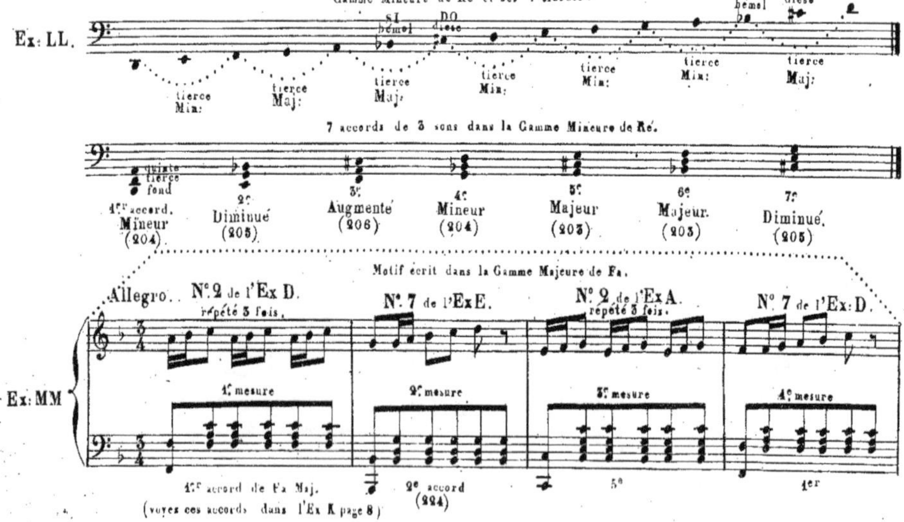

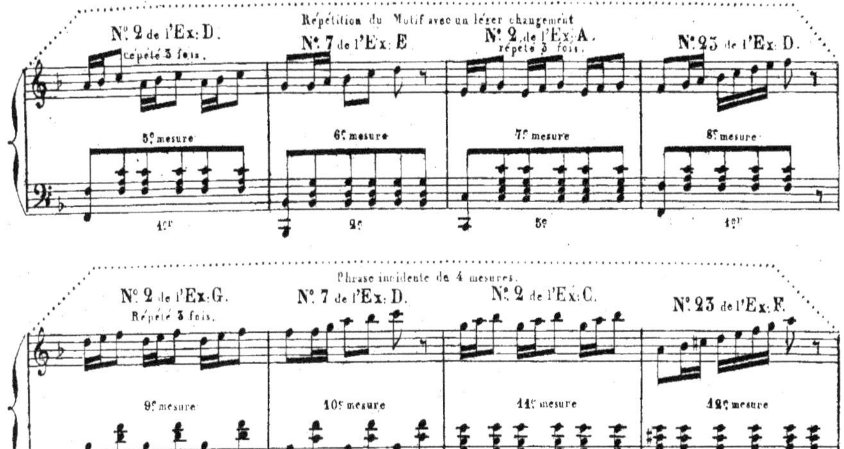
Répétition du Motif avec un léger changement
Nº 2 de l'Ex: D.
répété 3 fois.
Nº 7 de l'Ex: E
Nº 2 de l'Ex: A.
répété 3 fois.
Nº 23 de l'Ex: D.
5º mesure
6º mesure
7º mesure
8º mesure
1er
2º
5º
1er
Phrase incidente de 4 mesures.
Nº 2 de l'Ex: G.
Répété 3 fois.
Nº 7 de l'Ex: D.
Nº 2 de l'Ex: C.
Nº 23 de l'Ex: F.
9º mesure
10º mesure
11º mesure
12º mesure
4º
1er
2º accord en Ré Mineur.
(224)
5º
voyez ces accords dans l'Ex LL plus haut.

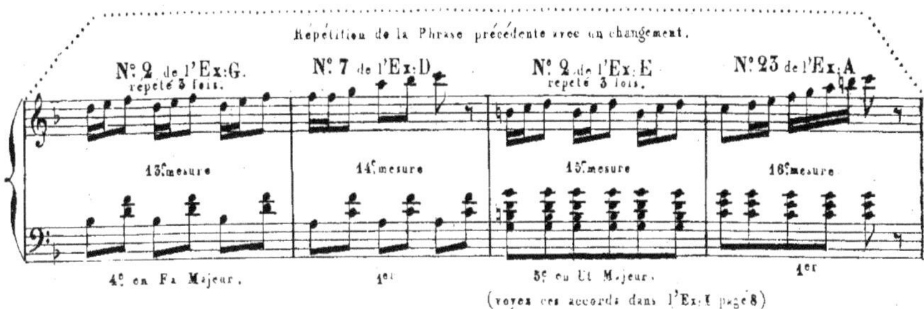
Répétition de la Phrase précédente avec un changement.
Nº 2 de l'Ex: G.
répété 3 fois.
Nº 7 de l'Ex: D
Nº 2 de l'Ex: E
répété 3 fois.
Nº 23 de l'Ex: A
13º mesure
14º mesure
15º mesure
16º mesure
4º en Fa Majeur.
1er
5º en Ut Majeur.
1er
(voyez ces accords dans l'Ex: I page 8)

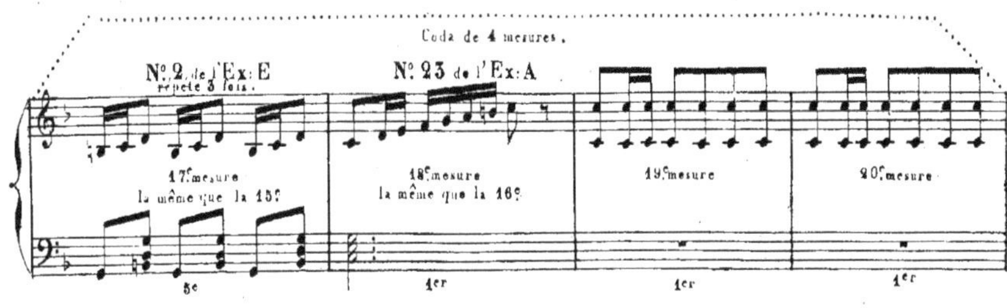
Coda de 4 mesures.
Nº 2 de l'Ex: E
répété 3 fois.
Nº 23 de l'Ex: A
17º mesure
la même que la 15º
18º mesure
la même que la 16º
19º mesure
20º mesure
5º
1er
1er
1er

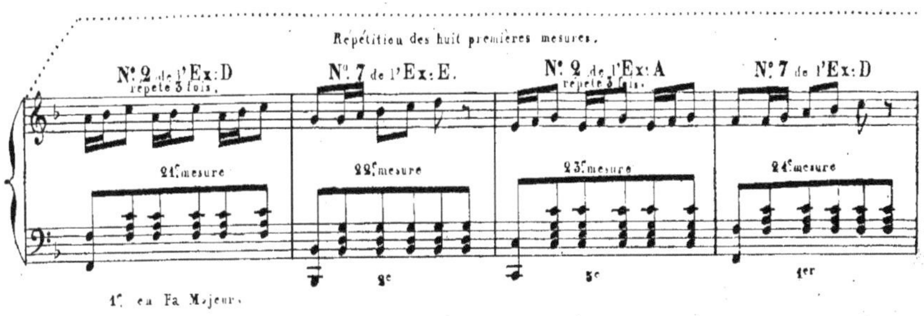
Répétition des huit premières mesures.
Nº 2 de l'Ex: D
répété 3 fois.
Nº 7 de l'Ex: E.
Nº 2 de l'Ex: A
répété 3 fois.
Nº 7 de l'Ex: D
21º mesure
22º mesure
23º mesure
24º mesure
2º
5º
1er
1º en Fa Majeur.

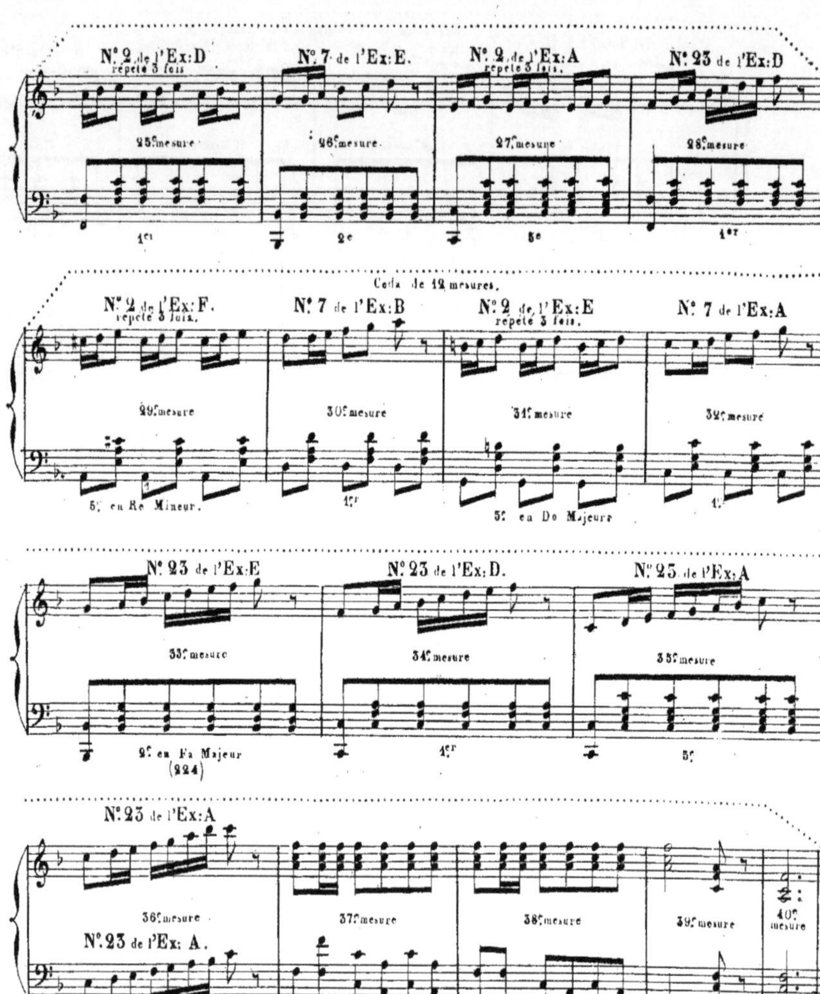

Dans cette mélodie de quarante mesures, quinze mesures (les 1re, 3me, 5me, 7me, 9me, 11me, 13me, 15me, 17me, 21me, 23me, 25me, 27me, 29me et 31me) sont écrites dans des valeurs de notes semblables ; dix mesures (les 2me, 4me, 6me, 10me, 14me, 22me, 24me, 26me, 30me et 32me) ont aussi les valeurs sembables ; neuf mesures (les 8me, 12me, 16me, 18me, 28me, 33me, 34me, 35me et 36me) ont également les valeurs semblables ; quatre mesures (les 19me, 20me, 37me et 38me) sont aussi écrites dans des valeurs semblables. On voit que les mêmes valeurs se présentent, soit dans les mesures paires, soit dans les mesures impaires, et forment, par conséquent, un rhythme parfaitement symétrique (169).

Dans la même mélodie, nous n'avons employé que trois numéros différents des séries de notes placées au commencement de cette leçon ; ce sont les nos 2, 7 et 23, et nous les avons transposés : 1° dans la gamme majeure de Fa, sur les 1er, 2me, 4me et 5me accords ; 2. dans la gamme mineure de Re, sur les 1er, 2me et 5me accords ; dans la gamme majeure de Do, sur les 1er et 5me accords.

Immenses ressources que nous offrent les 28 séries de notes placées au commencement de cette leçon, pour composer des mélodies.

230. Nous sommes déjà à même de nous apercevoir qu'avec les vingt-huit séries de notes, il est possible de composer une infinité de mélodies différentes, en changeant de rhythme (197) ; nous pouvons aussi introduire des modifications dans ces séries ; ainsi, par exemple, nous pouvons :

1° Répéter plusieurs fois de suite une même série de notes dans une même mesure, comme nous l'avons fait dans la 1re et dans quatorze autres mesures de l'exemple ci-dessus ;

2° Répéter plusieurs fois de suite une ou plusieurs notes dans une même série, comme nous l'avons fait dans la 2me et dans neuf autres mesures où la 1re note est répétée deux fois de suite. Dans ce dernier cas, il vaut mieux répéter les notes réelles (192); cependant, lorsque les notes de passage (194) sont de durée brève (195), on peut très bien les répéter plusieurs fois de suite, surtout quand les valeurs de notes sont semblables, Ex. NN;

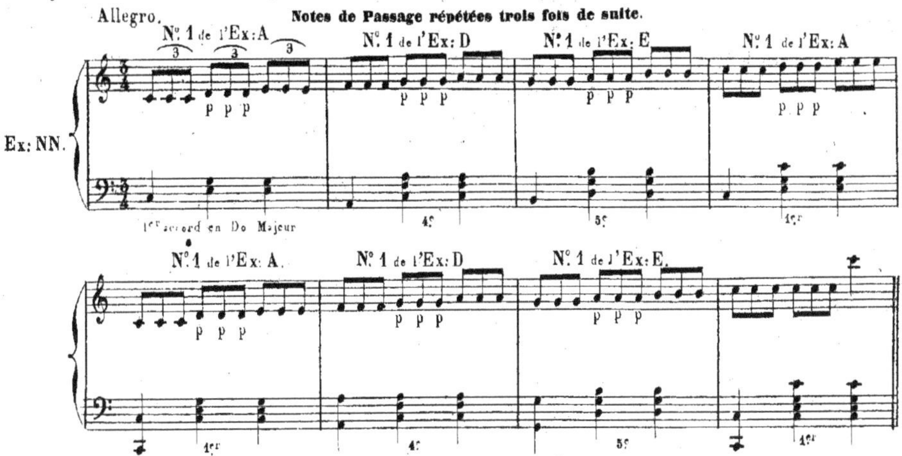

3° Faire précéder et faire suivre chacune des séries par d'autres notes réelles dans une même mesure, Ex. OO;

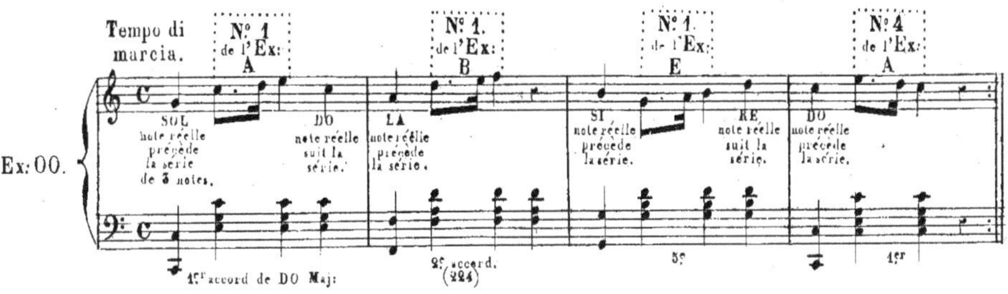

4° Faire tantôt des mesures en y employant des notes de passage et tantôt des mesures en n'y employant que des notes réelles, Ex. PP.

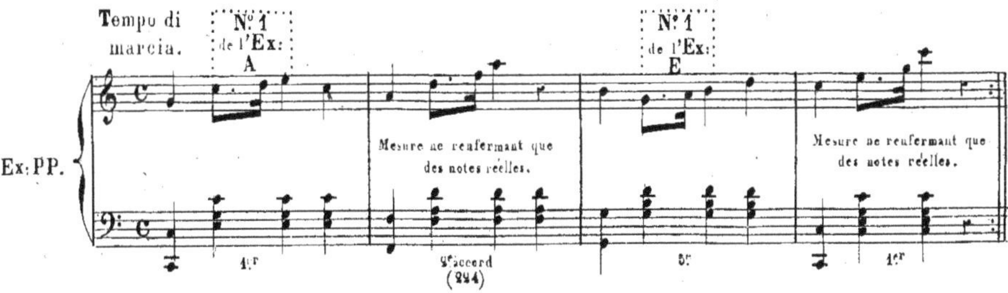

On remarque que la mélodie des deux exemples OO et PP est écrite dans le rhythme de la mélodie de l'exemple K, page 63.

Modification de la 6me et de la 7me note des gammes mineures.

231. L'intervalle de seconde augmentée (161) qui prend naissance dans les gammes mineures (page 50) et qui imprime à la musique un caractère douloureux, plaintif, entraîne quelquefois les compositeurs, pour affaiblir ce caractère de douleur, à modifier tantôt l'une, tantôt l'autre, et même quelquefois les deux notes qui donnent origine à la seconde augmentée, c'est-à-dire, la 6me et la 7me note de la gamme. Cette modification, selon la nature de la mélodie, consiste, soit à *hausser* (154) d'un demi-ton la 6me *note*, soit au contraire à *abaisser* d'un demi-ton la 7me *note*. Voici dans quelles circonstances cette modification peut avoir lieu :

1° Lorsqu'un accord de la gamme mineure ne renferme ni la 6me ni la 7me note, et que ces deux notes sont employées comme notes de passage (194), ou peut arbitrairement ou laisser exister la seconde augmentée, en ne modifiant aucune des deux notes, ou faire disparaître cette seconde augmentée en haussant la 6me *note* dans la gamme *ascendante* et en abaissant au contraire la 7me *note* dans la gamme *descendante*, Ex. QQ.

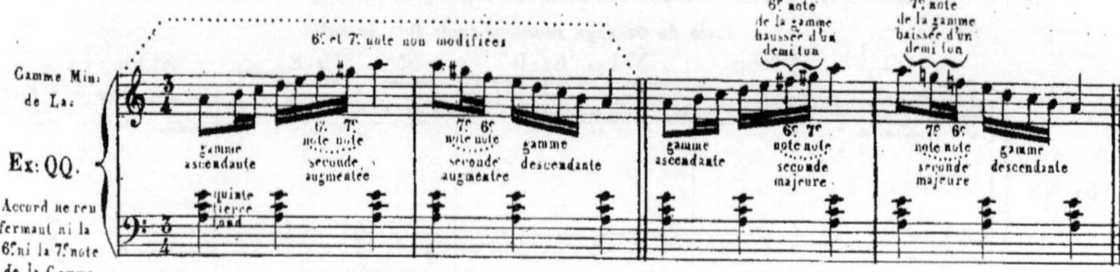

2° Lorsqu'un accord renferme seulement la 6me note et que la 7me est employée comme note de passage, si l'on veut faire disparaître la seconde augmentée, on abaisse d'un demi-ton cette 7me *note* dans la gamme *ascendante* comme dans la gamme *descendante*, Ex. RR.

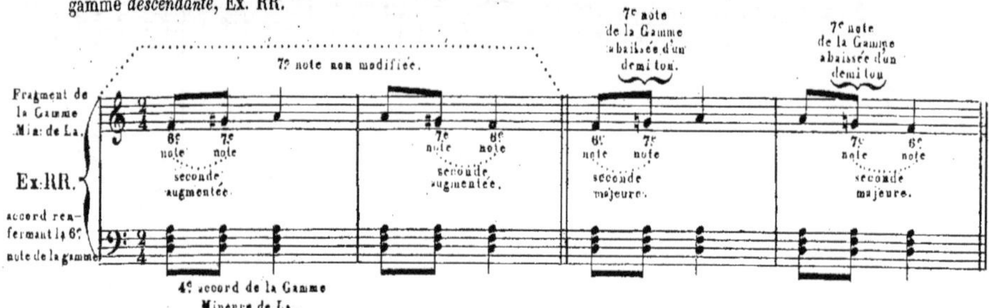

3° Lorsqu'un accord renferme au contraire la 7me note et que la 6me est employée comme note de passage, si l'on veut faire disparaître la seconde augmentée, on hausse d'un demi-ton cette 6me *note* dans la gamme *ascendante* comme dans la gamme *descendante*, Ex. SS.

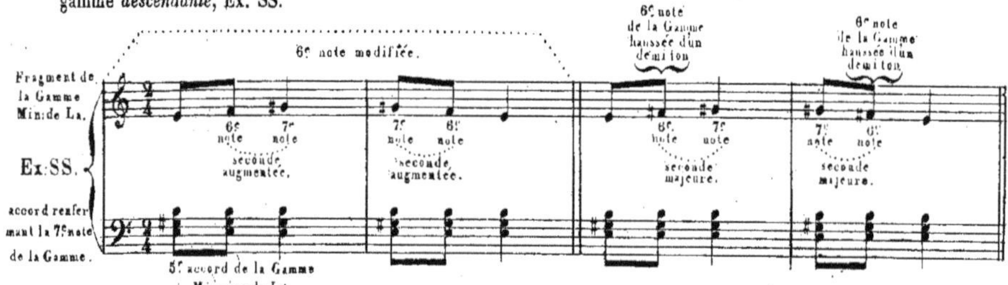

4° Enfin, lorsqu'un accord renferme à la fois la 6me et la 7me note, aucune modification ne peut avoir lieu, et la seconde augmentée restera. Comme les accords seuls qui ont plus de trois sons peuvent renfermer à la fois ces deux notes, nous n'en donnerons des exemples que dans les leçons suivantes, quand nous étudierons les accords de quatre sons.

Ce que nous venons de dire peut se résumer de la manière suivante : Lorsque la 6me et la 7me note d'une gamme mineure sont comprises dans les accords, ces deux notes doivent rester dans la mélodie telles que la gamme nous les offre, ou telles qu'elles sont dans les accords ; et dans le cas contraire, c'est-à-dire lorsqu'elles ne sont point comprises dans les accords, on haussera la 6me et on abaissera la 7me note, si l'on veut exclure de la mélodie l'intervalle de seconde augmentée.

Dans nos mélodies précédentes, nous n'avons modifié ni la 6me ni la 7me note des gammes mineures; aussi y a-t-il une seconde augmentée dans la mélodie de l'exemple Y, dans la gamme mineure de *Do* (de *La* bémol à *Si*) et dans la gamme mineure de *Do dièse* (de *La* à *Si* dièse) ; de l'exemple BB, dans les 11mes et 15mes mesures (de *Fa* à Sol *dièse*) ; de l'exemple KK, dans les 11mes et 18mes mesures (de *Do* à *Re* dièse), et dans les 12mes, 16mes, 17mes et 18mes mesures (de *Re* dièse à *Do*) ; de l'exemple MM, dans la 12me mesure (de *Si* bémol à *Do* dièse).

En suivant les indications que nous venons de donner, on sera à même de modifier la 6me et la 7me note, si l'on veut faire disparaître dans nos exemples l'intervalle de seconde augmentée.

Devoir : Composition de mélodies avec notes de passage.

232. L'élève copiera les accompagnements des exemples H, I, J, K, L, Z, AA, BB, KK, MM, NN, OO et PP qui précèdent, et écrira au-dessus d'autres mélodies et aussi des phrases incidentes et des coda en se conformant aux instructions que contient cette leçon.

Enfin, nous remarquons que l'on peut composer une infinité de mélodies différentes sur un seul et même accompagnement, et que pour cette manière de composer toute théorique, il suffit de changer le rhtythme et le son.

FIN DE LA PREMIÈRE PARTIE.

TABLE

PREMIÈRE PARTIE.

Imprimerie Viallet et Cie Rue Cadet, 18, Paris.

www.ingramcontent.com/pod-product-compliance
Ingram Content Group UK Ltd.
Pitfield, Milton Keynes, MK11 3LW, UK
UKHW031838170726
13836UKWH00004B/1757

9 782329 326283